国家出版基金项目
NATIONAL PUBLICATION FOUNDATION

当代高等教育研究新视野丛书

The Logic of University Improvement

大学改进的逻辑

周光礼　著

南京师范大学出版社

图书在版编目(CIP)数据

大学改进的逻辑 / 周光礼著. —南京 ：南京师范
大学出版社，2023.7
（当代高等教育研究新视野丛书）
ISBN 978－7－5651－5754－7

Ⅰ.①大… Ⅱ.①周… Ⅲ.①高等教育－教育研究－
中国 Ⅳ.①G649.2

中国国家版本馆 CIP 数据核字(2023)第 075157 号

丛 书 名	**当代高等教育研究新视野丛书**
书 名	**大学改进的逻辑**
作 者	周光礼
丛书策划	王 涛
责任编辑	倪晨娟
出版发行	南京师范大学出版社
地 址	江苏省南京市玄武区后宰门西村 9 号(邮编:210016)
电 话	(025)83598919(总编办) 83598412(营销部) 83373872(邮购部)
网 址	http://press.njnu.edu.cn
电子信箱	nspzbb@njnu.edu.cn
照 排	南京开卷文化传媒有限公司
印 刷	江苏扬中印刷有限公司
开 本	710 毫米×1000 毫米 1/16
印 张	16.25
字 数	230 千
版 次	2023 年 7 月第 1 版
印 次	2023 年 7 月第 1 次印刷
书 号	ISBN 978－7－5651－5754－7
定 价	68.00 元

出 版 人 张 鹏

当代高等教育研究新视野丛书
编委会

总　序

自潘懋元先生等老一辈学者创会以来，中国高等教育学会高等教育学专业委员会始终坚守学术立会传统，把深化与拓展高等教育理论研究作为办会的基本宗旨。中国高等教育学学科设置从无到有，高等教育研究队伍从零散到蔚为大观，一代又一代优秀学者的成长，都与高等教育学专业委员会在各培养单位与会员单位之间发挥的纽带作用不无关联。目前，对高等教育学的定位和属性无论存在多少争议，不容否认，它已经成为我国高等教育研究者心有所向、身有所归的学术共同体。

高等教育学专业委员会历来倡导立足国际视野与本土关怀，开展学理取向探究与问题取向的理论研究。对于中国高等教育理论研究之于国家政策、高校管理以及人才培养的贡献如何评价，人们的站位不同，自然会有不同理解。回顾改革开放四十多年以来中国高等教育改革与发展历程，我们不难发现：几乎中国高等教育领域每一次重大事件的发生，人们关注的重大议题、问题以及政策概念的提出，我国高等教育研究者在理论上大都有先行研究。譬如，关于高等学校职能与高等教育功能、高等教育现代化、高等教育质量评价与保障、高等教育大众化和普及化、世界一流大学建设、高等学校自主权、现代大学制度、大学治理结构、大学收费制度、学分制、招生制度改革、学科与专业建设、通识教育、高校人事制度改革与学术职业变迁、有效性教学与教学学术、高等教育国际化与信息化等等。这些既有国际视野又有本土关怀，既有历史考察又有现实观照，纵横交错，覆盖宏观、中观与微观各个层面的研究，无论其聚焦的是"冰点"还是"热点"问题，是否有显示度，它们都为现实中的高等教育体制性变革与日常实践，拓展了视野，提供了理论支撑。

理论研究的基本宗旨在于透过现象看本质，揭示高等教育活动的一般规律。无论其初始动机是源于个人好奇心、兴趣、经历和境遇，抑或是源于现实关怀或政策意图，它从来不存在有用与无用之说。自然科学如此，作为社会科学的高等教育学科也不例外。因为有用无用不过是一种价值判断，它与评价者的个人身份、地位、处境和特定需求存在或明或暗的勾连，是一种立场在先的自我主观判断和推断；或者说理论之有用和无用，更在于它的情境性。如果总是把特定情境需求作为理论研究的取向与偏好，那么，其悖论恰恰在于：这种情境性需求恐怕永远滞后于形势变化与环境变迁，局限于特定情境需求的理论或应用研究反而因为一般性与多样化研究积累不足而难以适用，更无法对现实的走向以及可能发生的问题进行预测，也难以对现实中存在的价值扭曲提出预警和防范。

其实，真正的高等教育理论研究从来不会绝缘于现实关怀，很多理论研究选题的生成乃至观点创新，恰恰源于人们对现实的感悟与启发。通常而言，任何理论成果都不可能直接成为政策工具，它充其量可以为现实问题的解决提供某些索引，或者为决策者提供相关参考依据，为行动者提供可选择的装备。理论研究与决策以及行动实践之间，天然地存在一种若即若离的关系，虽然也存在若隐若现的互动，但两者既无法相互取代，更难以完全融合。否则，理论不过就是如变色龙般的策略与技巧，缺乏理论所必备的去情境化超越品质，实践也不过是理论贫乏的个人经验直观甚至行动的妄为。不容否认，由于始终缺乏一种自然演化的稳定态，在被频繁的政策事件扰动的情境中，中国高等教育与经济领域情形相似，在宏观的体制运行与中观的组织治理层面都有其特殊性。但这并不意味着我们的高等教育可以超越于一般性的活动规律或者说本质特征,如知识创新以及人才成长规律等。因此,植根于中国特殊土壤的理论研究,在跨域性的理论丛林中,犹如一片被移植而来的红枫林,既有源自共同基因的相对稳定性状,又有其与环境相适应的某些特殊表现形态,如生长状态、凝红流金的景致可能存在差异。不过,这种表现形态更多反映为生态系统与群落层次上的差别,而非物种意义上的例外。也正因为理论研究所具有的这种品质,它才构成了我们与国际同行沟通与对话的基础,也是为国际高等教育贡献知识与智慧的凭依。

作为一个建制化的学科,高等教育学历史短暂。因此,长期以来,高等教育理论研究,无论在理论溯源、视角选择方面,还是知识框架上,受基础教育领域的理论思潮与研究取向影响至深。但回顾历史就会发现,体制化的基础教育晚于大学的兴起,如今基础教育领域众多教学形式与方法的探索和实践也往往始于大学,如论辩、讨论、实验和观摩等。即使是基础教育领域的各种理论思潮与技术潮流,也往往最先发端于大学。相对于基础教育,高等教育活动更具有个体探索、行动在先和自下而上的特征,虽然它也难免带有外控与人为设计的特征,但它更具组织与行动者自我设计取向,大学的历史基因更为久远也相对更为顽固,每一次突变都没有彻底颠覆它的基本性状。这些特征无疑为我们寻求其相对稳定的客观属性与变易的受动属性提供了先天的优势。譬如,如何理解不同学科与专业生成与演变的轨迹,以及教与学活动的规律,如何理解组织特有属性及其运行逻辑,如何解释它与外部环境与文化以及各种社会力量之间带有顺应而又抗拒的关系,如何理解学人成长与职业发展轨迹,等等。高等教育学有待确证的基础性问题实在太多,需要探索的不确定性问题更多,它给我们提供了无限的空间与可能。而所有这些问题的探究,不仅难以从基础教育理论中获得启发,而且也远超出了基础教育的学科逻辑体系与框架。因此,高等教育学无疑具有特殊性。如何跳出一般教育学科的既有樊篱,建构一个包容性更强的多学科高等教育学知识逻辑和体系,需要我们做更多基础性、专业性且具有开拓性的思考与探索。

总之，倡导基础理论研究与带有学理性探究的现实问题研究，是高等教育学专业委员会的使命所在，唯有通过理论取向的学术探究与人才培育，我们才能立足扎实的理论基础与学术素养去回应现实高等教育发展中应接不暇的问题。理论固然需要服务于实践，但更需要我们以独立的精神、专业的态度、严谨的学风、开放的视野和谦逊的风格去观察和参与实践，理性地面对实践中可能存在的躁动。既不做旁观清谈者，也不做随波逐流者，努力以有深度有价值、有科学精神有人文情怀、有现实关注有未来视域的研究，为中国高等教育改革与发展贡献智慧。

正是出自上述初衷，中国高等教育学会高等教育学专业委员会与南京师范大学出版社，联合推出了"当代高等教育研究新视野丛书"学术专著出版计划。该丛书面向国内高等教育专业研究者，不拘泥于特定选题，尊重每位学者的兴趣和专长，期待以众说荟萃、集体亮相的形式，呈现当下我国高等教育理论研究的整体状貌。该出版计划将始终保持开放性，不断吸纳国内资深和新锐学者的最新研究成果，希望它不仅能成为一览高等教育学理论景致的窗口，为该学科的持续探赜索隐、钩深致远提供些许幽微之光，而且也能够从中感受到中国高等教育研究始终与时代变革气息相通的脉动。其中有热切的呼应，也有冷静的慎思，有面向未来远景的思索探问，也有洞鉴古今史海的爬梳钩沉。不同主题纷呈，个性风格迥异，从而构成一个多姿多彩、供读者各取所需的学术专著系列。

最后，高等教育学专业委员会特别感谢南京师范大学出版社所给予的慷慨支持与悉心指导，出版社在丛书的策划、编辑、出版和发行等方面投入了巨大的精力，也为编委会的组建、著者的遴选、成员之间的沟通等各项工作的有序展开提供了便利条件。

"当代高等教育研究新视野丛书"编委会
中国高等教育学会高等教育学专业委员会
二〇二二年十二月

目　录

绪　论

　　竞争迫使大学始终处于改进中。大学改进意味着深层次的组织变革,这离不开院校研究。作为对大学组织的研究,院校研究旨在为大学提供有益的信息资讯,促进对大学的理解,改进大学组织的运行。院校研究是美国人首创,兴起于 20 世纪 60 年代,20 世纪 80 年代末被引入中国,当前已经成为中国高等教育研究中最为活跃的一个研究领域。推动大学改进的院校研究有两种研究路径:一种是基于院校信息系统,通过数据的收集、分析和解释,为院校决策服务[①];另一种是基于院校变革史,通过对问题的建构、历史的重新阐释,为院校当下问题的解决提供思路。前者是一种技术化的路径,把院校研究严格限定在院校自我研究范围之内,旨在解决院校自身的问题。后者是一种综合性路径,认为院校研究既要着眼于为本校工作服务,又要着眼于学术积累;既要解决院校自身问题,又要发展理论。总的来说,技术化的路径无论是在美国,还是在中国,都已得到很好的发展,而基于院校变革史的路径则没有得到应有重视,尽管美国院校研究源于校史研究。笔者试图复兴基于院校变革史的院校研究路径,从问题史和微观史的角度描述和阐释院校改进这一主题。世界上唯一不变的是变革本身,推动院校改进是院校研究的主要功

---

① 刘献君.院校研究论略[J].高等工程教育研究,2006(5).

用。正如美国学者彼得森（M. Peterson）所言："院校研究是专门为学校的改进和管理提供信息支持的研究，其价值体现在它对高校适应变革能力的贡献，以及它在帮助高校适应变革中所起的关键作用。"①要有效地推动院校改进，必须从院校组织结构变革、信念变革和权力变革规律的把握入手，从问题史的角度认真进行梳理。一切历史都是当代史，当代性是全部历史的本质特征，历史与生活之间是统一的。"通过历史理解当下"是院校变革史的研究逻辑，笔者试图以这种新的思路和新的分析来建构一种院校研究的新范式。

一、大学改进史：描述与阐释

从科学学的角度看，一个成熟的研究领域有两个标志：一是有独特的研究对象，二是有卓有成效的研究方法。② 成熟的研究领域是由我们研究什么而不是由我们如何去研究来界定的，即任何一个专门的研究领域要取得合法性地位，首先必须有自己独特的研究对象。

院校研究的独特研究对象就是大学改进。美国院校起源于 19 世纪末 20 世纪初的"大学化时期"，早期的院校研究是校史研究，这种研究是以大学的改进与发展为研究对象的。作为美国高等教育现代化的副产品，院校研究在"大学化阶段"集中在课程与教学改革方面。20 世纪上半叶，美国院校研究进入院校自我调查阶段。院校调查运动是社会问责的产物，实际上是利用社会舆论压力迫使大学进行改革，其主线也是大学改进。二战之后，美国院校研究进入了制度化阶段，作为有组织的决策研究，院校研究更加凸显了大学改进的主题。学术界开始将大学改进做类型化的处理，界定了大学改进的三种

---

① Peterson M. W. The role of institutional research：From improvement to redesign [J]. New directions for institutional research，1999(104)：83 - 84.

② 周光礼.反思与重构：教育法学的学科建构[J].高等工程教育研究，2007(6).

形式:以获取资源为目的的大学改进、以竞争为目的的大学改进(包括同型竞争和错位竞争)、依循学术发展逻辑而实施的大学改进。① 中国的院校研究也应该定位于大学改进。因为中国院校研究产生于社会大转型的背景之下,旨在解决高等教育研究的理论与实践相脱节的问题,其主要运用一些可操作性的概念来取代传统高等教育研究中抽象的宏大叙事。如果说,中国以前的高等教育研究是在没有情景化和空间感的状态下抽象地论述高等教育改进与发展的规律,那么,现在的院校研究就是在情景化和空间感的条件下探讨大学的改进,探讨富有个性特点的大学改进史。院校研究尊重每个具体院校特殊的文化传统和带有个性特点的发展路径,这种研究品格与追求普适性理论的宏大叙事形成鲜明的对照。②

　　研究中心论题确定之后,研究方法就是决定性的因素。如何卓有成效地研究大学改进史,这是一个方法论问题。院校研究从校史研究演化而来,但大学改进史研究不等于传统的校史研究。传统的校史研究强调以时间为向度的客观记叙,这种叙述式的史述方式要么成为学校的大事记,要么流于档案资料的汇编。其最大弊端是校史与理论的分裂,校史研究与现实的背离,无法发挥校史研究为当下境遇指点迷津的功效。大学改进史研究需要一种新的具有理论品格且密切关注现实的研究范式,这种范式就是问题史学。问题史学把跨学科研究和强调理论阐释的新观念和新方法引入校史研究,为基于大学改进史的院校研究路径的复兴提供可能。

　　问题史学是年鉴学派最重要的方法论原则。年鉴学派是 20 世纪国际史学界最著名的史学流派,创立于 20 世纪初的法国。年鉴学派反对传统的记叙史,倡导对历史进行理论研究,认为历史学的任务是解释历史,而不是描述历史,提倡跨学科的综合研究。这一宗旨为问题史学的诞生奠定了基础。作为

---

① 周光礼.政策分析与院校研究:中国高等教育研究的中层理论建构[J].高等教育研究,2009(10).

② 周光礼.政策分析与院校研究:中国高等教育研究的中层理论建构[J].高等教育研究,2009(10).

年鉴学派的创始人,吕西安·费弗尔是最早提出问题史研究范式的历史学者。如其所言,"提出一个问题,准确地说来是所有史学研究的开端和终结。没有问题,便没有史学"①。问题史与叙述史是对立的范畴,后者是沿着时间维度来重构一种经历,前者是以阐释性叙述取代描述性叙述。也就是说,问题史学一改关注时间的研究传统,强调和凸显历史研究的"提出问题—解决问题"的过程。正如雅克·勒高夫在《新史学》中所言,问题史学"不是一种让史料自己说话,而是由史学家提出问题的史学"②。由此可见,问题史研究是立足于社会现实语境,向过去发问的一种行动,是历史事件在"过去时态"与"现在时态"两个时段内的对话、互动和融通。③ 20 世纪 60 年代后,问题史在西方形成了一套相对成熟的阐述模式:首先是提出假设,提出要解决的问题,然后是收集和分析史料,证明假说成立与否,最后是解决问题,找出历史过程的逻辑。④ 问题史的研究策略很早就被引入到教育史的写作中,其代表人物是美国的 J.S.布鲁贝克。布鲁贝克在其出版的《教育问题史》的前言中阐述了自己的史学宗旨。问题史"编排的优点在于,每一章都以问题开始,又以问题结束……因此,有助于读者不断地穿梭在历史与现实之间,有助于加深对教育史的理解"⑤。问题史研究策略被引入大学改进史研究,并不是仅仅停留在大学的现实问题与历史问题的巨大交切层面,而是为了解决现实中碰到的问题。大学改进史研究强调:在大学发展现实问题的解决中,寻求现实与历史的契合,从丰富的校史资源中找寻与发掘解决当前大学发展面临的各种问题,将历史阐释与大学现实紧密结合,充分发挥院校研究的功用。这就是克罗齐所说的"一切历史都是当代史"。

---

① 姚蒙.法国当代史学的主流——从年鉴派到新史学[M].香港:香港三联书店,1988:47-48.
② 雅克·勒高夫.新史学[M].上海:上海译文出版社,1989:13.
③ 段运冬.问题史与中国电影史的写作[J].文艺研究,2006(10).
④ 韩璐.年鉴学派的史学思想理论与中共党史研究[J].党史研究与教学,2007(1).
⑤ Brubacher J. S. A history of the problems of education[M]. New York:McGraw-Hill Book Company, 1965:Preface, p. Ⅺ.

　　与问题史同根同源的微观史学也可以为大学改进史提供方法论借鉴。微观史学也源于年鉴学派，它是年鉴学派的最新发展形态。微观史学既继承了年鉴学派又超越了年鉴学派。微观史学兴起于意大利的博洛尼亚大学，其主要代表人物是乔万尼·列维（Giovanni Levi）与卡洛·金兹伯格（Carlo Ginzberg）。微观史学强调对一个人物、一个事件、一种组织或制度等所做考证、排比、叙述性的历史研究。这种研究是一种"以缩小观察规模、进行微观分析和细致研究文献资料"为特征的研究，其基本程式是：通过对微观现象的描述，阐释其文化内涵，进而折射政治、经济和社会方面的现状。① 微观史学对年鉴学派的继承主要表现在两个方面：一是研究对象从大人物转向底层的行动者，二是研究方法坚持跨学科研究和总体史的理想。微观史学对年鉴学派的超越突出表现为：创造性地复兴了叙述式的史叙传统。微观史学借用了文化人类学的"深描"（Thick description）的观点。深描是美国哲学家吉尔伯特·赖尔提出来的术语，原指一种对意义的无穷无尽的分层次的深入描述。微观史学的深描特指"研究者在大量占有调查材料的前提下，通过现代人的历史想象，为某一特定区域的文化构筑出一幅解释性的图景，并力图从细小但结构密集的事实中引出重大结论"②。深描的引入塑造了微观史学的表述方式，即情节性的叙事方式，尤其偏爱运用人物传记体裁。但是，微观史学并不是为了叙述而叙述，而是为了解释而叙述。微观史学旨在通过他们叙述的事件和人物揭示其社会和文化内涵，具有明确的学术目的。③ 值得一提的是，微观史学也鼓励历史学家放弃"让史料说话"的客观主义治学传统，大胆进行历史"重构"，这与问题史学的立场是一致的。微观史学倡导的以个别的、具体的事实或地方性事件为研究对象，与院校研究的学术理路十分契合。第一，微观史学主张研究视野下移，建立"自下而上的史学"；院校研究强调将关

① Levi G. On Microhistory［M］//Peter Burke，ed. New perspectives on historical writing. Cambridge：Polity Press，2001：99.

② 朱定秀.卡洛·金兹伯格微观史学思想述评［J］.史学史研究，2008(4).

③ 杨雪翠.略论微观史学对教育史研究的启示［J］.教育学报，2010(5).

注的焦点转向大学内外的普通行动者,如校长、管理者、教师、学生及其家长。第二,微观史学提倡研究重心从宏大叙事转向日常生活,使历史分析具体化;院校研究强调对具体大学改进进行个案研究,在情景化和空间感的背景下解释行动者与大学组织之间的互动关系。第三,微观史学坚持多元的史料观,尤其重视民间史料,如通过田野调查和口述方法获取资料;院校研究强调通过调查研究和访谈,建立各种专题性数据库和分析性数据库,为院校决策提供咨询。

我们要有效开展大学改进史研究,必须把问题史学与微观史学结合起来。微观史重视描述,"贴近生活、具体细致"的深描克服了宏观研究的抽象性、概括性和枯燥性,提供了另外一个深刻观察大学改进的机会,克服了"只见森林,不见树木"的弊端。① 问题史强调阐释,作为面向理论言说的史述模式,问题史要求一种合乎逻辑关系并自成体系的问题抓取与编排原则,从而成为一种以"问题"为主体的话语体系,有利于克服"只见树木,不见森林"的大学改进描述。② 两者的结合有利于对大学改进史的描述、解释、预测和评价,真正达到"既见树木,又见森林"的目的。

二、大学改进的动力机制:经济学、政治学与制度学派的解释

大学是一个制度化的社会组织,它深深地嵌入在一定的社会环境之中。大部分学者都从开放系统的角度界定大学改进,代表性的观点有:大学改进是大学作为一种教育组织,在受到外力或内力的推动下发生的组织形态、运行机制上的更新与改造。③ 大学改进是指大学根据其外部环境和内部情况的变化,及时改变自身的内部结构,以适应形势发展的需要。它涉及组织成员

---

① 李永,周洪宇.微观史学与中国教育活动史研究[J].大学教育科学,2010(6).
② 段运冬.问题史与中国电影史的写作[J].文艺研究,2006(10).
③ 杨小微.全球化进程中的学校变革:一种方法论视角[M].上海:华东师范大学出版社,2004:19.

态度、行为、价值观等的重塑。① 也有学者从行动者的角度界定大学改进,如其所言,大学组织层面发生的改变不是真正的改进,只有组成大学的人的行为发生了变化才是真正意义上的大学改进。② 从内涵上说,大学改进实质上是大学组织行为和具体结构的变化。从外延上来看,大学改进涵盖的范围很广泛,大至一项重大制度的改变,小至一项工作流程的变动,都是大学组织改进关注的对象。

大学改进的描述一般采用微观史学的"深描法"。"深描法"不只是简单地将观察到的现象套用到某个理论框架中,还是将书面形式记录下来的象征性的事件或事实置于一个概念的结构之中进行解释。可见,"深描法"旨在通过对最微小的事件运用微观分析的方法而获得最重大的结论。③ 为了收集和鉴别大学改进的数据,可以借用微观史学的提名法与推测范式两种方法。提名法是指"缩小历史考察的规模到可以精确地确认身份的个人"。提名法有利于对院校行动者进行具体而微的分析,因为由一个人名不仅能够还原个人的生活轨迹及其内在的思想情感,更重要的是它能够重建起围绕在这个人周围的社会关系网络。④ 推测范式强调研究者从有限的、不完整的资料中,通过必要的推测获得一个合理的解释。正如著名的微观史学家纳塔莉·戴维斯所言:"自始至终,我都像一个侦探一样在工作,确定我的原始资料和它们的构成原则,把从许多地方得来的线索整合在一起,确立一个能对 16 世纪的证据最合理的、最可能的推测性论点。"⑤实际上,在中国大学改进决策是不透明的"黑箱"的情况下,推测范式在院校改进史研究上具有特别重要的意义。

---

① 庄西真.从封闭到开放——学校组织变革的分析[J].教育理论与实践,2003(08).

② 布鲁斯·约翰斯通.全球大学的变革方向[N].中国教育报,2002-08-10.

③ Levi G. On Microhistory[M]//Peter Burke, ed. New perspectives on historical writing. Cambridge: Polity Press, 2001:102.

④ 周兵.微观史学与新文化史[J].学术研究,2006(6).

⑤ Natalie Zemon Davis. On the lame. The american historical review, 1988, 93(3): 575.

对大学改进史的研究,我们不能只满足于非理论的描述,更重要的是探讨大学改进的理论,以解释大学改进在具体情境中的动力机制,最终为院校当下的决策提供借鉴与启示。院校研究致力建构的应该是一种中层理论。正如斯科特所言,"我们在质疑是否能够揭示人类行为的那些跨越所有时空的普世法则的同时,也不应仅仅满足一种非理论的描述。尽管某些机制可能会在所有情景中运行,但是某些机制只在几种情景中运行,因此,对它们进行说明,可以使我们超越非理论的描述,但不会提出站不住脚的普世法则"①。应该说,当前中国学术界对院校改进问题的理论研究一直处于徘徊不前的尴尬境地,院校改进研究在理论指导上长期局限在似是而非的宏大理论阐释层面而不能自拔,在经验性研究上又缺乏足够的理论指导,因此存在着宏大理论阐释和就事论事个案分析的两极分化。"宏大理论阐释的那种评古论今不着边际的演绎和归纳,就事论事个案分析的那种缺乏理论想象力和反思能力的琐碎,体现出中国高教界在院校变革研究方面的理论贫乏。在宏大理论阐释方面东拼西凑的借鉴,以及在个案分析方面缺乏理论指导的盲目和离散,使得相关研究无法进行有意义的知识积累和理论认识的提升。"②笔者认为,只有围绕大学改进动力机制展开相关研究,才能形成中国院校研究的中层理论。大学改进动力机制研究并不是新的领域,近 30 年来西方学术已展开了卓有成效的研究,先后形成了三种比较有影响的研究范式。第一种研究范式是理性主义范式。这种研究范式把经济学中理性人的假设引入组织改进研究,发展出了算计的分析路径,解释了大学改进的动力机制问题。第二种研究范式是文化主义研究范式。这种研究范式从传统文化信仰体系来寻找大学改进的原因,认为正是组织共有的价值和规则决定了大学改进的基本特征和演进方向。第三种研究范式是结构主义范式。结构主义范式倾向于从宏观的

① 约翰·L.坎贝尔.制度变迁与全球化[M].姚伟,译.上海:上海人民出版社,2010:63-64.
② 周光礼.政策分析与院校研究:中国高等教育研究的中层理论建构[J].高等教育研究,2009(10).

政治、经济结构来探讨大学改进的原因,强调变革的社会背景是这种研究范式的突出特点。① 近年来,西方学界兴起了三种大学组织变革分析范式,这对分析大学改进具有启发意义。这三种范式包括同构理论、分化理论和同质异形理论。其中,同构理论强调大学变革的动力来自外部环境,大学变革是一个"自上而下"的过程;分化理论强调大学组织变革的动力来自大学组织及其行动者,变革是一个"自下而上"的过程;同质异形理论试图把两者综合起来,强调大学组织变革是一个"自上而下"和"自下而上"相结合的过程。② 这三种分析范式其实都是从制度学派中演化和生发出来的。应该说,当前学界对大学改进动力机制的探讨主要有经济学、政治学和制度学派的解释,这充分体现了问题史学和微观史学的跨学科研究特点。多学科的视角能更好地解释大学改进问题。下面我们分别阐述经济学、政治学和制度学派对大学变革的解释,并探讨其对大学改进的启示。

经济学从利益和行动者算计角度解释大学改进,认为效率因素会对新组织形式的采纳提供解释。大部分经济学家都设想,绩效不佳会刺激组织改进,因为改进意味着对绩效问题的一个解决办法。③ 这种解释范式的主要特点是借用经济学的理性行动者,强调决策者的理性特征,发展出了一种算计路径的解释。算计路径将利益和效率置于突出位置,将资源的获取和交易成本的降低视为组织改进的动力。在他们看来,新的组织形式与旧的组织形式不存在必然的历史关联,只要存在一种制度的逻辑需要,且个体是理性的,新的组织形式就会被创造出来。可见,算计路径主要从理性策略算计的行动者行为的角度分析大学组织改进。某种组织形式之所以被挑选出来,是因为行动者从组织创新中获得的利益比维持组织传统更多。因此,如果现有大学组织形式不能满足行动者从交易中获利的需要,组织创新就会发生。经济学的

---

① 周光礼.政策分析与院校研究:中国高等教育研究的中层理论建构[J].高等教育研究,2009(10).

② 周光礼,黄容霞,郝瑜.大学组织变革研究及其新进展[J].高等工程教育研究,2012(4).

③ 张永宏.组织社会学的新制度主义学派[M].上海:上海人民出版社,2007:365.

解释路径特别适合于分析组织创生问题,它能对如下问题做出很好的解释:大学制度从何而来?为什么一些大学模式的创新得到扩散,而另外一些则没有?为什么大学模式创新在扩散速度和最终程度上不同?一种大学模式为什么以及怎样式微,乃至废弃?但是经济学的解释路径无法回答大学的许多改革,并不指向单纯的提高效率的现实。

政治学对经济效率在组织决定采取何种结构时所起的作用提出质疑。政治学将大学组织看成一个竞争场所,具有不同利益和影响力的联盟为主导大学改进而竞争。作为一个利益集团,主导联盟会采纳有利于自身的权力结构,即使这些结构会损害组织自身的效益。① 大学组织内政治和组织间政治都可能影响大学组织变革。组织内政治使一个组织内部不同群体相互对立,不同群体在诊断组织的问题并设计解决方案时会突出自身的利益和权力。组织间政治使大学外部的利益相关者互相竞争对大学决策的影响力,这是所谓的大学治理问题。大学改进政治学解释的基本假设是:围绕稀缺资源而展开竞争的各个集团之间的冲突,构成了政治过程的核心要素。大学改进是行动者为了完成他们的目标而做出政治努力的产物。组织创新的成功以及由此采用的组织形式,依赖于支持、反对或竭力影响它的行动者的力量对比。这一研究范式的突出特征是:在组织创新过程中,强调权力的非对称性。可见,这种范式实质上为大学改进提供了一种冲突路径的解释,组织创新可能起源于两个集团之间的冲突和竞争,同时也可能来自环境的变迁所提供的机会。② 政治学解释与经济学解释一样过于强调行动者的利益驱动在大学变革中的作用,这种功利主义的假设忽视了"文化—价值观"在制度变迁中的影响。

制度学派打破了经济学和政治学的"利益—行动者模型",建立了不受

---

① 张永宏.组织社会学的新制度主义学派[M].上海:上海人民出版社,2007:365.

② 周光礼.大学治理模式变迁的制度逻辑——基于多伦多大学的个案研究[J].高等工程教育研究,2008(3).

利益动员过程驱动的大学组织变迁模型,开拓出一种有前途的解释策略。制度学派所谓的制度是广义的,它不仅包含正式规则、程序和规范,而且包括为人类行动提供"意义框架"的象征系统、认知模式和道德模板。制度影响行为的方式是为特定社会化过程中的角色提供某种内在化"行为规范"和认知模板,即指明行动者在特定情景下把自己想象和建构为何种角色。制度学派聚焦于组织形式和组织实践的"广为接受"性质,聚焦于组织中不受行动者的政治上表述的具体利益所影响的那些方面。① 制度学派实质上提供了一种大学改进解释的文化路径:制度框架是一个严密的文化信仰体系,这是组成一个社会的大多数人所共同具有的。"文化—价值观"的功用体现在能够为特定的制度安排提供合法性基础,却不能为别的一些制度安排提供合法性依据。大学为了提高组织改进的正当性和稳定性,也会遵从制度化的各类"神话",这只是大学组织追求合法性的反应,与提高组织绩效没有多少关系。② 值得指出的是,制度学派并不质疑经济或政治过程在组织改进中的重要性。制度学派认为,组织从效率出发进行结构选择,主要是在"场域"形成的初期或重组期间,随后,组织会采纳"场域"中其他组织都认为合法的结构,而不考虑这些结构的实际效率。正如迪马久所言,"政治学关注制度的创建与解构,而制度学派分析合法的制度运作"③。也就是说,制度学派的解释肯定了在一个领域形成的早期或重组时期,政治因素主导着组织改进。制度学派解释大学改进的经验基础是科恩和马奇所谓"有组织的无政府主义":模糊的目标、不确定的技术、不稳定的参与使大学决策者的行动结果都是不可预测的系统。也就是说,在复杂的制度化背景下,即使是强势行动者都很难精确地意识到自己的利益,并成功地根据自身利益做出行动,这意味着经济和政治因素在制度化的后期阶段对组织变革的影

---

① 张永宏.组织社会学的新制度主义学派[M].上海:上海人民出版社,2007:461.
② 周光礼.大学治理模式变迁的制度逻辑——基于多伦多大学的个案研究[J].高等工程教育研究,2008(3).
③ 张永宏.组织社会学的新制度主义学派[M].上海:上海人民出版社,2007:366.

响很小。

模仿、强制和规范的压力等合法性因素对大学改进产生实质性的影响。这种影响的发生机制表现在三个方面：第一，模仿机制。不确定性是鼓励模仿的强劲力量。当组织技术难以理解，当目标比较模糊，或者当环境创造出的象征性不确定时，某一组织就可能模仿其他组织的形态，这就是大学改进的模仿机制。① 在不确定性的环境中，大学一方面倾向于模仿先驱组织采纳的结构，因为后发性大学可能认为一种大学模式在先驱者中的流行表明了它的合情合理；另一方面也会对目前流行的大学模式进行效仿，因为没有经验的后来者，可能会把当前大学中的流行形式作为合情合理的标志。前者的突出表现是发展中国家的大学把西方古典大学的学术自由和学术自治作为组织的"神话"进行模仿，后者表现为后发性的大学采用基标法对成功大学进行学习和模仿。如果说，前者表现为对一种久远"传说"的守护，后者则是对一种当代"神话"的皈依。应该说，在大学改进上，后者的影响要大于前者，因为一种结构在一个先驱者中流行的信息会随着时间而流失。② 第二，强制机制。组织改进常常源于组织所面临的正式或非正式压力。这些压力要么由这个组织所依赖的其他组织施加，要么由组织运作所处的社会环境的文化期望施加，这就是大学改进的强制机制。③ 强制机制的观点大部分源于资源依赖理论。根据资源依赖的观点，控制稀缺且重要资源的行动者要求对它们有依赖的组织采纳能满足它们利益的结构，而处于依赖地位的组织会遵从，以保证自身的生存。④ 在大学场域中，占支配地位的组织的强制性力量能影响新组织形式的扩散，这也是组织趋同的重要原因。第三，规范机制。职业化所要求的规范性也会影响一个场域中组织形式的扩散。一般来说，职业化过程也

---

① 何俊志,任军锋,朱德米.新制度主义政治学译文精选[M].天津:天津人民出版社,2007:265.
② 张永宏.组织社会学的新制度主义学派[M].上海:上海人民出版社,2007:366－367.
③ 何俊志,任军锋,朱德米.新制度主义政治学译文精选[M].天津:天津人民出版社,2007:263.
④ 张永宏.组织社会学的新制度主义学派[M].上海:上海人民出版社,2007:367.

会导致组织改进的趋同,这就是所谓的大学改进的规范性机制。[①] 职业化的两个方面影响大学改进:第一个方面来自正式培训和由大学的专家们所建构起的认知基础之上的合法性;第二个方面来自职业网络的增长及其在组织间的扩展,正是通过这种扩展,新的组织模式得以快速传播。通俗地说,相同的职业背景会塑造出行动者相似认知结构,相似的认知结构会导致选择相似的大学组织形式。

经济学和政治学的学术贡献是把大学改进动力机制建立在功利主义、"行动者—利益模型"之上;而制度学派的主要贡献在于明确了导致组织变迁与组织稳定的因果机制是建立在组织行动者共享一种认知方式的基础上,而与其利益无关。应该说,每一种理论模式都有其最适合解释的领域,应该超越政治、经济模型与制度模型的对立。实际上,这三种解释路径是理解大学改进现象不同方面的互补性工具,而不是对立的世界观。

三、战略变革:大学改进的典型案例

本书主要聚焦大学战略层面,从经济学、政治学、制度学派的理论视角探讨大学的整体性、系统性和渐进性改进;关注案例院校如何制定战略目标和行动计划,如何实施战略目标和行动计划,以及根据需要修改战略目标和行动计划。

"经费配置模式与大学战略选择:中国大学趋同化的经济学解释"和"全球化时代的大学同构:亚洲大学的应对"分别从经济学和文化学的角度探讨大学战略改进。前者认为高等教育经费配置方式对大学组织及其内部行动者的行为有重要的影响,这种影响体现在大学的战略选择中。在官僚控制模式占主导的情况下,大学一般选择赶超战略,以迎合政府的战略期待和价

---

① 何俊志,任军锋,朱德米.新制度主义政治学译文精选[M].天津:天津人民出版社,2007:267.

值观；在市场模式占主导的情况下，大学一般选择资源获取战略和比较优势战略，遵循社会需求逻辑和顾客至上原则；在院校控制模式占有重要地位的情况下，大学一般选择学术导向战略，尊重学术自由、遵循学科逻辑。经费流向易于控制的特点使之成为政府最理想的政策工具。现代国家常常综合运用官僚控制模式、市场模式和院校控制模式来实现政府的政策目标。案例研究表明，中国大学激励结构的相似性不但导致公办大学之间的趋同化，而且导致民办大学与公办大学的趋同化。后者强调全球化是大学变革的重要推动力。一方面，全球化会导致各个国家做出同样的反应，从而使各国大学组织趋于相似；另一方面，全球化时代的大学变革依然呈现出地域差异，民族国家的制度环境在塑造大学组织形态方面发挥重要作用。亚洲三所精英理工大学的变革既体现了经典大学模式在全球扩散中导致的制度同构，又体现了大学的新思想、新原则、新实践与地方经验的结合导致的制度转化。大学变革很少是从废除旧制度开始，常常是把旧制度与新理念结合，创造出一种既区别于过去的实践，又与过去的实践强烈相似的新制度。

"大众化与理工大学转型：中国重点理工大学的改进方案"、"文科大学的综合化：香港中文大学的案例研究"和"'行业划转院校'的'去行业化'与'再行业化'：环境变迁与组织回应"提供了三类大学的学科综合化改进案例。"大众化与理工大学转型：中国重点理工大学的改进方案"，描述了大众化背景下中国科学技术大学的精英主义转型、华中科技大学的竞争性转型以及西北农林科技大学的特色化转型。"文科大学的综合化：香港中文大学的案例研究"，描述了香港中文大学改进的四个阶段，即创校时期、联邦制时期、转型时期、融合创新时期。研究发现，其综合化在前三阶段主要表现为学科数量增加和外延扩张，在最后阶段主要表现为学科融合创新与内涵发展，由此从以单纯文理教育为主到以人文社会科学见长为主，今日已成为诸学科完备的综合性研究型大学。最后，提出香港中文大学的学科综合化遵循两种基本逻辑:同构逻辑和分化逻辑。同构逻辑强调变革须适应环境变迁,在每次经济社会转型时都能及时变革学科和组织结构;分化逻辑重视大学变革的历史延续性及独特认知方式,表现为坚守文化传统和内在逻辑。"'行业划转院校'的'去行业化'与'再行业化':环境变迁与组织回应",通过三所案例大学的研究发现:近20年来,在外部环境变迁的冲击下,"行业划转院校"先后进行了"去行业化"和"再行业化"转型。三所行业大学划转地方后,均经历了一个"去行业化"与"再行业化"的组织转型过程。在"去行业化"的阶段,学校向多科性地方大学发展,行业色彩逐步淡化。随着高等教育由外延扩张走向内涵发展,特色大学越来越受到公共政策的支持,背靠行业打造比较优势成为这类学校的战略选择,行业划转院校进入"再行业化"阶段。究其原因,变化中的环境是"行业划转院校"组织变革的外部动力;组织的认知方式影响其对环境的感知,从而影响组织变革;组织的文化传统影响组织变革。

"从同型竞争到错位竞争:大学品牌的形成机制",借助于制度理论和信号理论深入剖析了市场化条件下高校与环境的互动关系。研究表明:在面临外部合法性压力时,大学主要有两种适应性反应。一是组织顺从环境压力,通过改变自身来适应环境的要求,表现为战略趋同;二是组织主动改造环境,让环境来适应自己,表现为战略偏离。大学是一个能动的主体,不会只是被动地顺从外部制度压力,它常常通过向外界释放合法性信号获得外部行动者的认可,从而缓解趋同性压力。通过案例研究发现,随着外部资源配置模式的变化,中国大学开始实施品牌竞争战略。大学品牌的形成源于大学的社会关系网络。

"大学治理模式变迁的制度逻辑:基于多伦多大学的案例研究"和"中国公立研究型大学法人治理结构改革:基于华中科技大学的案例研究"探讨大学内部治理的改进。"大学治理模式变迁的制度逻辑:基于多伦多大学的案例研究"重点分析20世纪60—70年代多伦多大学由两院制治理向一院制治理的改进。研究表明,这一改进背后的逻辑是:基于有限理性的算计是大学治理模式改进的微观基础,权力冲突是大学治理模式改进的动力机制,基于文化认同的合法性是大学治理改进的决定性因素之一。"中国公立研究型大学法人治理结构改革:基于华中科技大学的案例研究"强调建立大学法人治理结构是完善中国现代大学制度的关键。中国现有的大学治理存在的主要问题是:决策权与行政权部分,权力缺乏制衡;行政决策与学术决策脱节,学术权力微弱;权力与责任的失衡没有建立问责机制。华中科技大学是新中国高等教育发展的缩影,其法人治理结构变革能为我们提供诸多启示。中国大学法人治理结构改进必须解决如下几个问题:一是进一步扩大和落实办学自主权问题;二是党委在大学治理中的角色和定位问题;三是大学法人治理结构变革的路径选择问题;四是大学行政化问题;五是大学章程制定问题。

"回归复杂性:未来大学展望"和"区域知识创新中心与大学模式创新:武汉未来科技城的案例研究",集中讨论未来大学模式与大学改进。作为人参与其中的生命系统,现代大学是一个典型的复杂系统。"回归复杂性:未来大学展望"认为复杂性是一种认识大学组织的新的思维方式。在大众化、市场化、数字化、全球化和知识经济等多重因素的挤压下,现代大学模式正面临颠覆性的变革。如果说现代大学的组织模式是复杂性之简单化的产物,那么未来大学的组织模式需要回归复杂性,从整体上将大学视为一个组织及环境构成的开放系统。建构未来大学的关键是寻找大学的最小封闭单位。根据最小封闭单位的不同,未来大学有两种主要的建构模式:一是以专业为最小封闭系统的大学(如斯科尔科沃科技大学);二是以课程为最小封闭系统的大学(如密涅瓦大学)。"区域知识创新中心与大学模式创新:武汉未来科技城的案例研究"分析了未来大学的中国探索,强调新经济需要新产业,新产业需要新大学。为了回应新经济和新产业的挑战,传统大学模式要做战略性调整。大学的新模式必须顺应两种变革趋势:一是大学知识生产模式的转型,即由

"生产学科知识和理论知识"向"生产跨学科知识和应用知识"转型;二是大学人才培养模式的变革,即由"面向学科的专业教育"向"面向职场的专业教育"转型。研究表明:区域知识创新中心主要由两个系统构成,一个是创新研发系统,另一个是人才培养系统,两者的耦合体现了科教融合和产教融合的精神。这种将教学活动、研究活动和创新活动聚合在一个统一模式之下的区域知识创新中心,将成为一种未来大学的模式。武汉未来科技城的实践证明了这一点。

第一章　经费配置模式与大学战略选择：
　　　　中国大学趋同化的经济学解释

同质化是中国高等教育体系最突出的特点。"专科想升本科，本科想升大学，大学想进'双一流'，所有大学都想办成北大、清华。"不但公办大学呈现出"千校一面"，民办大学与公办大学也日渐趋同。人们对这种现象多有诟病，但对于其产生的内在机理缺乏有深度的探索。人们普遍相信，行政化和计划体制是中国大学同质化的根本原因。然而，这种解释缺乏细致的学理论证，远远不能令严肃的观察者满意。因为人们同时很容易观察到，在没有计划体制的英美国家，也存在大学同质化的现象，这说明这种理论假设需要进一步完善。任何一种有效的理论，必须满足两个基本条件：一是逻辑自洽，二是事实有据。经济学认为，一个组织的行为在很大程度上是由它的激励结构决定的，相同的激励结构会塑造出相同的行为方式，这是组织趋同的根本原因。这里的激励结构，主要是指资源配置方式。在高等教育系统中，如果研究得到的报酬高于教学，那么大学教师必然重科研轻教学；如果政府规定大学年终结余的经费收归国库，则每年的预算就会刚好花完；如果大学的学科专业在经济上是独立的，那么跨学科的研究和教学就难以建立起来。① 办学

---

① 伯顿·R.克拉克.高等教育新论：多学科的研究[M].王承绪，等译.杭州：浙江教育出版社，1988：101.

经费是大学组织最核心的资源,充足而灵活的办学资源有利于大学改进教学和科研条件,招聘更高水平的教师和研究人员。因此办学经费的获得方式在大学激励结构中处于核心地位。笔者主要从大学接受经费的方式对组织行为影响的角度,探讨中国大学同质化的内在机理,并选取处于高等教育系统"金字塔"最顶端和最底端的两组大学进行相关的经验检验,以期从经济学的角度建构一种具有较强解释力的理论,为高等教育公共财政政策调整提供学理依据。

一、高等教育经费配置方式对大学行为影响的假设模型

英国经济学家亚当·斯密最早系统地探讨了大学接受经费的方式对其组织行为影响的问题。大学接受经费的途径主要有三种:一是由外部的政治机构控制经费;二是由提供教育服务的大学控制经费;三是由教育服务的消费者如学生等控制经费。[①] 亚当·斯密认为,不同的经费支付手段对大学组织及其内部行动者的行为有着重要影响。

在《高等教育新论》"经济的观点"一文中,加雷斯·威廉斯结合社会学和组织理论,对亚当·斯密的上述思想进行了进一步的阐发。他提出,根据国家、大学和学生三者中谁控制经费分配权区分三种基本经费配置模式:官僚控制模式、学院控制模式和市场模式。[②] 其中,官僚控制模式是指高等教育经费配置决策由校外机构如中央政府做出,办学经费根据明确规定的分配标准分配给各院校。在这种模式下,资源配置权掌握在政治当局和行政官员手中。院校控制模式是指院校有条件获得独立的经费来源,如大学自己拥有土地、财产或捐赠。在这种模式下,资源配置权掌握在大学的手中。市场模式

① 伯顿·R.克拉克.高等教育新论:多学科的研究[M].王承绪,等译.杭州:浙江教育出版社,1988:84.

② 伯顿·R.克拉克.高等教育新论:多学科的研究[M].王承绪,等译.杭州:浙江教育出版社,1988:89.

是指大学通过出卖服务(教学、研究和咨询)来获得收入。在这种模式下,资源配置权掌握在无数的消费者手中。

在官僚控制模式下,高等教育系统呈现出同质化和仪式化的特点。同质化源于组织所面临的正式或非正式压力。① 在这种环境下,组织变迁是对政府法令的直接反映。为了获取办学经费,大学组织不得不迎合政府的价值观和期望,如发布符合国家要求的大学综合改革方案和大学章程。制度学派令人信服地证明,当理性国家在一个更广阔的社会生活范围内扩展其支配力时,这个国家的各种组织结构会在更大程度上反映制度化和合法化的规则体系,其结果是组织的同质性程度进一步提高,迎合政府期待的组织仪式也不断增多。② 官僚控制模式的优点是确保大学组织的统一性和政策过程的协调性。国家在高等教育方面的政策目标可以通过与这些目标相一致的资源分配方式而直接迅速地实现。正如加雷斯·威廉斯所言,"如果国家想要求大学完成指定的任务,那么官僚控制模式就可以通过保证给其提供足够的资源而保证高等教育的质量"③。官僚控制模式最主要的缺点是对学术自由的威胁以及使教育变革难以发生。在这种模式下,由于资源的分配是自上而下进行的,随之而来的是政府对大学自上而下的单向控制,这必然损害大学的办学自主权。由于对教育质量的评价很困难,故政府倾向于对学术人员的活动加以控制,而不是控制最终产出,这无疑损害了教师的专业自主性。这种做法容易引发教师的反感,正如亚当·斯密所抱怨的,对学术的外部管辖权很可能行使得既无知又任性,行使这一权力的人很少能正确行使它。④ 在官僚控制模式下,组织容易僵化,不到压力不可抗拒时不会

---

① 何俊志,任军锋,朱德米.新制度主义政治学译文精选[M].天津:天津人民出版,2007:262.
② 何俊志,任军锋,朱德米.新制度主义政治学译文精选[M].天津:天津人民出版,2007:264.
③ 伯顿·R.克拉克.高等教育新论:多学科的研究[M].王承绪,等译.杭州:浙江教育出版社,1988:91.
④ 伯顿·R.克拉克.高等教育新论:多学科的研究[M].王承绪,等译.杭州:浙江教育出版社,1988:94.

发生变革。但一旦发生变革就会是剧烈的、突变性的，而且是由外部推动产生的。

在市场模式下，高等教育系统呈现出"去中心化"和开放性的特点。在这种模式下，强迫性的权力了无痕迹。没有人为整个社会做决策，所有人为自己做出的决策负责。在市场领域中，个人和组织都不会去追求遥远的愿景，他们更关注眼前的目标。他们希望通过自愿的相互交换达到彼此的目的，并从中获益。[①] 对教育服务的提供者和消费者来说，成功的关键是拥有对方需要的东西。在市场逻辑下，大学组织的生存直接依靠出售学术服务。它们出售教学服务，学生购买；它们出售研究服务，政府和企业来购买。这样，控制资源分配决策的权力就掌握在大批学生和研究成果购买者手里。[②] 学生等教育消费者对不同学校的办学条件、师资水平、科研能力和整体声誉进行评估、比较，然后自主选择购买哪一所大学的学术服务。这一选择过程促成了教育服务的消费者和提供者之间建立联系，大学不得不面向社会开放办学。市场模式的最大优点是它可以不断激励大学变革以适应不断变化的经济和社会状况。所谓"物竞天择、适者生存"，那些不能吸引学生或研究经费的大学将日趋衰落，甚至倒闭。在市场模式下，大学组织适应环境的变革是连续的、渐进的。市场模式的主要缺点是可能使大学的基础研究弱化以及高等教育质量降低。由于基础研究的收益具有滞后性和不确定性，尤其是基础研究很难转化为现实产品而缺乏赞助者，在市场模式下，大学的基础研究常常比较薄弱，这必然导致大学之间的恶性竞争。大学将花费太多的资源沉溺于生源竞争，其结果是导致高等教育质量的降低。"消费者至上原则"成为许多大学的办学理念，如民办大学常常采取悬赏招生政策，生源质量让位于生源数量。

---

① 约翰·E.丘伯，泰力·M.默.政治、市场和学校[M].蒋衡，等译.北京：教育科学出版社，2003：33.

② 伯顿·R.克拉克.高等教育新论：多学科的研究[M].王承绪，等译.杭州：浙江教育出版社，1988：101.

在学院控制模式下,高等教育系统呈现出自主性和封闭性的特点。在这种模式下,大学有独立的经费来源,足以负担全部经费开支中的大部分。因此,它们享有高度的办学自主权,既不依靠学生学费,也不受政府官僚机构的干涉。加雷斯·威廉斯认为,关于盎格鲁—北美高等教育体系学术自由的当代神话,以及大学教师取得终身任职以保护学术自由的必要性,最终都来源于 16 世纪中叶以来牛津大学和剑桥大学的学院法人所享有的财政独立性。[①]采用学院模式的大学,内部成员之间不存在使其联合起来对付外部经费提供者的共同利益,因此,大学内部呈现出目标模糊性和权力弥散性的特点。学院成员之间常常出现意见分歧,有野心的成员之间的权力之争是很普遍的。由于不存在官僚规章制度,也不存在市场手段,所以松散的联合和变化的联盟决定资源分配。[②] 在学院模式中,大学成员总是授予他们自己终身任职的权利,而同时又希望限制大学成员的人数。他们对新成员实行"非升即走"的制度,旨在限制人数。不但限制教师人数,他们也希望限制学生人数。[③] 由于经费自足,大学成员总认为没有必要把学校的内部事务告诉外部人,所以对外部人来说,大学是一个与世隔绝的"象牙塔"。学院模式的优点是有利于维护学术自由,其缺点是封闭办学,以教师利益为中心,对社会需求和学生需求反应迟钝。在学院控制模式下,由于财政权力掌握在法人团体手中,大学常常自行其是、排斥变革。正如美国学者尼伯莱特所言,"在 19 世纪,英国和美国都不得不通过国家立法来打开自治的高等学府的铁门,让新的学科进入课程,其中许多学科与人类的利益休戚相关,而学阀们却顽固地将其拒之于门外"[④]。总之,在学院控制模式下,大学的变革是罕见

---

① 伯顿·R.克拉克.高等教育新论:多学科的研究[M].王承绪,等译.杭州:浙江教育出版社,1988:96.

② 伯顿·R.克拉克.高等教育新论:多学科的研究[M].王承绪,等译.杭州:浙江教育出版社,1988:109.

③ 伯顿·R.克拉克.高等教育新论:多学科的研究[M].王承绪,等译.杭州:浙江教育出版社,1988:109.

④ 约翰·S.布鲁贝克.高等教育哲学[M].王承绪,等译.杭州:浙江教育出版社,1987:29.

的、突变性的。

当然,上述三种经费配置模式只是理论层面的分析工具,它类似于马克斯·韦伯的理想类型。作为概念工具,这三种模式可以使我们更深刻地洞察大学行为。但在现实中,任何一个国家都不会采用单一的官僚控制模式、市场模式或学院控制模式,政府一般会综合使用这三种经费提供方式,只是在不同的历史阶段,它们可能会偏重其中某一种经费配置方式。

二、经费配置方式变革与中国大学的战略选择

20世纪50年代,为了与计划经济体制相适应,中国建立起中央政府集中统一的高等教育经费分配方式:"统包统分"模式。在这种模式下,经费由政府负责分配,所有的资源决策都受制于中央政府的基本决策。其时,大学是作为全额拨款单位进行管理的。20世纪80年代前,所有大学只有国家财政性经费。政府对大学的拨款方式实行"基数＋发展"及"专款专用、结余上缴"的政策,这是一种典型的"官僚控制模式"。这种模式严重制约了大学的主动性和积极性,使其失去生机与活力,比如计划经济时代大学普遍奉行"有多少钱办多少事"的办学逻辑。又由于大学资源的获得几乎不受市场影响,导致经费使用浪费严重、效率低下。

改革开放后,随着商品经济的兴起,中国采取了一系列的改革措施,试图突破"统得过多,控制过死"的官僚控制模式。1980年6月,教育部、财政部、国家劳动总局联合发布了《高等学校建立学校基金和奖励制度的试行办法》,明确提出允许大学建立基金使用制度,并赋予大学一定的基金支配权,从而开辟了大学通过提供科研服务等获得办学经费的新通道。这项改革打破了固化的官僚控制模式,第一次引入了市场的元素。1984年,国务院批转国家计委《关于改进计划体制的若干暂行规定》,明确提出要进一步简政放权,缩小指令性计划在资源配置中的作用,扩大市场调节范围。在这个文件中,第

一次提出各大学可以接受委托培养的学生,并规定委培生或委培单位需要交纳部分培养费(学杂费等),从而开启了大学生交费上学之门。1985年,《中共中央关于教育体制改革的决定》(以下简称《决定》)明确提出高等教育体制改革的关键,就是要改变政府对大学统得过多的管理体制,扩大大学办学自主权,加强大学同生产、科研和社会其他方面的联系,使大学具有主动适应经济和社会发展的积极性和能力。根据这一指导思想,《决定》进一步提出大学可以招收委培生、自费生,并收取一定数量的培养费,这些自筹经费大学有权使用。正是在《决定》的推动下,1986年,国家教育委员会发布《高等学校财务管理改革实施办法》,明确提出了大学财政拨款方式要从"基数+发展"转变为"综合定额+专项补助",从而奠定了中国大学经费投入的基本体制。其中,综合定额是指根据大学前几年的学生培养成本数据或学生人均教育经费数据,适当考虑学校教职员工的实际情况,确定一个综合定额标准。专项补助则是根据大学的发展状况、规模、需要由主管部门拨付的,有明确用途的资助经费,主要包括"211工程"专项、"985工程"专项、基本科研业务费专项、捐赠配比资金专项、本科生国家助学金、研究生国家助学金、改善基本办学条件专项等。综合定额经费学校拥有自主统筹使用权。可见,在新的拨款体制下,大学获得了一定的资金使用自主权,有利于提高政府拨款的使用效率。

我国在改变政府拨款体制的同时,大学经费来源的多元化得到了进一步的发展。1986年,国家自然科学基金会正式成立,标志着大学竞争性研究经费渠道在中国的建立。1989年,国家教育委员会、财政部、国家物价局联合发布了《关于普通高等学校收取学杂费和住宿费的规定》,规定统招生也要开始缴纳学杂费和住宿费,从而开辟了大学经费来源的另一条渠道。随着社会主义市场经济体制的建立,大学经费配置的市场化改革步伐越来越快。1992年,国家教育委员会、财政部、国家物价局联合发布了《关于进一步改革和完善普通高等学校收费制度的通知》,决定在全国大部分地区推行收费制度改革,从而标志着学生免费上大学时代的结束,学生开始作为高等教育的消费者出现在历史的舞台上。1993 年,中共中央、国务院发布了《中国教育改革和发展纲要》(以下简称《纲要》),提出以政府财政拨款为主,教育税费、学杂费、社会捐赠等其他手段为辅的高等教育投入体制。这一体制为后来的《中华人民共和国教育法》(1995)、《中华人民共和国高等教育法》(1998)所确认。《纲要》特别强调:必须"改变政府包揽办学的格局,逐步建立以政府办学为主体、社会各界共同办学的体制"。这一规定直接催生了一批经政府正式批准建校,具有独立颁发"学历文凭"的民办高校。

学费收入的"从无到有,从少到多",标志着大学经费配置的市场模式在中国的最终建立。1996 年 12 月,国家教育委员会、国家计委、财政部联合颁发了《高等学校收费管理暂行办法》,提出高等教育属于非义务教育,所有学生都应该缴纳学费,首次将学杂费改称学费。这一规定开启了大学全面并轨收费的新时代。1997 年,大学生学费一下调到 3 000 元,学费年度涨幅高达30%—50%。1999 年,我国高等教育大众化后,政府积极实施"成本分担、收取学费"政策,学费进一步上涨。2000 年,各大学收费标准普遍上涨 15%,个别大学提高 20%,学费进入 4 000 元时代。2005 年,学费全面进入 5 000 元时代。为了缓解学费过高带来的社会问题,中央政府出台了一系列资助经济困难学生的政策,建构了"奖、助、贷、勤、减、补"为主要内容的学生资助体系。高等教育发展至今,在中国大学的收入来源中,学费收入已成为仅次于国家财政拨款的第二大来源渠道。据统计,1950—1979 年向普通高校累计投入教育经费 224.14 亿元,其中,国家财政性教育经费占比为 100%。1980—1989年向普通高校累计投入教育经费 692.07 亿元,其中,国家财政性教育经费占比为 91.77%,非财政性教育经费占比为 8.23%。[1] 1990—2002 年向普通高校累计投入教育经费 6 546.71 亿元,其中,国家财政性教育经费占比为 63.68%,

---

① 华成刚.1949 年以来我国普通高等教育经费投入情况分析[J].教育发展研究,2003(8).

非财政性教育经费占比为 36.32%,占高等教育经费总量的三分之一强。[①] 2005 年,国家财政性教育经费在总经费中的占比降为 42.77%,非财政性教育经费占比高达 57.23%。2011 年,国家财政性教育经费在总经费中的占比又回升到 58.48%,非财政性教育经费占比为 41.52%。[②] 其中,学费的增长最为快速(表 1 - 1)。1993 年,全国普通高校的学费收入为 15.96 亿元,占当年普通高校经费总投入的 6.64%;2008 年,全国普通高校的学费收入为 1 418.10 亿元,是 1993 年的 88.9 倍,占当年普通高校经费总投入的 33.68%。普通高校学费在普通高校经费总投入中的占比由 1993 年的 6.64% 提高至 2002 年的 27%、2005 年的 31.05%、2008 年的 33.68%,均大大高于 1996 年教育部确定的学费收入在学校总经费中的占比不得超过 25% 的限定。新时代以来,随着政府投入的增加,学费占比逐步降到 25% 以下。其中,2017 年,学费占比降为 21.50%,2020 年进一步下降为 20.10%。

表 1 - 1　1993—2020 年高校学费收入在总经费中的占比

年份	经费总额/亿元	学费收入/亿元	学费占比/%
1993	240.36	15.96	6.64
1999	704.23	120.78	17.15
2002	1 446.70	390.65	27.00
2005	2 550.24	791.92	31.05
2008	4 210.24	1 418.10	33.68
2011	6 880.24	1 812.10	26.34
2017	10 124.65	2 176.64	21.50
2020	13 462.10	2 705.79	20.10

数据来源:根据 1993—2020 年《中国教育经费统计年鉴》相关数据计算而来。

① 华成刚.1949 年以来我国普通高等教育经费投入情况分析[J].教育发展研究,2003(8).
② 倪嘉敏,姚晓峰.我国普通高等教育经费结构变化趋势与特点——基于 1999—2011 年的统计与分析[J].宁波大学学报(教育科学版),2015(4).

总之,改革开放以来,中国高等教育经费的配置模式正在从典型的"官僚控制模式"向"市场模式"转变:高等教育投入已由中央政府集中统一的分配方式向多元化格局转变,政府对大学的拨款方式也实现了从"基数＋发展"向"综合定额＋专项补助"的转变,基本形成"以举办者投入为主、受教育者合理分担培养成本、学校设立基金接受社会捐赠等筹措经费"的机制。2012年,中共中央、国务院发布《关于分类推进事业单位改革的指导意见》,高等教育被划归公益二类,这意味着公办大学被正式界定为可部分由市场配置资源的准公益机构。这一规定有助于进一步厘清公办大学非全额拨款单位的属性。2013年,党的十八届三中全会通过的《中共中央关于全面深化改革若干重大问题的决定》指出,深化改革的核心问题是处理好政府和市场的关系,使市场在资源配置中起决定性作用。这一表述对高等教育经费配置模式改革具有重要的指导意义。激发公办大学活力最根本的问题,就是如何有效地配置资源。一般来说,资源配置有两种主要手段,一个是市场,另一个是计划。市场决定性作用就是让价值规律、竞争和供求规律在大学资源配置中发挥作用。①在这种政策导向下,市场模式将在中国高等教育经费配置中发挥越来越重要的作用。

高等教育经费配置模式的变革将直接影响大学的战略选择。一个组织的行为很大程度上是由资源获取方式决定的。资源依赖理论认为,组织最重要的目标是获取资源维持生存,这是任何组织制定战略规划的出发点。所谓战略规划,是指一个组织通过程序性的工作,来产生根本性的决策和行动,以此来塑造和引导:一个组织是什么样的,该组织在做什么,为何这样做,并着眼于未来。经费的稳定性有利于大学做长远的规划。一般来说,只有组织拥有了充足而灵活的办学经费,才能实施有效的战略规划。在典型的官僚控制模式下,大学的发展战略常常流于形式;只有引入市场模式,大学才会有真正

---

① 黄文川.怎样理解使市场在资源配置中起决定性作用和更好发挥政府作用——访国务院研究室副主任韩文秀[J].求是,2013(24).

意义上的战略行动。这就是为什么在市场模式确立之前,制定战略规划只是少数大学的偶然行为;在市场模式确立之后,制定战略规划才成为中国大学的普遍做法。对一所大学来说,其战略变革方式的选择在很大程度上是由经费配置方式决定的。从战略变革的角度看,大学战略选择主要有四种模式:一是资源获取战略,即大学所有的行为都是围绕如何获得办学资源展开,表现为遵循社会需求逻辑;二是同型竞争战略,即大学以同类大学中的领先者为标杆,通过全面比较发现异同之处,并确定组织优势和可能的发展机会,增加组织成功的可能性,表现为"赶超战略";三是错位竞争战略,即大学在高等教育系统中寻找最适合自己的办学定位,打造比较优势和特色,表现为"比较优势战略";四是学术导向战略,即大学追随国际学术潮流、瞄准新的前沿学术方向开展教学和科研,表现为遵循学科逻辑和学术逻辑。一般来说,在官僚控制模式下,大学倾向于同型竞争战略;在市场模式下,大学倾向于比较优势战略;在院校控制模式下,大学倾向于学术导向战略。在所有的资源配置模式下,大学都会采用资源获取战略,因为大学毕竟是一个资源依赖型组织(表1-2)。

表1-2 经费配置模式与大学战略选择的关系

经费配置模式	大学战略选择	
官僚控制模式	资源获取战略	同型竞争战略
市场模式		比较优势战略
院校控制模式		学术导向战略

三、中国公办大学与民办大学的经费配置方式

要检视经费的配置方式与大学行为之间是否存在一定的内在联系,我们可以通过观察中国民办大学和公办大学的战略选择来检验。因为中国民办

大学的资源配置基本上属于市场模式，其办学经费主要依靠学生的学费；而公办大学的资源配置实行以政府投入为主、学生合理分担教育成本、多渠道筹措经费的机制，属于官僚控制模式和市场模式相结合的体制。如果经费配置方式的确塑造了大学行为，那么大学战略选择将是一个极佳的观测点。从理论上来看，公办大学的战略选择更易受政府影响。为了获取办学资源，公办大学会积极迎合政府的战略意图，其结果是"千校一面"，这就是所谓的同型竞争战略。由于来自政府的财政拨款相对稳定以及公办大学获得了一定的财政自主权，它们也喜欢采用学术导向战略，"双一流"建设高校更是如此。中国民办大学的战略选择更易受市场的影响，为了生存，它们一般采用资源获取战略和比较优势战略。为了证明上述假设，我们选取两组大学，分析它们的经费配置方式和战略选择之间的关系。第一组是处于高等教育系统"金字塔"顶端的 3 所原"985 工程"大学：北京大学、南京大学和华中科技大学；第二组是处于高等教育系统"金字塔"底端的 3 所民办大学：黄河科技学院、西安外事学院和江西科技学院。我们重点考察它们 2000—2010 年间的经费配置方式与战略选择。

　　中国原"985 工程"大学收入的主要来源为中央政府拨款、地方政府拨款、教育收费收入、科研经费收入，以及其他收入。其中，中央政府拨款和地方政府拨款，包括教育经费拨款和其他经费拨款；教育收费收入包括学费、住宿费、委托培养费、培训费和报名考试费；科研经费收入包括中央科研经费拨款、地方科研经费拨款和科研事业收入；其他收入包括捐赠收入、利息收入、对外投资收益等。据统计，2005 年，C9 高校总收入 161.65 亿元，政府拨款占比为 52.62%。[①] 2009—2013 年，39 所"985 工程"大学总收入 5 441.99 亿元，校均年度经费达 28 亿元，其中：中央政府拨款占比 40%，地方政府拨款占比 6%，教育收费收入占比 18%，科研经费收入占比 27%，其他收入占比 9%。[②]

---

① 许涛.中国"985 工程"研究及政策建议[M].北京:高等教育出版社,2008:104.

② 根据 2009—2013 年的《中国教育经费统计年鉴》计算得来。

政府拨款属于官僚控制模式的经费配置(占 46%)、教育收费收入和科研经费收入属于市场模式的经费配置(占 45%)、其他收入可以理解为院校控制模式的经费配置(占 9%)。由此可见,"985 工程"大学的经费配置主要属于官僚控制模式和市场模式相结合的体制。中国民办大学收入的主要来源为教育收费收入和其他收入,其中教育收费收入占比 99% 以上,基本上属于市场模式的资源配置。下面我们主要考察北京大学、南京大学、华中科技大学等 3 所"985 工程"大学和黄河科技学院、西安外事学院、江西科技学院等 3 所民办本科院校 2005 年度的经费来源(表 1-3)。

表 1-3　2005 年 6 所公办大学与民办大学的经费来源(单位:亿元)

经费来源	公办大学			民办大学		
	北京大学	南京大学	华中科技大学	黄河科技学院	西安外事学院	江西科技学院**
中央政府拨款	6.585	4.746*	5.310	0	0	0
地方政府拨款	0	—	0	0	0	0.022
学费收入	7.446	2.846	6.037	2	3.141	4.800
科研经费收入	6.303	2.942	4.797	0	0	0
捐赠收入	1.765	0.605	0.072	0	0	0
对外投资收益	4.313	0.331	1.518	0	0.057	0.200
总计	26.412	11.470	17.734	2	3.198	5.022

数据来源:许美德,李军,林静,等.21 世纪中国大学肖像:向大众化高等教育的转型[M].桂林:广西师范大学出版社,2015.

* 2005 年南京大学获得"211 工程"及"985 工程"专项资金 2.611 亿元,其中部分资金来源于江苏省地方财政。

** 江西科技学院没有具体的经费数据,此数据是通过许美德书中提供的该校学生人数及学费标准推算而来。

2005 年,北京大学总经费收入为 26.412 亿元,其中:中央政府拨款为 6.585亿元,占比为 24.9%;学费收入为 7.446 亿元,占比为 28.2%;科研经费收入为6.303亿元,占比为 23.9%;对外投资收益为 4.313 亿元,占比为16.3%;

捐赠收入为 1.765 亿元,占比为 6.7%。"官僚控制模式"配置的经费占比为 24.9%,市场模式配置的经费占比为 52.1%(含学费收入 28.2%和科研经费收入 23.9%),院校控制模式配置的经费占比为 23.0%(含捐赠收入 6.7%和对外投资收益 16.3%)。因此,北京大学采用的是一种政府、市场、院校多元化的经费配置模式。

2005 年,南京大学总经费收入为 11.470 亿元,其中:中央政府拨款为 4.746 亿元,占比为 41.4%;学费收入为 2.846 亿元,占比为 24.8%;科研经费收入为 2.942 亿元,占比为 25.6%;对外投资收益为 0.331 亿元,占比为 2.9%;捐赠收入为 0.605 亿元,占比为 5.3%。官僚控制模式配置的经费占比为 41.4%,市场模式配置的经费占比为 50.4%(含学费收入 24.8%和科研经费收入 25.6%),院校控制模式配置的经费占比为 8.2%(含捐赠收入 5.3%和对外投资收益 2.9%)。可以说,南京大学是一种典型的政府和市场相结合的经费配置模式。

2005 年,华中科技大学总经费收入为 17.734 亿元,其中:中央政府拨款为 5.310 亿元,占比为 29.9%;学费收入为 6.037 亿元,占比为 34.0%;科研经费收入为 4.797 亿元,占比为 27.0%;对外投资收益为 1.518 亿元,占比为 8.6%;捐赠收入为 0.072 亿元,占比为 0.4%。官僚控制模式配置的经费占比为 29.9%,市场模式配置的经费占比为 61.0%(含学费收入 34.0%和科研经费收入 27.0%),院校控制模式配置的经费占比为 9.0%(含捐赠收入 0.4%和对外投资收益 8.6%)。可见,华中科技大学是一种典型的政府与市场相结合的经费配置模式,但市场模式占主导地位。

2005 年,黄河科技学院、西安外事学院、江西科技学院总经费收入分别为 2 亿元、3.198 亿元、5.022 亿元,其中:黄河科技学院学费收入为 2 亿元,在总经费中的占比为 100%。西安外事学院学费收入为 3.141 亿元,在总经费中的占比为 98.2%;对外投资收益为 0.057 亿元,在总经费中的占比为 1.8%。江西科技学院学费收入为 4.800 亿元,在总经费中的占比为 95.6%;对外投资收益为 0.2 亿元,在总经费中的占比为 4.0%;地方政府拨款为 0.022 亿元,在总经费中的占比为0.4%。由此可见,3 所民办大学的收入基本依靠学生学费,资源配置方式属于市场模式。

四、中国公办大学和民办大学的战略偏好

1. 公办大学的战略定位

中国原"985 工程"大学源于 1998 年 5 月 4 日,时任中国国家主席的江泽民在庆祝北京大学建校 100 周年大会上的讲话。如其所言:"为了实现现代化,我国要有若干所具有世界先进水平的一流大学。"[①]根据这一思想,教育部制定了《面向 21 世纪教育振兴行动计划》,提出要把支持部分大学创建具有世界先进水平的一流大学和一流学科列为优先的战略目标,这就是"985 工程"的由来。作为一个旨在创办世界一流大学的工程,"985 工程"体现了国家的意志。为了得到政府的巨额支持,几乎所有的"985 工程"大学都将自己的战略定位描述为建设世界一流大学(表 1 - 4)。

表 1 - 4　2000—2010 年 6 所大学的战略

大学名称	经费配置模式	大学战略定位	大学变革策略
北京大学	政府、市场、院校多元化的经费配置模式	世界一流大学 以基础理论研究为重心	同型竞争战略 学术导向战略
南京大学	政府与市场相结合的经费配置模式	世界高水平大学 综合性、研究型、国际化	同型竞争战略 学术导向战略
华中科技大学	政府与市场相结合的经费配置模式	国际知名大学 研究型、开放式、综合性	资源获取战略 同型竞争战略 学术导向战略

---

① 中华人民共和国教育部.科教兴国的动员令[M].北京:北京大学出版社,1998:3.

续　表

大学名称	经费配置模式	大学战略定位	大学变革策略
黄河科技学院	市场模式	对学生负责任的大学 应用型、教学型、综合性	资源获取战略 比较优势战略
西安外事学院	市场模式	特色鲜明的高水平民办大学 国际化、应用型、综合性	资源获取战略 比较优势战略
江西科技学院	市场模式	以实践为导向的一流大学 职业性、市场化、应用型	资源获取战略 比较优势战略

资料来源：许美德，李军，林静，等.21 世纪中国大学肖像：向大众化高等教育的转型[M].桂林：广西师范大学出版社，2015；北京大学、南京大学、华中科技大学、黄河科技学院、西安外事学院、江西科技学院等 6 所大学的官网。

北京大学的战略定位是建设世界一流大学。为此，北大起草了"陶铸全才""发明新理""引领文化""服务社会"的新使命宣言。其中，"陶铸全才"强调北大的责任是培养各个领域高素质的人才；"发明新理"强调北大应该在人类的知识前沿进行原创新的开拓；"引领文化"强调北大有责任成为中华文明复兴的领袖；"服务社会"强调北大要通过学术创新服务国家。[1] 新使命宣言的重心放在基础理论研究上。北京大学认为，应用研究只有三种情况才会考虑："一是与基础理论密切相关的应用领域，二是满足紧迫的社会需求的应用领域，三是短期内有可能达到卓越水平的应用领域。"[2] 为了建设世界一流大学，北京大学瞄准哈佛大学、耶鲁大学等世界名校，采取同型竞争战略和学术导向战略。尽管市场模式在北京大学的经费配置中占 52.1％，但中国大学并不是真正意义上的市场模式。这是因为中国大学并没有完全的招生自主权，招多少学生和收多少学费由政府决定，所谓的市场模式只是"官僚控制模式"的"变种"。科研收入表面上是竞争性的，但是绝大部分的经费来自政府控制的基金会。中央政府把对资源分配的控制权力下放给由专业人员组成的委

---

①　许美德，李军，林静，等.21 世纪中国大学肖像：向大众化高等教育的转型[M].桂林：广西师范大学出版社，2015；63－64.

②　许美德，李军，林静，等.21 世纪中国大学肖像：向大众化高等教育的转型[M].桂林：广西师范大学出版社，2015；65.

员会(项目评审委员会),这些委员会的专家来自将来可能使用该经费的大学和机构。虽然任命这些委员会的专家一般以个人专长为基础,但也常常考虑各单位的代表性。这些专家组成的委员会常常既要忠实于专业标准,也要考虑所在单位利益。这种经费分配方式实质上是一种专业"官僚控制模式"。由是观之,"官僚控制模式"在北京大学经费配置中依然占据主导地位。在"官僚控制模式"下,大学战略遵循同构逻辑,这是北京大学采用同型竞争战略的原因。由于北京大学经费配置中院校控制模式占有重要的地位(23.0%),学术导向战略在北京大学体现得十分明显。应该说,北京大学的同型竞争战略和学术导向战略十分成功,2022 年北京大学实现了 22 个学科全部进入 ESI 全球前 1% 的目标,其中,10 个学科进入全球前千分之一,全球排名 69 位。

南京大学的战略定位是建设世界高水平大学。从 1976 年到 1996 年,南京大学通过 20 年的努力实现了建设"国内领先综合性、研究型大学"的目标。在世纪之交,南京大学形成了清晰的新愿景。这主要体现在三个维度:综合性、研究型、国际化。[①] 1999 年,南京大学修订了战略定位:到 2010 年建成世界高水平大学,到 2020 年或更长一段时间,争取跻身世界一流大学的行列。[②]为了建设世界高水平大学,南京大学采取了同型竞争战略和学术导向战略。采用同型竞争战略是因为南京大学经费配置中"官僚控制模式"占主导地位。南京大学经费中来自政府直接拨款的占比高达 41.4%。虽然市场模式的占比为 50.4%,但中国大学经费配置的市场模式实质上仍然带有"官僚控制模式"的色彩。南京大学采用学术导向战略,一方面源于自身的传统,另一方面源于经费配置的学院控制模式(占 8.2%)。改革开放之初,南京大学就因为在自然科学、社会科学以及人文科学方面的卓越研究而声名鹊起。1978 年,

---

① 许美德,李军,林静,等.21 世纪中国大学肖像:向大众化高等教育的转型[M].桂林:广西师范大学出版社,2015:93.

② 王德滋,龚放,冒荣.南京大学百年史[M].南京:南京大学出版社,2002:529.

南京大学共获得 54 项全国科学大会成果奖，位列全国高校之首。① 从 20 世纪 80 年代起，南京大学就积极鼓励理科教师和研究生发表能够体现一所大学科研能力的 SCI 论文。从 1992 年到 1999 年，南大 SCI 论文数量连续 7 年高居内地高校榜首，从 1994 年到 2002 年，南京大学所发表的 SCI 论文被引用次数连续领跑内地高校 8 年，超越北京大学、清华大学等名校居大陆高校第一位。② 南京大学的同型竞争战略与学术导向战略也取得了积极成效，2022 年，南京大学有 18 个学科进入 ESI 全球前 1%，其中，7 个学科跻身 ESI 全球前千分之一，全球排名 159 位。

华中科技大学的战略定位是建设研究型、开放式、综合性的国际知名大学。围绕这一定位，华中科技大学构建了新的愿景：育人为本、创新是魂、责任以行。2010 年，华中科技大学修订了自己的战略定位：力争在 21 世纪中叶把华中科技大学建设成研究型、开放式、综合性的世界一流大学。为了实现这一战略目标，华中科技大学不但采取了同型竞争战略和学术导向战略，而且采用了资源获取战略。早在 20 世纪 70 年代，华中科技大学就提出"内赶清华，外学 MIT"的战略口号。华中科技大学采用同型竞争战略的原因与北京大学、南京大学相同，因为"官僚控制模式"在资源配置中居主导地位。华中科技大学采用学术导向战略的原因与南京大学相似，一方面源于自身的传统，另一方面源于经费配置的学院控制模式（占 9.0%）。华中科技大学的老校长朱九思在 20 世纪 70 年代就提出科研要走在教学的前面的观点。1978 年，华中科技大学共获得 32 项全国科学大会成果奖，位列全国高校第二位。华中科技大学偏爱资源获取战略，充分体现在资源配置市场模式的占比上（占 61.0%）。尽管中国公办大学的市场模式实质上是一种柔性的"官僚控制

　　① 　许美德，李军，林静，等.21 世纪中国大学肖像：向大众化高等教育的转型［M］.桂林：广西师范大学出版社，2015：86.
　　② 　许美德，李军，林静，等.21 世纪中国大学肖像：向大众化高等教育的转型［M］.桂林：广西师范大学出版社，2015：96.

模式"，但是华中科技大学以实用主义的态度充分利用了其市场性的一面，提出了"以服务求支持、以贡献求发展""应用领先、基础突破、协调发展"的办学策略。事实上，作为一所理工科大学，华中科技大学的发展战略与北京大学、南京大学不同，华中科技大学一开始就致力于融合人文教育与科学教育，并以此承担引领产业发展的使命。华中科技大学促成政府依托自己设立了光电国家实验室，积极孵化"中国光谷"（武汉东湖国家自主创新示范区）。应该说，华中科技大学的资源获取战略取得了巨大成功，近年来经费总量跻身全国前五位。学校先后成立"东莞研究院"等6个驻外研究院，孵化出"华中科技"等3个上市公司，为社会创造了大量的就业机会，长期为地方政府所倚重。当然，华中科技大学的同型竞争战略和学术导向战略也取得了积极进展，2022年华中科技大学进入ESI全球前1%的学科达20个，其中ESI全球前千分之一的学科6个，全球排名139位。

2. 民办大学的战略定位

中国自古以来就有私人办学的传统，民国时期私立大学曾一度十分兴盛。然而，新中国成立后，私立大学销声匿迹。民办大学再度兴起始于20世纪80年代。1982年修订的《中华人民共和国宪法》第19条规定，"国家鼓励集体经济组织、国家企业事业组织和其他社会力量依照法律规定举办各种教育事业"。这一规定为民办教育的发展提供了法律依据。1987年，国家教育委员会发布了《关于社会力量办学的若干暂行规定》，规定社会力量的办学经费自行筹措，学校可以收取合理的学杂费，但不能牟利。1993年，《民办高等学校设置暂行规定》出台，明确规定民办大学是"除国家机关和国有企业、事业组织以外的各种社会组织以及公民个人，自筹资金，依照本规定设立的实施高等学历教育的教育机构"。尽管后来的《中华人民共和国教育法》《中华人民共和国高等教育法》《中华人民共和国民办教育促进法》分别提出要积极鼓励民办教育，但"经费自行筹措，不以营利为目的"的政策一脉相承。在这种政策下，中国民办大学的投入主要依靠学费收入，"以学养学、滚动式发展"

几乎是所有民办大学的发展模式。因此,吸引足够的学生(消费者)是民办大学生存与发展的关键。招生工作历来是中国民办大学的头等大事。生源竞争十分激烈,强行推销、悬赏招生、虚假宣传等营销手段纷纷出现。机会主义行为不可能长久,一部分有远见的民办大学的举办者逐步认识到,特色和质量是"立校之本","让消费者满意"是取胜的关键。这是许多民办大学采用资源获取战略和比较优势战略的重要原因。

黄河科技学院的战略定位是"办一所对学生负责任的大学"。所谓的对学生负责任主要指对学生的就业负责任,能够为他们提供谋生技能。基于这一战略定位,黄河科技学院从一开始就注重工程技术教育,为学生提供良好的实习实训设备和设施,这一点与大多数民办大学不同。因为工科办学成本相对较高,所以一般的民办大学倾向于办经管、应用文科等"短平快"的专业。但黄河科技学院创办者认为工科学生毕业后最容易找到工作,因此学校坚定不移地执行着此条办学方针。[①] 不惜血本办工科是这所大学的特色。从 20世纪 90 年代中期开始,黄河科技学院就建有两个应用科学学院:一个是工学院,下设土木工程系、机械工程系及建筑工程系;另一个是信息工程学院,下设电子信息工程系、计算机科学和技术系、通信工程系、软件工程系及网络工程系。后来为了适应河南省就业需要,学校又开设了动漫、武术、药剂学、新闻传播、会计、外贸、艺术设计、钢琴、声学、舞蹈等与区域经济社会发展紧密联系的专业。[②] 2013 年,黄河科技学院参与发起成立中国应用技术大学联盟,更加凸显其"应用型、教学型、综合性"的特点。资源获取战略和比较优势战略的运用与该校经费配置的市场模式直接相关。该校收入几乎全部来自学生的学费,特色与质量是大学的生命线。办学者知道,质量危机就会引发财政危机,财政危机最终导致生存危机。值得指出的是,中国民办大学表面上

---

① 许美德,李军,林静,等.21 世纪中国大学肖像:向大众化高等教育的转型[M].桂林:广西师范大学出版社,2015:276.

② 许美德,李军,林静,等.21 世纪中国大学肖像:向大众化高等教育的转型[M].桂林:广西师范大学出版社,2015:277 - 280.

是一种纯粹的市场模式,但是民办大学招生权和学费定价权却掌握在政府手中,所谓的市场配置资源是名不副实的。应该说,中国民办大学经费的市场配置中有浓厚的官僚控制模式的影子,这可以部分解释中国民办大学与公办大学的趋同性。1999年黄河科技学院作为中国第一所具备颁发本科学历证书资格的民办大学,其中一个重要原因是教育部评估小组认为:该校设置的课程与公立学校一致![①]

西安外事学院的战略定位是"办一所特色鲜明的高水平民办大学"。所谓特色鲜明主要体现在三个方面:国际化、应用型和综合性。学校的第一个特点是满足社会对熟练员工的需要。创办者最初的愿望是"致力于创办一所能容纳3 000名学生并向他们提供就业实训的职业学校"[②]。学校所办的专业主要是与就业市场相关的应用型专业。学校明确地将自身人才培养的目标定位为:培养基础实、能力强、素质高、重应用,德智体美全面发展,具有一定学习能力、创新能力、实践能力和社会适应能力的应用型专门人才。学校的第二个特点是极力保持并强化自身的国际化学习特色。作为陕西省民办高校中最早获准开展国际合作教育和留学生教育的民办高校,西安外事学院与美、英、法、澳、日、韩、马来西亚等国的40余所大学开展学分互认、师生交流互访等项目和活动。学校还引进哈佛大学、耶鲁大学、麻省理工学院等世界知名大学的上万门精品课程。学校的第三个特点是创办综合性大学。受学校所在地鱼化寨"化鱼成龙"传说的启示,创办者希望自己的学校能从一所职业学院华丽蜕变为一所世界级综合性大学,梦想有一天"西安外事学院能成为一所中国的哈佛大学或者中国的斯坦福大学并在国际上享有盛誉"。基于这个梦想,创办者将学校的使命确定为:与迅速崛起的祖国同命运,为人民谋福

---

① 许美德,李军,林静,等.21世纪中国大学肖像:向大众化高等教育的转型[M].桂林:广西师范大学出版社,2015:274.
② 许美德,李军,林静,等.21世纪中国大学肖像:向大众化高等教育的转型[M].桂林:广西师范大学出版社,2015:294.

利,成为一流的民办大学。[1] 这三个特点紧紧围绕提高教育质量、塑造良好办学声誉这一核心任务。归根到底,学校的这种战略定位就是为了吸引更多的学生(顾客),遵循的是资源获取战略和比较优势战略。学校的战略选择依然取决于经费配置的市场模式(占98.2%)。有意思的是,西安外事学院提出要建设世界一流民办大学,让人不由得联想起许多"985工程"大学的战略定位,这从一个侧面折射出中国民办大学与公办大学的趋同性。趋同性与中国民办大学经费市场配置背后隐性的"官僚控制模式"有关。

江西科技学院的战略定位是"建设一所以实践为导向的一流大学"。这所大学的鲜明特色是职业性、市场化、应用型。与黄河科技学院一样,学校最突出的特点是以工程专业为主,并把学生的就业视为学校的生命线。在全国高校毕业生就业率普遍低迷的情况下,该校却自豪地宣称其毕业生就业率高达97%。[2] 这一成绩的取得与学校以实践为导向办教育有关。学校之所以将优势特色领域定位为工程专业,是因为主办者坚信中国仍然处于大发展时期,对工程技术人员有巨大的需求。"学校是以市场需要为导向而开办专业和设立教育目标的。"[3] 学校认识到,作为资源依赖性组织,为了在职场立足,质量和灵活性是至关重要的。基于许多学生学术能力欠佳而动手能力很强的实际情况,学校提出培养一线工人的教育目标。由于一线工人最重要的品质是敬业精神和解决问题的能力,学校据此提出以实践为导向办教育。为了更好地培养一线工人,学校与数千家制造业、商业和服务业公司建立合作关系,实施产教融合、校企合作;大量起用处于管理第一线的人才,这些人的特点是"没有学术作品但具有丰富的实践经验和很高的职业素养"。江西科技

---

① 许美德,李军,林静,等.21世纪中国大学肖像:向大众化高等教育的转型[M].桂林:广西师范大学出版社,2015:299.

② 许美德,李军,林静,等.21世纪中国大学肖像:向大众化高等教育的转型[M].桂林:广西师范大学出版社,2015:318.

③ 许美德,李军,林静,等.21世纪中国大学肖像:向大众化高等教育的转型[M].桂林:广西师范大学出版社,2015:318.

学院的这些策略充分体现了资源获取战略和比较优势战略。学校之所以采取这些战略与办学经费配置的市场模式有直接关系。江西科技学院收入的95.6%来源于学生的学费,让消费者满意是学校的办学宗旨。它与西安外事学院一样,也提出要建设一流大学的战略定位。这一战略定位既是为了吸引消费者,也是为了迎合政府的偏好,毕竟在市场模式的背后,有"官僚控制模式"的沉重之手。

五、主要结论

高等教育经费配置方式对大学组织及其内部行动者的行为有重要的影响,这种影响体现在大学的战略选择中。在官僚控制模式占主导的情况下,大学一般选择迎合政府的期待和价值观,采用同型竞争战略;在市场模式占主导的情况下,大学一般遵循顾客至上原则,采用资源获取战略和比较优势战略;在院校控制模式占有一席之地的情况下,大学一般尊重学术自由、遵循学科逻辑,采用学术导向战略。在现代社会,任何一个国家都不会采用单一经费配置模式,而是综合运用这三种模式。由于经费的流向是较容易控制的,这使得其成为政府最理想的政策工具。政府可以通过改变提供经费的条件影响大学的行为,这三种模式的组合运用可以使大学从事的活动易于或难于取得收入,从而鼓励或阻止大学开展某些活动。经济刺激恰到好处地运用,变革就会恰到好处地产生。①

计划经济时代,中国大学的经费配置是典型的官僚控制模式,大学呈现出高度的同质性。市场经济体制的建立,官僚控制模式被打破,经费配置的市场模式逐步兴起,民办大学应运而生。随着大学办学自主权的逐步落实,经费配置的院校控制模式兴起。激励结构塑造组织行为,相同的激励结构会

---

① 伯顿·R.克拉克.高等教育新论:多学科的研究[M].王承绪,等译.杭州:浙江教育出版社,1988:111.

产生相似的战略选择。通过 6 所大学的实证研究,我们发现:由于官僚控制模式处于主导地位,中国公办大学普遍运用同型竞争战略,并呈现出很强的同质化;由于市场模式处于主导地位,中国民办大学普遍采用资源获取战略和比较优势战略,并呈现出一定的同质性;由于中国的市场模式不是真正意义上的市场模式,公办大学和民办大学实质上都处于官僚控制模式之下,相同的激励机制促使中国民办大学与公办大学也呈现出趋同性。应该说,同质化的确是中国高等教育体系最突出的特点。同质化的内在机理主要是经费配置的“官僚控制模式”。但是官僚控制模式并不是大学趋同的唯一因素。根据制度学派的观点,官僚控制模式只是一种源于政治影响和合法性的强制性同构,并不是所有同质化都源于强制性权威。在市场模式下,也会产生同质化,这就是所谓的模仿性同构。当一个组织面临不确定性之时,就可能模仿其他组织的形态。大学通过模仿其他组织可能会毫不费力地产生出可行的战略和方案,大大节约组织成本,提高组织成功的可能性。中国“985 工程”大学以英、美一流大学为基标,采取同型竞争战略,取得了巨大成功。甚至在院校控制模式下,大学也会产生同质化,这种同质化就是所谓的符合职业化要求的规范性同构。拉森和科林斯(Larson and Collins)将这种同构解释为某一职业成员的集体努力,旨在界定该职业的工作条件和方法以及控制“生产者的生产”,并为其职业自主建立起认知基础和合法性。[①] 这种同构的压力来源于专业人员在职业活动中所创设出的专业权力。大学起源于行会组织,在千百年的历史中,学术人员创设了学术自由、学术自治、终身聘任等当代学术神话。这些神话通过大学教育和正式培训取得合法性,成为学术职业的规范。全世界所有的大学都遵守这套相同的学术逻辑。

当然,要改变中国大学的同质化,最重要的还是必须打破大学资源配置的“官僚控制模式”。然而,一种经费配置模式一旦建立,就会形成各种既得

---

① 何俊志,任军锋,朱德米.新制度主义政治学译文精选[M].天津:天津人民出版,2007:266 - 267.

利益者,除非面临承受不了的巨大压力,否则它是很难发生变革的。这就是为什么中国虽然已经从计划经济走向市场经济,但大学经费配置的"官僚控制模式"依然难以改变的原因。但是我们相信,在从管理走向治理的历史大潮下,大学资源配置的多元化时代已经来临。

第二章　全球化时代的大学同构： 亚洲大学的应对

　　20 世纪 70 年代以来，随着各国之间的贸易、生产和资本流动的快速增长，经济全球化趋势日渐显现。进入 21 世纪，全球化的进程更是势不可当，世界也因此从一个"球体而变得平坦"，这就是弗里德曼所说的，"世界是平的"。在这种背景下，高等教育的全球化成为一个重要的研究领域。人们认为，全球化的压力不仅迫使各国奉行一套自由主义的程序，而且正在改变民族国家的经济，更重要的是它使民族国家的文化同质化。[①] 大学变革理论都假定全球化对单一民族国家高等教育机构的影响力，因为全球化会导致各个国家做出同样的反应。基于这一假设，人们希望找到各个民族国家间日益增长的高等教育的共性。"人们期望不断增长的统一体制，因为不同的大学日益感受到来自共同的组织领域的统一合法性影响。"[②]全球化正在使世界各国的高等教育成为一个统一的场域，一旦这样的一个场域稳定地建构起来，世界各国的大学组织就会趋于相似，新创立的大学也是如此。对于后发外生型的国家来说，大学制度的创建主要以模仿为主，且呈现出"自上而下"的激进变迁特

---

　　① 约翰·L.坎贝尔.制度变迁与全球化[M].姚伟,译.上海:上海人民出版社,2010:124 - 126.

　　② Meyer H. D., Rowan B. The new institutionalism in education. Albany: State University of New York Press, 2006: 123 - 124.

点。我们感兴趣的问题是:"为什么全球化时代大学的组织结构和做法会保持固有的差异?"我们试图解释大学变革的差异性,而不只是相似性。全球化时代,每个国家或地区的制度环境的独特性,促使它们对共同问题采取不同的应对方式,并由此导致各个国家或地区的不同结果。"全球化远非使民族国家制度空壳化,相反可能导致民族国家制度的稳固与巩固"①,民族国家的环境在塑造其高等教育体制和组织形式方面发挥重要的作用。也就是说,全球化时代的大学变革的差异,反映了民族国家的文化传统。笔者将在本章研究高等教育的全球化现象,探讨全球化对亚洲 3 所一流理工大学变革的影响。我们不但要描述 3 所亚洲理工大学变革中所体现的一些共同的世界性趋势,而且还要阐述它们变革的差异性及其对组织理论同构逻辑的挑战。

一、制度同构:亚洲高等教育的现代化

高等教育现代化是社会现代化的重要组成部分。社会现代化有两种类型:早发内生型与后发外生型。前者是指发生时间最早且主要依靠本国内部因素推动的现代化,它表现为一种自发的、渐进性的、自下而上的过程,英国、法国、美国等是典型的早发内生型国家;后者是指在面临外部压力挑战的情况下强行启动的现代化,它表现为人为的、革命性的、自上而下的过程,亚洲、非洲和拉丁美洲的发展中国家即属于此类。与此相对应,高等教育现代化也包括两种类型:一是西方早发内生型现代化国家在渐进演化中建立现代高等教育体系,二是亚非拉等后发外生型国家在模仿中迅速地建立起现代高等教育体系。从院校层面看,大学变革也分为"早发内生型"和"后发外生型"两种模式。欧美发达国家的大学多属于早发内生型,它们一般是通过自发生长、渐进演变而来,如哈佛大学诞生于 1636 年,发展至今已有 500 多年的历史,牛

① 约翰·L.坎贝尔.制度变迁与全球化[M].姚伟,译.上海:上海人民出版社,2010:126.

津大学、剑桥大学则更为古老，这些大学正是靠着上百年的历史积淀，日积月累地发展成为世界一流大学。而发展中国家的大学属于后发外生型，如香港科技大学、印度理工学院，这些大学面临着外部发展的机遇和挑战，并在政府的强力推动下，在组织上、管理制度上刻意地模仿老牌大学并有所创新，迅速地发展成了世界一流大学。

随着全球化时代的到来，大学转型和变革席卷了整个世界，同质化发展成为一股不可阻挡的趋势，有影响力的大学理念和大学实践以其先进性在全球范围内被适用。这些大学理念和实践包括学术自由、大学自治、通识教育，以及研究型大学、创业型大学、政府—企业—大学三螺旋等。制度同构随着"基标法""同型比较"等战略方法的广泛运用被进一步地强化。"当一个民族国家寻求制定一个世界通用的'想象共同体'，从而追求正义与进步的普适目标，教育的同构随之而来，民族国家教育的独特性很难维持，尤其是当有影响力的教育模板开始广受追捧时。"①世界高等教育从最初的多样化时期，到后来形成两大主要体系（以德国为代表的欧陆传统体系和以美国为代表的英美传统体系），到现今世界的主流的高等教育模式基本出于美国。在这种压力下，德国人弗兰克·席尔马赫尔不无感叹地说："不是我们变得越来越像盎格鲁—撒克逊人那样野蛮，而是事实逼迫我们必须迎接挑战。"②弗兰克所谓的"事实逼迫"其实就是全球化的制度同构。当美国人认为"大学必须超越象牙塔"时，其他国家开始建立更社会化的大学；当美国人认为"只有高等教育才能拯救世界"时，其他国家都争相学习美国扩大高等教育的入学率；当美国成为一个学历证书的社会时，其他国家都将各种工作机会给予拥有高等学历证书的人；当美国形成一批研究型大学时，其他国家开始投入重资建设世界一流大学；当美国提出由研究型大学向创业型大学转型时，其他国家开始鼓励

① Meyer H. D., Rowan B. The new institutionalism in education. Albany：State University of New York Press，2006：126.

② 托马斯·弗里德曼.世界是平的[M].何帆，等译.长沙：湖南科学技术出版社，2006：317.

产学研一体化。从全球化的角度看,同构逻辑是大学变革的动力,直接导致美国"常春藤"大学模式作为发展中国家的首选形式。美国"常春藤"大学模式有一个基本的逻辑假设:一流大学必须拥有一流的学术成果和培养出一流的人才,一流的学术成果和一流的人才培养必须有一支一流的师资队伍。建设一支一流的师资队伍取决于两个前提条件:一是拥有充足而灵活的办学经费,二是拥有一流的管理体系。

笔者选取亚洲地区 3 所典型的后发外生型理工大学——香港科技大学、印度理工学院以及南洋理工大学作为案例,分析同构逻辑对 3 所大学办学行为的影响。

1. 强制趋同性与"自上而下"的变革

强制趋同性来源于政治影响力和合法性问题。大学组织采取何种行动取决于其所依赖的其他组织和社会文化期待施加于组织的正式和非正式压力。对亚洲精英理工大学来说,组织变迁其实是对政府法令的直接反应。后发外生型国家大力发展精英理工大学的哲学基础是功利主义的政治论,因此,大学唯有积极满足国家和社会需要才能最终打开政府的钱包。香港科技大学、印度理工学院以及南洋理工大学这 3 所后发外生型理工大学的迅速崛起可以说是政府行为推动的结果,积极瞄准国家和社会的重大战略需求是其生存之道。政府为了应对外部环境的挑战,在大学的创建和发展过程中都起主导作用,大学变革呈现出一种"自上而下"的特征。正如迈耶和罗恩所言,"随着理性化的国家和其他大的理性组织把他们的支配扩展到社会生活的更多领域时,组织结构就会越来越体现国家制度化和合法化的规则"①。

香港科技大学和印度理工学院都是其政府在面临外部环境的挑战和机遇时所创建的。20 世纪 80 年代,香港经济腾飞,港英政府为了顺应时代发展,成立筹备委员会筹建香港科技大学,并在资金上给予绝对支持,而且在拨

---

① 张永宏.组织社会学的新制度主义学派[M].上海:上海人民出版社,2007:29.

款之后不附带任何条件、任何要求。在香港科技大学的发展过程中,政府干预几乎为零,学校拥有空前的自由度。1947年印度独立后,百废待兴,为了满足战后印度工业发展的需要,政府将科技发展提上日程,计划在全国成立多所印度理工学院。时任印度总理的尼赫鲁亲自过问印度理工学院的建立,并赋予其较其他院校更多的自治权和自由。为了落实印度理工学院的自主权,印度国会于1956年通过了《理工学院(Kharagpur)法案》,指定其为全国重点院校,赋予其自治大学的地位;随后又先后通过了《1961年理工学院法案》《2002年理工学院(修正)案》强化学院的自治。不仅如此,印度政府在财政上也是不遗余力地对印度理工学院进行支持,政府每年给其他几千所学院拨款的总额比不上给每一所印度理工学院拨款的数额。政府在科研经费分配上也向印度理工学院倾斜,使印度理工学院得以承担大量国防科研项目,获得相应研究补助金。新加坡的南洋理工大学也是在政府的特别扶持下迅速迈入了世界一流大学的行列。

2. 模仿趋同性与同型竞争战略

模仿趋同性产生于对不确定性所作的合乎公认做法的反应。在高等教育领域,后发性大学模仿成功大学的现象比比皆是。亚洲精英理工大学在做发展规划时,首先必做的一件事情就是去寻找可以模仿的同型大学。组织倾向于模仿本领域中的相同组织,它们认为这些组织更合法或者更成功,这是基标法或同型比较法的理论基础。这种方法的核心是:把自己的做法与本行业中的领先者的做法进行比较,从而发现自己的问题和差距,并在比较中获得解决问题的方式。作为"有组织的无政府"机构,大学的组织特性是:目标模糊、问题不明确、解决方案不清晰。正因为如此,模仿行为不但是不可避免的,而且是极为必要的,模仿可以大大提高组织成功的可能性。后发外生型国家创办大学时,常常以同型的成功大学为基标,在组织上、管理上刻意地模仿。如香港科技大学在创建之初就模仿麻省理工学院、加州理工学院、马里兰大学。印度理工学院是以麻省理工学院为样板创设的。南洋理工大学则以斯坦福大学、麻省理工学院为模仿对象，最后走向"创业型大学"的发展之路。

应该说，香港科技大学、印度理工学院、南洋理工大学所模仿的对象都属于英美传统的大学体系，这个体系的一个重要特点是政治系统与学术系统分离，大学一般都具有法人地位，人们普遍认同大学自治和学术自由的价值观。① 正因为如此，这3所大学的治理模式都具有英美传统大学色彩。香港科技大学在其管理体制上体现出政府干预少、法律作保障、市场需求作牵引、办学自主、学术活跃的特点。香港科技大学在内部治理上实行"董事会领导下的校长负责制"。学校实行美式的"两院制"治理。董事会作为大学的最高决策机构负责处理关系学校发展的大政方针和重大问题，不介入学校的日常事务管理。而由教授和学者组成的教务委员会则作为全校最高学术权力机构对学校的教学、研究等一系列学术事务进行决策。② 其中属于教务委员会职权范围内的事务要由教授和学者说了算，校董会无权干涉，这充分体现了学术自由、教授治校。印度理工学院的治理模式也体现出学术自由、大学自治、教授治校的风格。印度政府先后通过多个"理工学院法案"确立印度理工学院作为高度自治的法人组织，独立行使其职能。根据这些法案，印度理工学院系统所属的7所学校都是独立法人团体，不必受非学术势力的干扰，享有充分的自主权。印度现任总统是各印度理工学院的"巡视员"，对学院的事务有最终决定权；7所印度理工学院由印度理工学院理事会集中管理；每所理工学院又分别设有负责各学院内部事务的学校管理委员会和学术评议会，这才是真正的权力重心。可见，印度理工学院也实行"两院制"治理。学校的重要事务基本上都是由教师做主，行政权力退居其后，充当支撑辅助作用。正是印度理工学院这种内部治理模式，保证了学校内部组织和管理的最优化，使

---

① 周光礼.走向高等教育强国：发达国家教育理念的传承与创新[J].国内高等教育教学研究动态，2010(23):66-77.

② 崔阳.香港科技大学创建世界一流大学研究[D].北京：北京师范大学，2007.

学校真正实现了以学术权力为主导的运行模式,保证了学校的学术自由和学术自治。南洋理工大学自 2006 年开始,由法定机构向非营利企业转化,成立董事会作为大学管理的最高决策机构,同样遵循学术自由、大学自治的英美理念。

二、制度转化:亚洲精英理工大学变革中的差异性

尽管亚洲这 3 所精英理工大学在变革上具有一定的同质化倾向,但是它们在应对全球化的压力上依然存在一定的差异,反映了地方制度传统的不同。事实上,地方制度传统构成了大学组织变革的政策环境,使不同国家和地区的大学变革呈现出一定的路径依赖现象。路径依赖的存在,解释了不同文化环境下的大学形态的固有差异。组织社会学的制度转化概念可以进一步解释路径依赖背后的机理。制度转化是针对制度扩散现象提出来的。人们早就发现,当一种成功的教育原则和实践出现后,便会在各个国家间扩散,这种扩散导致各个国家教育制度的同质化。"制度扩散会导致同质或同形结果,一个场域中的所有组织都会渐渐采纳一致的、相同的实践,并且这些组织的形式与功能会走向同一。"[①]然而,制度扩散导致的同质化程度是有限的,因为当一种教育模式从一个地方向另外一个地方移动时,其接受者会以不同的方式来实施,这多多少少要取决于他们的地方传统和制度环境。"新的思想常常是与既有制度实践结合在一起的,并因此被转化到地方实践的程度也是不同的……新的思想、原则与实践扩散到某个地方后,被转化为实践的程度越高,变迁就越有可能倾向于革命性而非演化性。"[②]可见,制度转化涉及通过扩散从外部获得并接受的新要素与从本地继承的、过去的要素之间的结合。在亚洲精英理工大学的变革上,制度转化首先要受到本地制度环境的制约。

① 约翰・L.坎贝尔.制度变迁与全球化[M].姚伟,译.上海:上海人民出版社,2010:77.
② 约翰・L.坎贝尔.制度变迁与全球化[M].姚伟,译.上海:上海人民出版社,2010:78.

改革推动者必须把新的思想与旧的当地实践结合在一起。其次,制度转化也会受到大学组织特性的影响。因制度扩散而面临新的原则与实践的亚洲精英理工大学,其内部领导者在意识形态上忠于这种新的原则和实践的程度不同,新的原则和实践被转化到组织实践的程度也就不一样。

印度理工学院是随着印度的独立而诞生的,其历史可以追溯到1947年。当时的印度百废待兴,急需大力发展科学技术和工程教育来建设世界强国。于是,一个以萨卡尔(N. R. Sarkar)为首的22人委员会向新政府递交了一份临时报告,提议在印度的东部、西部、北部和南部地区建立4所高等理工学院,同时招收本科生和研究生,为国家培养急需的工程技术人才和研究人员。报告认为,毕业生的标准应该比照国外一流院校的要求,本科生和研究生的比例应为2:1。[①] 根据上述提议,1951年8月,第一所印度理工学院在印度东部的西吉(Hijli)宣告成立。这所大学的选址可能是世界上绝无仅有的,因为西吉是印度独立前一个著名的关押反英分子的拘留营。1956年,尼赫鲁总理在学校首届毕业典礼的演讲中说:"在西吉拘留营,我们树立起印度的丰碑,表达了印度的迫切需求,表明了印度在创造未来。"[②] 其后,在联合国教科文组织和欧洲各国政府的帮助下,另外5所印度理工学院分别在孟买(1958年)、马德拉斯(1959年)、坎普尔(1959年)、德里(1961年)和古瓦哈提(1994年)相继建成。2001年,原罗克大学被升格改造,成为第七所印度理工学院。如今,印度理工学院是印度最顶尖的工程教育与科研机构,被称为印度"科学皇冠上的瑰宝"。在2006年世界大学排行榜上,其工科排名全球第三,仅次于麻省理工学院和加州理工大学。印度理工学院之所以誉满全球,是与它遍布全球的优秀毕业生分不开的。他们占据着几乎所有的大型企业和知名公司的领导者地位。比尔·盖茨称之为"改变世界的神奇学府"。

---

① 柴小娜.印度理工学院发展研究[D].长沙:中南大学,2009.

② 国务院学位委员会办公室.透视与借鉴:国外著名高等学校调研报告:2008年版(下册)[M].北京:高等教育出版社,2008:374.

印度理工学院成功的独特之处在于把欧陆传统的高等教育原则与英美传统的高等教育理念结合起来，把专业教育与精英教育统一起来。印度原是英国的殖民地，高等教育系统深受英国影响。印度最早的大学就是模仿英国的牛津大学、剑桥大学和伦敦大学建立起来的。殖民地时期的大学崇尚人文学科和自由教育，大学远离社会。印度独立之后，百废待兴，急需专业技术人才。在这种背景下，英制式高等教育体系逐渐式微，欧洲大陆高等教育体系受到重视。其中，一个最大的变化是建立起了统一的高等教育国家体制。在这种体系下，所有的大学都处于政府当局的领导下。大学的经费几乎全部来自政府拨款。印度理工学院在创建初期，其影响主要来自欧洲大陆。1956—1973年，通过联合国教科文组织，印度理工学院孟买分校获得了苏联的大量援助，在此期间共引进了59名苏联的大学教授和14名高级专业技术人员。这些著名的苏联专家不仅带来了大批先进的科研设备和大量的科研项目，而且也带来了高等教育的"苏联模式"。印度理工学院与德国的合作也源远流长，马德拉斯分校就是在德国的援助下建立起来的。印度与德国分别于1958年和1966年签订了两个"印德协议"，德国政府援建了马德拉斯分校微处理器实验室、低温实验室和高聚合实验室等20个实验室，同时提供了价值约1 800万卢比的科研设备，且定期为印度理工学院免费培训80名教师。其后，印度理工学院又与德国签署了几个新的"印德协议"，进一步促进和拓展了印度与德国的合作。印度理工学院马德拉斯分校在不断加强与德国合作的同时，还积极开展与其他欧洲大陆国家的合作，如1976年印度理工学院与法国政府签署了一项关于援建航空系的合作协议。[①] 应该说，印度理工学院受欧洲大陆影响最大的是把专业教育与精英教育结合起来。这种精英专业教育理念表现为：严格录取、从严治学。每年4月份举行的本科生联合入学考试(Joint Entrance Examination，简称JEE)是印度理工学院专门为招收本科生(含印度

---

① 薛澜，苏竣，何晋秋.中国高等学校国际科技合作与交流战略研究[M].北京：中国人民大学出版社，2007：96.

本国和外国学生)而设置的。联合入学考试内容包括三门课程,分别为物理、数学和化学,每门课程考两个小时;所有试题均为客观题,重点考查学生的理解、分析能力,要求使用英语答卷。[①] 它已被公认为"世界上最可信的和最具竞争性的入学考试之一",为印度理工学院招收了大量优秀的学生。在印度流行一种说法:"一流的学生进 IIT(印度理工学院),二流的才出国念美国名校。"据考证,全世界最难考的大学,不是哈佛大学,也不是麻省理工学院,居然是印度理工学院!因为哈佛大学的录取率为 9.1%,麻省理工学院的录取率为12.5%,而印度理工学院的录取率只有 2%。孟买校区一位高级教授曾感叹地说,"现在考入印度理工学院的 60% 的学生都已经考过 2 至 3 回了。在这里,'六亲不认',不存在通融之道,上至总理的儿子,下至校长的女儿,要进入印度理工学院学习,考试成绩必须居于前 2%"[②]。印度理工学院以"入学难、学习难、毕业更难"而闻名。它的培养过程非常严格,这里被称为"精英工厂""斯巴达式大学""如地狱般的新兵训练营"。[③] 为了修满学分,学生们经常发奋苦读到深更半夜,每天只睡 4—5 个小时已成为家常便饭。正是在这种巨大的压力之下,经常会有学生因为通不过学校的考试或经受不住这样魔鬼式的训练而被无情淘汰或选择中途退学,更极端的是曾有一名学生在期末考试后自认为答得太差,担心不能及格而吊死在宿舍的风扇上。[④]

进入全球化时代,美国的大学模式向世界各地扩散。作为具有英美高等教育传统的印度,对盎格鲁—美国大学模式有一定的认同基础。美国大学倡导的通识教育和学术自由、大学自治理念在印度理工学院体现得很明显。但由于印度理工学院毕竟曾深受欧洲大陆大学模式的影响,精英专业教育的理念和教育国家主义理念依然被奉为圭臬。印度理工学院不仅赋予学生世界

① 国务院学位委员会办公室.透视与借鉴:国外著名高等学校调研报告:2008 年版(下册)[M].北京:高等教育出版社,2008:397.
② 桑迪潘·德布.印度理工学院的精英们[M].黄永明,译.北京:北京大学出版社,2010:38.
③ 徐风.印度理工学院——精英的摇篮[J].东南亚南亚信息,2000(4):19-20.
④ 黄俊伟,俞贵邦.厚积薄发——印度理工学院成功之谜[J].大学教育科学,2004(3):82-85.

级的理工经验,也给予他们一种美妙而多样化的通识教育,这种教育为学生日后在任何领域取得成功做好了准备。毕业于印度理工学院的哈佛商学院教授阿南斯说:"印度理工学院建校之初,就是为了培养工程人才,但是,在我看来,在印度理工学院我们得到的是很广意义上的通识教育,类似美国的文科院校。事实上我们进入的是印度教育学院,而不是印度理工学院,是 IIE,而不是 IIT,你进入的其实不是印度理工学院中的一个学科专业,而是印度理工学院这个作为整体的学院。你在其中所学到的最基本的不是技术知识,而是思考问题的方式。印度理工学院(IIT)中的 T 是最无关紧要的字母,我学到了很多工程学的专业知识吗? 我不知道。但是你若问我,你有没有感受到一次伟大的教育? 是的,毫无疑问。"①印度理工学院的管理体制也结合了欧陆传统和英美传统的制度元素。印度理工学院最初虽然是以麻省理工学院为蓝本而建立的,但在宏观体制上,却深受欧洲大陆影响。可以这么说,印度理工学院在宏观层次上,是欧洲大陆体制;在微观层次上,是北美体制。一方面,印度理工学院是政府建立、法律钦点的国家重点大学,教育国家主义色彩很浓;另一方面,印度理工学院是具有自治地位的独立法人,坚持学术自由和学术自治的价值观。看似矛盾的两个方面在印度理工学院的治理结构中被很好地统一起来。印度理工学院拥有三个层次的治理结构:巡视员—印度理工学院理事会—分校管理委员会及学术评议会。根据 1956 年的"印度理工学院法案"规定,印度现任的总统是各印度理工学院的"巡视员",旨在确保国家对学校办学方向、办学方针的控制及调整。巡视员有权任命 7 所分校的校长。印度理工学院理事会是印度理工学院的中央机构,它直接隶属于印度总统,统管印度理工学院的 7 所分校,它的主要职能是协调印度理工学院 7 所分校的事务并做整体上的宏观调控,但并不干涉各个分校内部具体的行政管理和学术管理事务,给予每个分校充分的办学自主权。在各分校内部实行两院制

---

① 桑迪潘·德布.印度理工学院的精英们[M].黄永明,译.北京:北京大学出版社,2010:107 - 109.

治理：管理委员会和学术评议会。前者由校内外人员组成，全面负责学校的行政事务；后者由学术人员组成，校长是法定的主席。其主要职责是制定学校学术活动的方针和政策，确定和批准课程计划、课程设置、考试和结果。[①]

香港科技大学和南洋理工大学是华人创办的大学。香港科技大学于1986年开始筹建，1988年创立，1991年10月正式开学，是中国香港地区继香港大学、香港中文大学之后成立的第三所大学，其创建的外部驱动因素是香港地区产业的转型升级。香港经济起飞，原本靠利用廉价劳动力进行加工制造，如棉纱、成衣和玩具。到20世纪80年代，中国内地实行改革开放，将深圳设为经济特区，香港传统工业为了降低成本，纷纷将生产北移到劳动力价格约为当时香港十分之一的深圳，北移成风。在这样的背景下，香港的有识之士提出，本地经济必须转型，才能保持繁荣。其时作为"港督"的尤德爵士，以及行政局资深议员钟士元博士也预见到这种转变，他们认为，为了给香港未来的经济发展做好准备，香港必须大力发展高新科技产业，以代替日益衰落的劳动密集型产业，香港必须大量培养严重缺乏的高科技人才。为此，香港急需一所新型大学推动社会迈向知识时代，培育企业人才和科学家，孕育创新理念和科研突破，培养工程师、环球商业管理人员及社会所需的领袖人才。港英当局于1986年3月决定创立一所以理、工、商为主的大学，并于当年9月成立筹委会。港英政府任命时任行政局资深议员的钟士元博士为筹委会主席，成员由5位海外教育界人士、6位本港教育界人士和7位社会名流组成。[②]在筹委会和港英政府以及社会知名人士的共同努力下，香港科技大学于1991年10月正式成立。香港科技大学建校费用由香港政府和香港赛马会共同承担，仅前两期建筑和设备费就高达50亿港元。香港科技大学的发展经历了两个阶段。第一个阶段的10年是快速发展时期，在创校校长吴家玮的带领下，香港科技大学在人才培养及科学研究等方面取得了一系列的杰出成就，使香

---

① 黄碧泉.印度理工学院管理特色研究[D].长沙：中南大学，2007.
② 孔宪铎.我的科大十年[M].北京：北京大学出版社，2004：2-3.

港科技大学在国际上获得了良好的声誉,迅速崛起为在国际上有一定影响力的一流大学。第二个阶段的 10 年是稳步上升期,在第二任校长朱经武的带领下,香港科技大学制定了《策略发展计划 2005—2020》,提出要在过去 10 年奠定的基础上,继续坚守使命,致力于成为国际学术领袖。

南洋理工大学(Nanyang Technological University,NTU)的前身为南洋大学,是 1955 年由东南亚华人民间发动筹款运动而创办的。南洋理工大学的成长历程可分为三个阶段。第一阶段是南洋大学(1955—1980 年)时期。早在 20 世纪中叶以前,大批华人远渡南洋来到新加坡,他们大多没有太高的文化层次,靠卖苦力或做小生意谋生。新马胶业老板陈六使先生感慨自己受教育不多,深受华侨领袖陈嘉庚办学精神的影响而致力于教育事业。1955 年,他率先捐献 500 万新元作为建校基金,并宣布福建会馆捐出云南园 500 英亩(1 公顷=10 000 平方米≈2.471 英亩)的土地作为大学校址。创办南洋大学的倡议获得社会各界的热心支持,筹款热潮风起云涌,从三轮车夫到商人,大家竭尽所能,出钱出力。在新马华人商界引领风骚的商业巨子李光前博士更是慷慨解囊,鼎力支持筹建南洋大学,仅在 1953 年到 1957 年间,他认捐南洋大学实收捐款总额的 1/10,并加入大学筹备委员会。南洋大学在 1955 年至 1980 年办学的 25 年中,共培养了 1.1 万名毕业生,他们为当时新加坡的社会进步和经济发展做出了很大贡献。第二阶段是南洋理工学院(1981—1991 年)时期。20 世纪 70 年代末,新加坡经济转型升级,经济转型需要大学为经济的快速腾飞培养相应的工程技术专才。于是,1981 年,南洋理工学院正式成立,由詹道存教授出任首任院长,沿用南洋大学校园,下设三个工程学院,为急速腾飞的新加坡经济培养工程专才。1987 年和 1988 年又分别成立会计与商业学院以及应用科学学院。在詹道存的领导下,南洋理工学院迅猛发展,学生人数由 1982 年的 582 名增至 2002 年的 2 万多名,学校的内涵和外延均得到了极大的扩充。第三阶段是南洋理工大学(1991 年至今)时期。1991 年,新加坡政府对南洋理工学院进行重组,将国立教育学院纳入旗下,升格为南洋理工大学,学校开始向综合性大学发展。2006 年,南洋理工大学从法定公立机构转为非营利企业,迈向新的发展历程。学校除了继续巩固工程和科技方面的核心领域之外,同时加强会计、商业、传播、教育、艺术、人文等跨学科教学。正如徐冠林校长所言:南洋理工大学秉持"以学生为中心、以教授为中心",在现有理工学科的坚实基础上,全面开拓学术研究领域,为学生打造全新本科学习体验,朝向"卓越全球大学"的目标迈进。经过几代人的不懈奋斗,今天的南洋理工大学已从一个以工程为主的理工大学迅速发展成拥有 12 个学院,包括理工、商科、传播与信息、数理、生物科学、艺术与传媒、教育、人文与社会科学等多个学科的世界知名综合性大学。在 2004 年它已跻身全球大学前 50 强,名列亚洲第 7;2007 年,又荣登英国《泰晤士报高等教育专刊》全球顶尖科技大学前 25 名;2022 年,在 QS 世界大学排名中位居 12 位。

这两所大学的崛起表面相似,其实不同,它们的高等教育一度深受英国影响,比如都非常重视人文学科,强调大学自治和学术自由。但是,新加坡很早就摆脱了英国的控制,在其建国过程中深受东方文化尤其是中国传统文化的影响,其高等教育体制采用了典型的东方集权主义模式。而中国香港地区直到 1997 年之前仍处于港英政府的统治之下,其高等教育的宏观体制一直是英制模式。进入新世纪,美国高等教育模式在世界各地大行其道,南洋理工大学把美国精英私立大学模式与中国传统的民间兴学结合在一起,把大学由法定公立机构转变为民间的非营利机构,提出创办"创新型大学"的构想。香港科技大学则把美国研究型大学模式与英国古典大学模式相结合,成为一所高度自治的精英研究型大学。

香港科技大学的崛起与"小而精"的定位密切相关。香港科技大学的创办者认为,一所好的科技大学,规模不必大,应该求质求精不求量。这一定位既体现了创办者的远见卓识,也符合香港的实际情况。香港科技大学的创办者主要是留学美国的学界精英,美国小型精英文理学院的经验他们了然于心。创办者认为,在资源有限的香港,学校起步晚,不可能与有着悠久历史和深厚文化底蕴的世界名校相抗衡,香港科技大学不可能办成一所各个领域都出类拔萃的大学。所以,学校自创校之日起就放弃了大而全的发展目标,而选择了小而精的发展道路。"小而精"主要体现在两个方面:一是学生数量少。1991 年香港科技大学正式招生时首批学生共 831 名,到 2008 年招收的学生总数为 9 127 人,发展到 2011 年已趋于稳定,学生规模也不过 9 881 人,其中本科生 6 172 人,研究生 3 709 人。二是学院少。香港科技大学创校初期仅设理学院、工学院、工商管理学院和人文社会科学学院 4 个学院,其中理、工、商 3 个学院提供本科生及研究生课程,人文社会科学学院不招收本科生,主要培养硕士和博士,并为本科生提供通识教育以利于学生的全面发展。

在学校发展战略上,香港科技大学采用国际化战略。作为中国历史上唯一一所全部由归国留学生创办的大学,学校从创办之初就具有浓厚的国际化色彩。创建香港科技大学的第一批人,过半数是来自美国的留学生,这些人都是学有所成的学者,在他们心中有一种强烈的信念,即"回去办的大学,不能办得不如我目前所在的大学"。香港科技大学的创校理念就是着眼世界。首先是注重生源的国际化。香港科技大学注重的是来自世界不同国家、不同文化背景的师生共处一个校园,这样更加有利于多元文化环境的营造和对不同文化的理解。它除了通过各种手段在香港招收优秀学生外,还通过提供多种奖学金与内地各大名校争夺生源,更积极在全球范围内吸引最好的学生。如 2006—2007 学年,香港科技大学首次赴墨西哥、缅甸、荷兰、挪威、菲律宾、斯里兰卡、瑞典及瑞士招生,使得学生来源更加国际化。它希望继续招收优秀的非本地学生来学习,其长远目标是将非本地的全日制学生人数提高到本科生总数的 20%。现在学校有超过 13% 的新入学本科生来自本港以外地区。当然,香港科技大学的国际化办学不仅仅限于招收国际学生,还表现为积极开展广泛的国际教育交流与合作。为拓展学生的国际视野,香港科技大学致力推行海外交流计划。每年学校都会派出几百名学生外出交流,同时为了增添校园的国际化氛围,也有很多国外学生来到香港科技大学学习。参与项目的学生在合作学校学习 1—2 个学期,这些留学经验可以让他们体验另一种文化,使其大学学习生涯有一份额外的收获。[①] 香港科技大学的交流项目当前已扩展到世界各地。据统计,截至 2020 年,香港科技大学已与全球各地 250个交换伙伴合作,三分之一的本科生在毕业前至少有一个学期可以到海外交流,国际化排名位居全球第三。

虽然香港科技大学也强调与产业界建立密切的合作关系,但是与南洋理工大学积极融入社会相比,香港科技大学是一所与社会更有距离的大学,这源于香港高等教育的英国传统。英国传统的高等教育理念是政府资助、高度自治。香港科技大学的治理模式概括起来,就是大学自治、教授治校。孔宪铎教授在《我的科大十年》一书中用“政治干预,几近于零”来表达学校创建自由度之大。应该说,香港科技大学创建时期的自由度是空前的,政府拨款之后,没有连带任何条件、任何要求、任何框架、任何压力。香港科技大学的运作完全是自治的,有自己的法定条例和董事会,并可在符合香港地区法律的范围内自行处理内部事务。政府所扮演的角色仅仅是高等教育的掌舵人,负责制定教育政策,引导高等教育发展,保障高等教育质量;政府不直接介入学校的日常运作过程。香港科技大学的内部管理体制主要是借鉴加州理工大学、麻省理工学院和马里兰大学,它是一所在英国学制之下,完全采用美式运作的大学。建校伊始它就完全采用国际上最流行的学术管理制度:教授治校。在学校层面构架了学术权力和行政权力相互制衡的制度,为教授治校提供了制度框架。早在筹备初期,当吴家玮还是唯一的教授时,他就定下了大幅削减香港大专院校传统中赋予校长的权力的原则,抛弃了以行政为主导的观念,从行政主导走向了学术主导。如在评议教师的学术水平和表现时,把助理教授和副教授的评估和升迁定在学系、学院和学术副校长阶层处理,只有正教授的评价考核才提交给校长。再者,在正教授的聘任程序中,校长所

---

① 潘月明.香港科技大学发展规划的特点与启示[J].世纪桥,2009(11):108-109.

扮演的角色无异于其他教师:允许提名,但不允许干涉,更不允许施展有意无意的压力。校长虽保留最终的任命权,但若与学术部门递送上来的结论不一致,则必须提供有力的分析和透明的解释。

南洋理工大学的崛起与其创业型大学的发展战略密切相关。它继承中国民间兴学传统,适应新加坡经济发展灵活的特点,通过与美国一流大学的密切交流,逐步确立了打造"创业型大学"的发展理念。南洋理工大学强调要引用创业型的治学方式,将理想、激情、创新精神完全融入整个校园之中。秉持这一理念,学校致力于为学生提供全方位教育,注重创新能力培养,确保其毕业生能适应瞬息万变的社会环境。学校首任校长詹道存说:"我们的大学生素来缺乏冒险精神,毕业后往往就去大公司或政府找工作,没有想过自己创业。但在新的知识经济社会,将有越来越多小型知识公司涌现。所以我们的毕业生除了要具有科技知识,还要具备商业知识。因为一个产品,制作方面的技术再精良,如果没有高超的市场营销技巧,没有足够的管理知识,还是无法将它有效地推销出去。积极培养学生的创业精神,为国家培养新一代科技企业是我们未来五至十年的工作重点。"[1]为了培养学生的创业创新能力,学校规定从2001年开始,全体本科生必修三个有关创业的单元课程:如何集资开设公司、如何有效管理公司,以及如何使公司赚钱。[2] 据统计,截至2005年,创业与创新课程所培养的120名学生中,35个学生已创办了自己的企业。另外,学校还专门成立了南洋科技创业中心(The Nanyang Technopreneurship Center),并投入1 000万新元作为中心前三年的营运资金。中心除了革新那些提高本科生创业意识、使之具备创业知识和技巧的课程之外,还邀请众多新加坡商界领袖、海内外知名企业家、杰出创业者、发明家、风险基金公司投资人、知识产权顾问等到校园来与学生进行面对面的沟通与互动,以便让学生深入了解创业路上所面对的困难和喜悦,从而让他们在思想上做好创业的

---

①　新加坡南洋理工大学本科生须修创业课程[N].新加坡联合早报,2006 - 03 - 09.
②　新加坡南洋理工大学本科生须修创业课程[N].新加坡联合早报,2006 - 03 - 09.

准备。另外,中心还和素以培养学生具有企业家精神而闻名的华盛顿大学合作,于 2002 年推出了为期 4 个月的"科技企业专业文凭"课程,这是南洋理工大学专门为那些已经离校的毕业生而开设的。该课程每年将接收 50 名大学毕业生返校修读,这些学生将分别在南洋理工大学和华盛顿大学各上两个月的课,接受创业方面的培训,培养勇于冒险、敢冲敢闯的精神。① 由于创业教育结合专业教育与通识教育两方面的优势,所以创业型大学的理念不仅为南洋理工大学营造了一个富有创意和具有创业精神的文化环境,使其成为亚太地区一所在创意和企业教育上具有领导地位的大学,而且也强化了毕业生的综合素质,使他们在日后的工作中更具有竞争力。据有关资料统计,截至 2006 年 11 月,95％的南洋理工大学毕业生在 4 个月内受聘,其中 92％找到全职工作,且超过九成的毕业生会接到不止一家公司的受聘通知。创业型大学实践还表现在南洋理工大学与产业界始终保持着密切的联系,各项专业课程均基于工商业界的需求。每个学院都设有专门的咨询委员会来帮助学院与产业部门开展联系。另外,在此基础上还设立了产业界联络处,负责学生第三学年到产业界实习的项目安排。②

南洋理工大学实施"创业型大学"的发展战略,非常重视教师的产业界背景,很多教师都曾是企业的经理或业务骨干,没有经过企业锻炼的大学毕业生一般很难直接来校担任教师。不仅如此,学校还经常请社会各行各业的专家对教师进行培训,以训练他们的创业意识,积极鼓励教师参与到产业合作中去,可以在公司做顾问,或以个人名义参与创业活动,通过学校审核后可以获得个人收入。在创业型大学理念的指导下,南洋理工大学的科学研究集中在"应用引起的基础研究"上。这种研究模式大大提升了南洋理工大学的科研实力及国际影响力。一方面学校大大扩展了研究新领域,在高级材料、生

① 徐同文.大学品牌战略[M].北京:高等教育出版社,2008:116－118.
② 燕凌,洪成文.新加坡南洋理工大学的成功崛起——"创业型大学"战略的实施[J].高等教育研究,2007(2):97－102.

物医学工程、绿化能量、高科技系统方面享誉国际;另一方面,其在论文发表及引用方面也取得显著成就,成为《土木工程计算》杂志的第七大主要贡献来源大学,银行和金融系发表的文章数量在亚太地区大学中排名第4位,微电子机械系统在世界引文总数中排名第19位,文章总数排名第5位。①

创业型大学理念集中体现在南洋理工大学的管理体制上。学校在管理上大胆引入产业界的管理经验,并根据自身发展需要不断进行管理模式的变革。首先,学校的各级领导者均致力于大学与产业界的联系,很多领导者本身都有过在产业界工作的经历。如学校首任校长詹道存在担任校长的同时还在新加坡许多企业任职。正是通过这种方式,南洋理工大学的领导层顺理成章地把产业界的管理理念及经验应用到具体的学校管理实践中,从而提高大学的管理效率。其次,根据自身情况创造了一种更加开放的大学管理模式。2006年以前,南洋理工大学的行政机构设置借鉴了美国著名大学的机制。自2006年以后,学校根据自身发展需要进行了管理模式的变革,从法定公共机构转变成非营利企业,成立独立董事会作为大学治理的主要机构。新成立的董事会共14人,由资深学者、杰出企业家及知名商界人士组成,如永泰控股有限公司副主席郑维荣先生、茅博励太平洋集团高级执行顾问连萧思女士、城市发展董事经理郭令裕、华登国际投资集团主席陈立武先生等这些企业界知名人士都是董事会的成员。董事会卓有成效的工作,把学校的学术研究推向新的高峰,大大提高了学校的国际声誉,直接推动南洋理工大学发展成为卓越的科技大学。董事会在协助南洋理工大学寻找外来资源,在教学事务、财务管理、校友事务、对外联系和筹款等方面献策献力,为大学管理层提供有力的指导。这种新型的管理模式与创业型大学理念相互耦合,突破了新加坡高等教育的集权体制,大大激发了学校发展的潜能。正如新加坡教育部常任秘书林泉宝所言,"大学企业化后,已不再属于政府,而是属于理事会理

---

① 国务院学位委员会办公室.透视与借鉴:国外著名高等学校调研报告:2008年版(上册)[M].北京:高等教育出版社,2008:443.

事、管理层、教授、职员、学生、家长和校友这些大学相关人,这样他们对大学就有了责任感;大学企业化的最重要意义在于改变了他们的心态"。南洋理工大学转制以后,学校积极筹划重组方案,将12所学院重组成为工、商、文、理4大学院,加强各学院之间的协调和合作,有利于学科交叉融合,强化了科研创新能力,并丰富了学生的学术经验。转制后,学校获取"第三管道经费"的能力也大大强化。首先是依靠自身的科技优势,积极寻求吸引各种校外资金,主要管道有与企业以及政府机构合作、与国外各类科研基金协作等;其次是设法获取捐款,充实大学基金,并通过投资获得回报。另外,由于学校成为非营利企业法人,新成立的校董事会作为大学管理的主要支柱,在寻找办学经费、支持大学方面扮演重要角色。校董事会的成员大多是热衷于教育事业的新加坡知名企业界人物,他们具备较高的国际声誉和影响力。

三、主要结论

香港科技大学在短短十几年内迅速跻身于世界一流大学行列,创造了中国高等教育发展史上的一大奇迹;印度理工学院也在不长的时间内跻身全球理工院校三甲,赢得了"改变了世界的了不起的大学"的美誉;南洋理工大学在近30年迅速崛起,成为亚洲最具声誉和影响力的大学之一。这三所大学的成功变革的确有一些共性因素,如坚持精英教育的理念,坚持通识教育与专业教育的结合;注重学生创新能力培养,对创新教育充满积极性,悉心打造大学产业链;坚持国际化发展战略,坚持同型竞争战略,强化与世界一流大学的竞争与合作;坚持学术自由、大学自治的价值观,改革大学治理结构和管理制度,塑造社会化大学形象。在一个不断同质化的世界里,这些原则和理念标志着当代精英大学的普适模型,说明美国"常春藤"大学模式作为大学世界的榜样正在全球化扩散。在这三所大学的变化中,我们看到了大学变革中的制度同构。

　　然而,这三所亚洲理工大学的崛起与它们创造性的制度转化更为相关。在学术系统和大学里,革命性变革是困难的,变革只能以渐进的方式进行。正如我们所看到的,全球化的大学模式在这两个国家和一个地区不得不与多样化的"大学遗产"相妥协。当普适性的大学模式从欧美向亚洲移动时,印度、新加坡和中国香港的政策会以不同的方式来实施,体现了地方社会和制度环境的重要影响,这也是三所大学取得成功的关键。制度转化的这一特点对中国大学改进具有重要的政策含义。套用坎贝尔的话说,制度创新很少从废除旧制度开始,更经常的情况是对一些既有制度要素进行重组,大学的全球模式常常被剪裁并与地方制度混合,而不是完全取代地方制度。① 中国大学在运用基标法建立现代大学制度时,必须注意几点:第一,大学改革者必须把西方的新思想与中国实践结合在一起,这有利于确保新思想的实施,避免新制度与旧实践的断裂。第二,让尽可能多的教师和学生参与到制度转化之中,这不但可以提高制度建构的合法性,而且可以使新的思想、新的实践更有效地转化到当地的实践中去。第三,要选择具有全球视野的大学领导者,因为领导者越是认同新的原则和实践,那么这些原则和实践就越有可能被转化到大学的组织实践中。第四,制度创新必须拥有相应的财政支持能力,大学组织必须获得充足而灵活的资金以支持这种新的实践。

---

　　①　约翰·L.坎贝尔.制度变迁与全球化[M].姚伟,译.上海:上海人民出版社,2010:84.

第三章 大众化与理工大学转型：中国重点理工大学的改进方案

一、中国重点理工大学转型的背景

伴随着中国从精英高等教育体系向大众高等教育体系的转型，各类高等院校都发生了深刻的变化。其中，重点理工大学向"研究型、综合性"大学的转型尤为引人注目，因为这类学校是 20 世纪 50 年代"学习苏联"与"院系调整"的产物，它们在中国高等教育体系中一直处于显赫的地位。这里的重点理工大学特指中国若干所办学水平和办学层次高，被国家列入重点建设对象的理工大学，如清华大学、浙江大学、上海交通大学、中国科技大学、西安交通大学、哈尔滨工业大学、华中科技大学等。

20 世纪 50 年代，中国实行"全面学苏"的基本国策，通过两次大规模的"院系调整"建立了一大批单科性和多科性的高等工科院校。其时，我们在高等学校的学科专业设置上，把文理科与工科截然分开；在大学功能定位上，采取大学与科研院所分立制度，片面强调大学教学功能，忽视大学的科研功能。1953 年，中国开始实施经济建设"一五"计划，拉开了国家工业化建设的序幕。为了满足国家工业化建设的需要，中国于 1952 年开始进行了大规模的"院系调整"，除了建设若干所综合性大学（拥有文、理两科）外，主要发展单科性的专门学院,尤其是工业院校。中国当时高等工程教育的能力严重不足,随着苏联援建的 156 个重点建设项目的上马,急需大批工程技术专门人才,因而扩大高等工科院校的规模,增强工程技术人才的培养能力,就成为"院系调整"的中心任务。据统计,在"院系调整"前,全国 211 所高等院校中,工科院校共有 33 所,占全国高校总数的 15.6%,仅能满足工业建设实际需要的 25%。经过两次"院系调整"后,工科院校增加到 44 所,占全国高校总数的 19.2%。1958 年开始"教育大革命",高校数量猛增。1960 年,高校增加到 1 289 所,其中工科院校 471 所,占全国高校总数的 36.5%。1963 年,经过调整后的高校总数为 407 所,其中工科院校 120 所,占高校总数的 29.5%。1982 年,全国高校总数 715 所,工科院校占 28.8%。[①]

不仅如此,整个高等教育系统在专业设置上偏重工科的特征也日趋增强。1953 年,在设置的 215 种专业中,工科占了 107 种,占总数的 49.8%;1962 年,全国专业设置种数调整为 627 种,其中工科 295 种,占总数的47.0%;1965 年,全国专业设置种数为 601 种,工科达 315 种,占总数的52.4%。大学工科比例的持续增长意味着中文、政法、财经等文科专业所占比重的持续下降。1947 年,文、法、商科在校大学生占大学生总数的 47.6%,1952 年降到22.5%,1957 年又降到 9.6%。[②] 到 1962 年,全国在校大学生共有 82.9 万人,其中工科学生为 34.5 万人,占总数的 41.6%,而文科学生仅 4 万人,占总数的4.8%。[③] 这种以工业建设为核心的高等教育改革,使工科大学处于中国高等教育体系的核心,国家重点建设的理工大学在中国高等教育系统中日渐获得显赫的地位。

20 世纪 80 年代后,华中工学院(华中科技大学的前身)校长朱九思等率先对中国传统的工科大学向高水平综合性大学转变的问题进行了系统探索,

①　郝维谦,龙正中.高等教育史[M].海口:海南出版社,2000:82 - 196.

②　周光礼,吴越.我国高校专业设置政策六十年回顾与反思——基于历史制度主义的分析[J].高等工程教育研究,2009(5):62 - 75.

③　张俊洪.回顾与检讨——新中国四次教育改革论纲[M].长沙:湖南教育出版社,1999:43.

并付诸办学实践。如其所言，"我国现在的高等教育结构，是1952年院系调整时大体上按苏联高等教育那一套形成的。这种结构，把文、理科搞在一起，叫作'综合性大学'，实际上也并不综合。至于工、农、医、师范学院，则分开设立。现在看来，这种结构很值得研究。理，英文叫science（科学）；工，英文叫technology（技术）。技术是以自然科学理论为基础的，自然科学是人对自然现象及其规律的认识。为了使技术得到进一步发展，就必须有科学理论的指导。因此，当前我国高等教育把理与工、农、医几乎完全分开的结构，是不符合规律的。经过反复研究，我们希望把我们学校办成以理工为基础的综合性大学。这不仅要实现理工结合，而且要把实际上已经开始的文科和经济管理学科加以扩大"①。

1985年颁布的《中共中央关于教育体制改革的决定》明确提出，高等学校担负着培养高级专门人才和发展科学技术文化的双重任务。这一政策直接促使若干重点理工大学开始由"以教学为中心"的大学向"教学科研并重"的大学转变。20世纪90年代后，随着国家重点学科和重点大学的建设，尤其是随着"211工程"和"985工程"的实施，创建世界一流大学的任务被提上日程。人们研究世界一流大学的特征时提出了研究型、综合性的概念，认为这是一种学校类型特征。1999年，中国开始实施高等教育大众化政策，大规模的扩招为重点理工大学的转型提供了契机。在此背景下，中国一批重点理工院校在一段比较集中的时间内，明确提出向综合性大学转变，并且把这一转变同创建世界一流大学的办学目标紧紧连在一起。

尽管从20世纪80年代开始，中国重点工科大学开始了学科专业的改革，逐步改变单一的工科学科结构，形成了向理工大学和综合大学转型的发展趋势，然而，这仅是个别学校的局部探索，并未成为一项系统而明确的大学改进运动。直到1999年国家启动高等教育大众化政策，重点理工科大学的转型才

---

① 朱九思.对目前高等教育中几个问题的我见[N].光明日报,1980-07-10.

成为普遍的改进行动,取得了突破性进展。笔者重点探讨大众化初期(1995—2005 年)中国重点理工大学向综合性、研究型大学改进的历程,并围绕如下问题展开讨论与分析:中国重点理工大学向综合性、研究型大学转型有没有一些共同的特点? 是什么因素推动了中国重点理工大学的转型改革?

二、多源流分析框架

中国若干所以工科为基础发展而来的重点理工大学,基于建设世界一流大学的办学目标,采取有效策略向高水平的综合性、研究型大学转变,这是笔者所讨论的重点理工大学的转型问题。这种转型,主要围绕学校内部结构的调整进行:第一,调整原有比较单一的学科结构,增设了相关学科,并促进学科之间的交叉、融合和渗透,积极推进学科结构综合化;第二,调整大学职能重心,积极开展科学研究,由原来以教学为主向教学与科研并重转变;第三,调整人才培养的结构层次,积极发展研究生教育,由原来以本科教育为主向本科和研究生教育并重转变。这种转型最突出的特点是学科结构的显著改变和学术水平的快速提高。中国高等教育界多年来达成一个共识:大学的研究型和大学的综合性是密切相关的。大学学术水平的提高依赖于学科结构的综合性,因为在科学和技术发展高度综合化的趋势下,学科的共生关系日益明显,一个学科需要相关学科的支撑,才能达到高水平。[①] 许多大学校长坚信高水平大学都是综合性大学的理念,因此,他们的大学在追求高水平的过程中,都希望学科门类不断增多。可见,我们如何解释中国重点理工大学转型现象是一个重要的学术课题。

(一) 分析框架

迄今为止,研究者已经使用了不同的理论方法,其中最主要的是基于结

---

① 周进.重点理工大学转型时期理科发展研究[D].武汉:华中科技大学,2002:10－11.

构主义理论的系统分析方法。结构主义理论的基础模型非常简单,强调任何制度背后都有一个"制度的深层结构",正是这一深层结构决定了制度系统的形成机制和演进方向。"制度的深层结构"主要是指社会的政治经济结构,这些结构对人类行为具有塑造作用。[①] 政策研究的系统分析路径就建立在这种结构主义理论基础之上。系统分析路径是 Dye、Sharkanshy 与 Hofferbert 等人开发出来的,故又称为 DSH 模式。在 DSH 模式下,各种环境因素与政治因素被作为政治系统的一种输入(自变量)来处理,通过大规模的比较和量化研究,探讨某些自变量(政策输入)与因变量(政策输出)之间的相关性。用 Hofferbert 的话说,政治产出是精英在国家制度的限度内活动而做出的决定,但这些决定受到公众和社会经济环境的影响,而且最终受到历史地理环境的影响。可见,系统分析主要从社会的宏观政治经济背景来解释中国重点理工大学的转型。如有学者认为:"当科学作为一种社会建制存在和发展时,它就成为社会大系统中的一个子系统,既对社会的各方面产生影响,又同时受到社会大系统的控制。"[②]"我们把社会需要和国家对科学、教育的政策作为影响大学中的学科发展的力量来分析。科学技术发展的大趋势是理工大学转型的根本性因素。国家的经济发展进程是推动理工科大学转型的社会历史原因。我国理工大学的学科结构在很大程度上是国家工业结构的反映,随着国家工业结构和水平的发展而变化。"[③]然而,系统分析过于关注外部环境,把政策产生过程视为黑箱,忽视系统的内部因素和行动者,带有环境决定论者的色彩。

我们为了更好地解释中国重点理工大学的转型,必须深入系统理论设为黑箱的大学组织及其制度内部。多源流分析框架可以帮助我们打开系统理论的黑箱,揭示组织内部"局内人"的细节和真实情况,对组织的转型和发展

① 周光礼,吴越.我国高校专业设置政策六十年回顾与反思——基于历史制度主义的分析[J].高等工程教育研究,2009(5):62-75.

② 周进.重点理工大学转型时期理科发展研究[D].武汉:华中科技大学,2002:97,12-15.

③ 周进.重点理工大学转型时期理科发展研究[D].武汉:华中科技大学,2002:97,12-15.

更具解释力。多源流分析框架是金通开创的,是为了解决模糊条件下的政策制定问题而开发的政策分析框架。这种分析框架的理论基础是科恩、马奇、奥尔森等人提出的政策选择的垃圾箱模型。该模型主要用来描述大学和国家政府这样复杂组织("有组织的无政府状态")的决策过程。"有组织的无政府"决策系统通常具有三个主要特征:第一,流动的参与者;第二,偏好选择不清楚;第三,技术不清晰。①

　　为什么决策者把注意力集中在某些问题上而不是其他? 金通认为,这是因为在公共政策系统中存在着三种相互独立的源流:问题源流、政策源流和政治源流。这些源流都有各自的特性并具有自身的动力和规则,当它们在关键的汇合处结合起来时就常常会发生重大的议程变化。也就是说政策企业家如果能够在关键时刻将三者结合起来,就提高了政策制定者高度关注某一问题的可能性。② 问题源流主要探讨实际情况如何被界定为问题以及问题如何引起政府官员的注意。政策源流关注的核心是政策建议(问题解决的办法)的产生、讨论和设计。政治源流主要研究促使政策问题上升为政策议程的政治事件和活动。多源流分析框架的关键步骤有三个:一是对重要行动者的把握。政策企业家是政策过程中的关键人物。政策企业家是政策过程的热心参与者,他们掌握了重要的政治资源,能够采取行动,并将政策问题上升为政策议程。二是对问题与解决办法配对的分析。解决办法往往是那些被研究者反复提倡、社会公众十分关注的举措,却一直得不到实施。在一个偶然的情况下与某个问题联系起来,就成为政策措施。三是对政策时机的分析。这种分析重点探讨"政策之窗"开启的时候,这是三大源流汇聚在一起的时间点。"政策之窗"是应紧迫问题或政治流中的重大事件打开的,稍纵即逝,政策企业家要迅速抓住机会。

---

① 保罗・A.萨巴蒂尔.政策过程理论[M].彭宗超,钟开斌,译.北京:三联书店,2004:95,97.
② 保罗・A.萨巴蒂尔.政策过程理论[M].彭宗超,钟开斌,译.北京:三联书店,2004:95,97.

（二）研究方法

笔者主要运用定性的案例分析法，审视大众化初期中国重点理工大学的转型问题。我们选择 3 所重点理工大学，运用多案例比较研究的方法进行分析。我们选取案例的标准是：明确提出了向综合性、研究型大学转型政策，采取了实质性措施来促进大学的转型，是国家重点建设的"985 工程"大学，案例大学具有不同声望地位、学生规模、学科特色、财务状况以及学校的历史地理条件。基于上述标准，我们选取了位于湖北省武汉市的华中科技大学、安徽省合肥市的中国科学技术大学以及陕西省杨陵市的西北农林科技大学[①]。我们的研究材料来自文件、档案记录与访谈。其中访谈都是实地进行的。我们访谈的对象大体上分为四类：教育行政部门的官员，大学副校长以上级别的领导，大学各职能部门的领导，教师与学生。访谈内容包括：高校扩张政策的目的与问题；高校合并与建设世界一流大学时，大学与政府的关系，大学的决策过程等。

三、中国三所重点理工大学的转型

在中国政府的高等教育政策版图上，重点理工大学一般被分为三类：第一类是强势者，这类大学一般有着非常显赫的地位，大批杰出校友在各行各业占据要位；第二类是竞争者，这类大学没有显赫出身，但是凭借积极进取的精神取得了令人瞩目的办学业绩；第三类是受政策扶持的弱势者，这类大学办学实力相对较弱，但是由于服务特殊行业或位于特殊地域而受到政府的特别关照。中国科学技术大学依托强大的中国科学院系统，一直处于强势者地位；华中科技大学于 20 世纪 80 年代迅速崛起，成为强势集团的有力竞争者，

---

① 西北农林科技大学建校时名为国立西北农林专科学校，1938 年改名为国立西北农学院，1985年更名为西北农业大学，1999 年与西北林学院、陕西省农业科学院等合并组建西北农林科技大学。

老校长朱九思归纳的"敢于竞争、善于转化"的"华工理念"，不但是华中科技大学精神的浓缩，而且是其地位的真实写照；西北农林科技大学因位于中国西北农村、服务于第一产业，历来属于政府重点扶持的弱势者。然而，随着中国社会由计划经济向市场经济的转型，大学办学自主权逐步落实，大学的办学经费日趋多元化，这三所大学开始突破计划经济时代政府为它们设定的办学定位，开始主动建构各自的发展目标。通过大学转型，建设高水平、综合性、研究型大学成为它们共同的愿景。

（一）中国科学技术大学的精英主义转型

中国科学技术大学在新中国高等教育的发展中具有重要的战略意义。它应国家的重大战略需要而诞生，在国际上也享有良好的声誉。本着"创新立校、跨越发展"的精神，在建校之初，中国科学技术大学就采取了理工结合、科教融合的办学模式。20世纪80年代，中国科学技术大学提出了创办人文社科专业、增强学校课程的综合性的办学思路。20世纪90年代，中国科学技术大学又提出了建设世界一流大学的目标。20世纪末，国家在高等教育领域内全面推动扩招和合并政策，中国科学技术大学以其特立独行的性格拒绝了这两项政策，赢得了"精英主义堡垒"的称号。朱清时校长将精英主义与学校建设综合性、研究型大学的发展目标结合起来，明确提出以加州理工学院为榜样、建设世界一流大学的目标。

1. 光荣与梦想：强势大学的危机

1958年9月20日，为了突破理科与工科分离、教学与研究分离的斯大林理工大学模式，中央政府决定在北京创办一所新型大学：中国科学技术大学。其实，创办这所新型大学的最初灵感也是来自苏联。1957年，一个由中国一流科学家组成的科技代表团访问了新西伯利亚的苏联科学院和新西伯利亚大学。代表团对科学院附设大学的模式感到新奇与兴奋。这种模式不但可以确保大学生在基础应用科学方面得到很好的训练，而且可以使大学生无障碍地由大学进入科学院。受到这种研究机构与教育机构联合体的启发，中国科学院向国家领导人提出创建一所新型大学的想法。这所新型大学将克服以往的苏联模式（基础学科置于综合性大学，应用学科置于理工类大学）。新型大学将为优秀学生提供一种基础科学与应用科学相结合的综合性课程。不仅如此，新型大学也试图突破将教学置于高等学校，将研究置于科研院所的两分模式。

由于新型大学模式符合国家培养"在基础应用科学方面具有较高造诣的新型人才"的需求，当即受到中央政府的高度重视。在其后的百日之内，中国科学技术大学完成了从最初的规划到最终创办的全过程。新大学实行"全院办学、系所结合"的办学模式，第一任校长由中国著名的文学家、时任中国科学院院长的郭沫若兼任，大学各学系主任由中国科学院有关研究所负责人担任，中国科学院的大批科学家在中国科学技术大学任教或做讲座。在北京的办学岁月里，中国科学院的科学家每年有 300 人次来校给学生做讲座，使师生能够了解最前沿的研究动态。此外，中国科学院的科学家还协助学校设置新专业，帮助学校编撰教学大纲、教学讲义和教材。中国科学院的科学家大多数留学欧美，这为学校带来了"苏联模式"之外的宝贵教育经验。

新大学在成立之初制定了一个战略规划，将建设中国高水平大学作为学校的战略目标。这是基于学校的使命是为国家"两弹一星"（原子弹、氢弹和人造地球卫星）事业培养未来的科学家而不是一般的工程师。正如中国教育与科学负责人、时任国务院副总理的聂荣臻在中国科学技术大学落成典礼上所言："我们想建立这样一所新型大学：它与国家主要的研究机构保持密切联系，能够提供反映世界科技前沿的核心课程；招收一流的高中毕业生，为他们提供充分的基础科学和实用技术的训练。高年级学生能够真正参与中国科学院的相关研究。在这种培养模式下，他们能够更快地获得专业经验，这使我们能够在更短的时间内赶上世界发达国家。"①学校使命决定了学校的战略目标：建设国家重点大学。为了实现这一目标，学校计划前三年打基础，5年内跨入国内一流大学的行列。而实际上，新大学在创办的第二年就被指定为国内重点大学，从此之后，它一直是中国强势大学集团中的一员。新大学围绕前沿科学与高科技以及国家近期和长远战略需要，成立了最初的13个系41个专业。

20世纪70年代初，受"文化大革命"的影响，学校迁至安徽省合肥市。安徽省是中国中部一个欠发达的省份。学校在搬迁的过程中失去了2/3的仪器设备和几乎一半以上的教师，遭受了巨大的损失。改革开放以后，中国科学技术大学再次复兴。1978年后，学校在全国率先提出并实施了创办大学少年班、首建研究生院、建设国家大科学工程、面向世界开放办学等一系列的改革创新措施，成为引领中国科学教育的旗舰大学之一。1995年，中国科学技术大学成为第一批国家重点建设的"211工程"大学之一（共15所）。1999年，中国科学技术大学成为第一批国家重点建设的"985工程"大学之一（共9所）。

尽管如此，由于区位条件等方面的劣势，学校作为强势集团一员的地位遭受严重侵蚀。如何确保学校强势者地位成为一个日趋严峻的问题摆在学校决策者的面前。自中国改革开放后，尽管学校通过改革创新保持了学校原有的影响力，但是学校的传统优势正在丧失，学校面临越来越多竞争者的挑战。学校引以为豪的基础科学和应用科学融合的课程模式与"全院办学、系所结合"办学模式曾是学校的两大优势，但此时已优势不再。因为国内其他重点理工大学此时已基本完成了由工科大学向理工大学的转变，基础科学与应用科学的结合已经成为一种普遍的课程模式。此外，作为计划经济的产物，"全院办学、系所结合"办学模式实际上早就名存实亡，在市场经济条件下，其他重点理工大学通过体制机制创新与中科院各研究所建立了各种形式

---

① 周光礼.中国院校研究案例（第三辑）[M].武汉：华中科技大学出版社，2011:59.

的合作和联盟。学校办学经费严重不足、优秀教师流失严重,对优秀学生的吸引力下降等问题日益凸现。尽管学校在国外仍然被认为是与清华大学、北京大学齐名的大学,但是在国内任何一个大学综合排名榜中,中国科学技术大学都已无法挤进前5名。面对如此严峻的局面,中国科学技术大学将采取什么样的措施来延续自己的光荣与梦想呢?

2.解决方式的形成:朱清时的精英情结与加州理工学院模式

在学校50多年的发展历史中,中国科学技术大学一直秉承着追求卓越的精神,不遗余力地塑造自己"提供精英教育的顶尖大学"形象。20世纪80年代后,学校试图通过转型跻身世界一流大学的行列。然而,在大学缺乏办学自主权的时代,中国科学技术大学向高水平综合性大学的转型进展并不顺利。例如早在20世纪80年代,中国科学技术大学就想发展人文社会科学学科,但因教育部不同意而没能实现。1998年《高等教育法》颁布之后,中国科学技术大学作为强势大学获得了一系列的办学自主权,尤其是几乎获得了完全的专业设置自主权和招生自主权。此时担任校长的朱清时,决定充分利用学校办学自主权,为学校的转型寻找一条卓有成效的途径。

为了维持强势大学的地位,中国科学技术大学没有追随国内同类院校的做法,而是在世界范围内寻找自己的同型大学。从2000年开始,中国科学技术大学先后派出了3个考察团去北美与欧洲的顶尖大学考察,了解和学习这些大学在学科专业设置和学校发展规划方面的经验。2000年1月,第一个考察团先后访问了美国的麻省理工学院、哈佛大学、康奈尔大学、普渡大学、威斯康星大学麦迪逊分校、南加州大学圣巴巴拉分校、斯坦福大学和加州理工学院。同年,另一个考察团访问了英国的诺丁汉大学、牛津大学和剑桥大学,德国的哥廷根大学、海德堡大学和亚琛工业大学,法国的巴黎高等师范学校、巴黎综合理工学院和巴黎大学。这两个考察团都由时任校长的朱清时率领。2002年8月,学校派出了第三个考察团,该考察团由时任校党委书记的唐宏高率领,先后访问了英国的剑桥大学、牛津大学和诺丁汉大学,德国的斯图加特大学和柏林工业大学,法国的国家科学研究中心以及阿卜杜勒萨拉姆国际理论物理中心。

在众多被考察的大学中,加州理工学院脱颖而出,被选为中国科学技术大学最具吸引力的同型大学和标杆大学。事实上,在中国科学技术大学访问加州理工学院前夕,加州理工学院被《美国新闻与世界报道》评为1999年度美国最优秀的大学。在中国科学技术大学代表团访问的过程中,加州理工学院校长戴维·巴尔的摩(David Baltimore)——37岁即获诺贝尔生物学奖的著名学者——详细介绍了加州理工学院的小规模精英大学的办学模式,给代表团留下了深刻的印象。令人惊讶的是,这所美国排名第一的大学仅有900名本科生,1 000名研究生,不足300名教师。巴尔的摩校长告诉考察团,学校的这一规模将会在未来20年中保持稳定,不太可能有太大的增长。巴尔的摩校长特别强调,加州理工学院首先是一个世界一流的研究机构,其次才是一个教育机构。学院正是利用自己一流的学者以及雄厚的研究资源来培养学生。这一点无疑让中国科学技术大学代表团联想起学校在创办初期实行的"全院办学、系所结合"的办学模式。加州理工学院的精英模式与朱清时校长的精英情结不谋而合。

受到加州理工学院办学经验的鼓舞,中国科学技术大学在自己的战略规划中明确提出学校的第一目标和第二目标。学校的第一目标是成为中国主要的科学研究中心,第二目标才是成为一个教育中心。这一战略定位意味着每一个学生都必须是精英。但是,这一激进的战略目标受到了其主管部门中国科学院的质疑。其后在主管部门的建议下,学校将自己的目标调整为:同等对待教育与研究的问题。值得一提的是,访问美国的经验促使中国科学技术大学开始重新审视自己的区位条件。因为考察团曾访问了康奈尔大学,他们发现康奈尔大学所在地伊萨卡比安徽省合肥市更加闭塞。这一意外的发现,给了中国科学技术大学领导者很大的信心:尽管有区位劣势,但是只要坚持精英大学的理念,仍然可以跻身世界一流大学的行列。

3. 精英主义转型：中国科学技术大学创建世界一流大学的战略

模仿加州理工学院的精英模式促使中国科学技术大学在全国大扩招的形势下采取一种极端的精英主义。中国科学技术大学顶住各方面的压力，拒绝扩招以维持学校的小规模。朱清时校长在各种场合为自己的政策辩护，他反复强调像中国科学技术大学这样的学校，其中心任务是提高教育质量，而不是促进数量的增长。实际上，中国科学技术大学的招生在 2000 年之前曾有一个增长的趋势：学生规模从 1990 年的 3 646 人增加到 1995 年的 4 685 人，2000 年增至 9 126 人。但自 2000 年之后，中国科学技术大学停止扩招，学校只是在 1999 年的基础上象征性地增加了 393 人，其后一直保持大体一致的招生规模，学校总规模基本上维持在 2005 年的 7 394 人左右。但是，同一时期，中国科学技术大学的研究生人数却急剧增长，从 1990 年的 906 人到 1995 年的 1 464 人，2000 年增至 7 171 人，2005 年达 8 697 人。从 1998 年高等教育大众化前夕到 2005 年，中国科学技术大学的本科生招生人数仅增长了 27.79%，但研究生招生人数却增长了 300%。2008 年，中国科学技术大学有本科生 7 473 人，研究生 9 484 人，其中博士研究生 2 604 人，是国内屈指可数的研究生多于本科生的大学。由于国内学术界普遍认为研究生与本科生的比例超过 1∶1 是研究型大学的一个重要指标，因此大力发展研究生教育是中国科学技术大学向研究型大学转型的基本策略。

中国科学技术大学推行精英主义转型政策面临校内外的诸多压力。朱清时校长坦言："扩招不仅仅是上级政府希望的，也是当地政府所希望的。他们希望有更多的学生来到这个省，因为这是一项政绩的指标，社会大众当然也希望看到他们的孩子进入我们的学校。压力并不仅来自社会公众，也来自其他许多方面。例如，如果你扩大招生人数，会扩大学校的社会关系网络。政府的高级领导以及当地政府会更加关注你。相反，如果你不扩招，他们就会忽视你。虽然我们受到这些方面的影响,但是我们坚持不扩招。"①中国科学技术大学采取不扩招政策使学校与中央政府和地方政府的关系变得十分微妙。对一个高度依赖政府拨款、长期为政府所器重的大学来说,不听政府指令是需要勇气的。事实上,中国科学技术大学确实为自己的不扩招政策付出了很大的代价。据统计,20世纪80年代,中国科学技术大学对政府财政拨款的依赖度是100％,1999年降到74％,2000年降至72％,但2001年后又回升到84％。而其他同类高校对政府财政拨款的依赖水平已降到30％左右。这里的主要原因是其他高校通过扩招得到了大笔的学费收入和政府的补贴,以及因教师规模的扩大而从政府和企业界获得了更多的研究经费。以研究经费为例,中国科学技术大学的排名在同类院校中是逐年下降的。2000年,中国科学技术大学的科研经费仅次于清华大学,排名全国第二,但是到2005年,中国科学技术大学仅获得3.736亿元科研经费,排名退到全国的20名以后,远远落后于同级别的其他大学,如北京大学(6.835亿元)和华中科技大学(5.955亿元)。此外,其他高校通过产学研合作获得巨大的收益,中国科学技术大学固守精英传统,推行非产业化政策,学校在这方面也没有作为。2005年,北京大学产业集团获得7.85亿元的收益,华中科技大学与南京大学下属的产业集团也各获得5.52亿元的收益,这些收益中的一部分会回馈给学校。

不扩招政策不但使学校损失了大量的办学经费,而且对学校学科的综合化产生不利影响。学校规模小,增加新学科的动力也不足。与拒绝扩招类似,中国科学技术大学在世纪之交一直保持传统的学科不变,仅仅重组了一些院系。1996年成立了化学与材料科学学院,1998年成立了生命科学学院与工程科学学院,1999年成立了信息科学技术学院,2000年成立了物理学院,2002年成立了地球与空间科学学院,2009年成立了核科学技术学院。这些院系依然集中在自己的传统优势领域,大多数是由中国科学技术大学成立

① 周光礼.中国院校研究案例(第三辑)[M].武汉:华中科技大学出版社,2011:63.

之初的 13 个系 41 个专业演化而来的。要说有新的发展，就是由理科向工科进行了一定的延伸。其间也有两个新兴学院成立，一个是 1995 年成立的管理学院，最初称为商学院。2005 年，采用了管理学院这一名字，它现有 3 个系：信息管理与决策科学系、管理科学系及统计与金融系。另一个是 2000 年成立的人文社会科学学院，它是在保留的外国语系、历史与考古系、科学交流与政策系的基础上成立的。人文社会科学学院的成立旨在提升大学的人文氛围以及精神特质。这一向综合性大学转型的努力，始于 20 世纪 80 年代。其时中国科学技术大学要求创办人文社会科学专业的申请没有得到教育部的批准。但从那时起，中国科学技术大学就一直寻找一个合适的方式来发展自己的特色人文社会科学专业，走与其他综合类大学不同的发展模式。

中国科学技术大学不仅拒绝了扩招，对大学合并也持消极态度，它没有接受"世界一流大学必须有医学院"的观点，它只是在 2000 年接管了国家烟草专卖局管理下的一个经济学院，在该学院最后一届学生毕业后，其所有的课程都被停止，因此，这不算真正的合并，对学校学科综合化发展也没有实质性贡献。

在学校坚持不扩招、不合并的精英主义转型政策的基础上，学校提出分三步走实现向世界一流大学转型的目标。第一阶段（2000—2002 年）：集中精力优化课程结构，升级基础设施。在这一阶段，学校提出要优先扩大其在某些新兴学科领域的优势，如信息科学、生命科学、工程与材料科学，同时，努力维护其传统优势学科的领先水平，如数学、物理和化学。第二阶段（2003—2007 年）：软实力的增加阶段。在这个阶段，学校努力打造一支高质量的教学、研究队伍，开发更好的课程体系与教学方法。第三阶段（2008—2018 年）：在前两个阶段的基础上，主要的学科群全面进入世界一流大学的行列。值得一提的是，由于学校在学科综合化方面的不彻底以及拒绝扩招带来的财政困难，学校部分教职员工开始质疑学校的精英主义转型政策是否明智。2009 年，中央政府给国家直属大学化解了大众化阶段因加强基础设施建设所欠的巨额债务，积极扩招和合并的大学变相地得到了政府的巨额补助，其中四川大学得到 4.75 亿元债务豁免，华中科技大学也得到了大约 5 亿元的债务豁免。于是，有的教师就抱怨中国科学技术大学的精英主义转型政策使学校错过了大众化提供的历史机遇。

（二）华中科技大学的竞争性转型

自 20 世纪 80 年代初开始，华中科技大学（1953 年，华中工学院成立；1988 年改名为华中理工大学；2000 年同原同济医科大学、原武汉城市建设学院和原科技部干部管理学院合并，成立华中科技大学，以下简称"华中大"）就提出了向综合性大学转变的目标。在美国"常春藤"大学的影响下，20 世纪 90 年代中期，它又提出了建设研究型大学的目标。应该说，当时学校提出这两个发展目标十分具有前瞻性，而囿于宏观政治经济环境的影响以及高等教育体制因素的制约，在迈向大众化发展阶段前，华中大在这两方面的探索虽有初步积累，但存在一些突出问题。直到 20 世纪末，伴随着国家在高等教育领域内全面推动扩招和合并政策，学校先是被动地接受了这两个政策，后来却因势利导地将扩招和合并与一直以来试图建设综合性、研究型大学的发展目标结合起来，通过进一步扩招和合并带来的学科布局，真正走上了建设高水平、综合性、研究型大学的道路。

1. 竞争者的梦想："综合性"和"研究型"大学

1953 年，华中工学院在中南地区的龙头工业城市武汉建校。它成立的动因是为了满足新中国进行大规模经济建设对专门人才的需求。在全国高等学校的院系调整中，华中工学院由原武汉大学、湖南大学、广西大学和华南工学院的部分机械、电力、动力专业合并组成，是一所机电型的工科院校。1960 年，也就是华中工学院成立的第 7 个年头，它就被国家确定为全国重点高校，可见在当时工业化建设时代国家对工科高校的倚重。在国家的期望下，华中工学院的定位非常明确，旨在建设一所全国著名的工科院校。

如果说华中工学院早期的迅速发展凭借的是区位优势和国家器重,那么"文革"期间及改革开放初期,它的迅速发展与朱九思校长密不可分。1953年,华中工学院建校早期,朱九思任党委副书记兼副校长,1979年"拨乱反正"后,朱九思担任党委书记和校长职务。"文革"期间,学校遭到了巨大破坏,招生被停,教职工下乡学习,朱九思在20世纪70年代初第一批回到学校。在这段非常特殊的历史时期里,国家各机关单位几近瘫痪,在没有外部力量指挥高校应该如何行动的情况下,朱九思开始思考大学改进问题,并在校园里将之付诸实践。

朱九思关注的第一件事就是扩充学科。华中工学院是20世纪50年代初全国"院系调整"的产物,但朱九思却认识到"院系调整是一刀切,以至全国没有一所真正的名副其实的综合性大学,这是没有多少道理的"①。在朱九思心目中有个"综合性"大学的美好形象,他开始考虑华中工学院能否办理科,提供理工综合课程。1975年11月,朱九思向国家教育部提交了《关于我院"五五"期间增设理科专业意见的报告》,在这个报告中,朱九思明确提出要在有基础的工科大学中设置理工结合、以理为主的专业。在当时整个国家忙于阶级斗争的情况下,这种具有反思性和前瞻性的观点当然没人理会,但是朱九思并没有放弃。理工结合的思想,在他领导全校师生对麻省理工学院进行大规模的文献研究之后,进一步得到了巩固。1979年3月,朱九思考察美国、加拿大、日本三国的众多著名大学之后,发出了如下感慨:"一个突出的感受是,几乎所有的著名大学都是综合性的。"②1980年4月,朱九思向全校正式提出"把华中工学院办成以理工为基础的综合大学。这就不仅要求实现理工结合,而且要把实际已经开始设立的文科和经济管理学科加以扩大"③。

在"综合化"思想的指导下,华中工学院的学科结构开始发生变化。1979

---

① 朱九思.历史的回顾[J].高等教育研究,1992(4):1-13.
② 朱九思.历史的回顾[J].高等教育研究,1992(4):1-13.
③ 档案馆.华中理工大学建校以来文件选编(第2集).1998:53(内部资料).

年创办管理系,随后建立起数学系、化学系、物理系、力学系等理科系,以及中国语言文学系、外语系、新闻系、经济系、社会学系、高等教育研究所、哲学研究所等文科系所,还建立起建筑学系、建筑工程结构系。到1984年朱九思校长退居二线时,华中工学院已经基本改变了纯工科大学的面貌,向着学科综合化的方向迈进了一大步。

朱九思关注的第二件大事就是把研究融入大学中来。他认为教学不但要与科研结合,而且科研应该走在教学的前面。1961年,《高教六十条》中规定"高等学校必须以教学为主,努力提高教学质量",加之新中国成立后模仿"苏联模式",在大学系统外单独设立了中国科学院系统专门从事科学研究,所以大学基本上不从事科研,只承担人才培养任务。朱九思倡导把科研引入大学的思想与主流观念是"背道而驰"的,但他却号召全校的师生以满腔热情投入科研中。据统计,1976年,华中工学院的科研项目达到138项,参加科研的教师有1 078人,占教师总数的57.2%。华中工学院利用科研优势新增了激光、通信、计算机等9个新技术方面的专业。[①] 1978年,在邓小平主持的全国科学大会上,华中工学院不但是全国2所受到表彰的"全国科学研究先进集体"的高校之一,而且有31项研究成果获得大会奖励。1981年,中国恢复了学位制度,国务院批准的第一批硕士、博士授予点中,华中工学院有27个专业有权授予硕士学位,9个专业有权授予博士学位,到1983年底,华中工学院的研究生在校生有636人。[②] 1984年7月,华中工学院研究生院正式成立,是全国首批成立研究生院的22所大学之一。朱九思之后,黄树槐、杨叔子相继任校长,他们基本继承了朱九思所确立的学科综合化、科研先行的发展策略,领导学校在这条道路上不断探索前行。到20世纪90年代,华中大作为一个咄咄逼人的竞争者崛起于中国高等教育的舞台上,其不断进取的行动和精神令许多老牌大学倍感压力,被戏称为中国最"骄狂"的大学。

---

① 周光礼.中国院校研究案例(第三辑)[M].武汉:华中科技大学出版社,2011:67.
② 周光礼.中国院校研究案例(第三辑)[M].武汉:华中科技大学出版社,2011:67-68.

20 世纪 90 年代初,卡内基美国大学分类系统出现了研究型大学,这个概念随后被朱九思敏锐地捕捉到。当时他在华中理工大学高等教育研究所指导博士研究生,他便要求自己的一位博士生专门研究美国的研究型大学,并安排该生赴美调研。研究型大学的愿景被带到华中大人的心目中,再一次充实了他们的梦想。1996 年,周济接任华中理工大学的校长。当时的华中理工大学已经拥有"南方清华"的美誉,但这也说明在公众的心目中它依然是个以理工科为主的大学,因而常常会遇到"华工还有中文系?"这类疑问。虽然,华中理工大学的学科设置已经覆盖了文、理、工、管,具有了综合化特征,但是它未来的学科综合化道路依然存在很多问题:人文和社会科学仅仅是"点缀"还是要大力发展? 理工结合,以工为主是否会局限理科的发展? 建设高水平研究型大学的目标提得较晚,尚停留在理念层面,建设高水平研究型大学要采取哪些手段和措施尚不明确。周济上任后不久,在中央政府宏观政策的引导下,中国高等教育发生了翻天覆地的变化,华中大将会对国家政策做出怎样的反应,它的综合性、研究型大学的梦想何去何从?

2. 输入的解决方式:国家推动的"扩招"与"合并"

1999 年初夏,为了应对亚洲金融危机的影响,进一步扩大内需,拉动经济发展,中国政府启动了高校扩招政策。从 1999 年到 2005 年,中国高等教育毛入学率从 10.5% 增长到 22%。2006 年 5 月,温家宝总理在国务院会议上指出,今后要适当控制招生增长幅度,相对稳定的招生规模,宣告中国的高校扩招政策实施告一段落。

实际上,华中理工大学在 1997 年已经开始尝试性扩招,当年,它的人文学院下属 4 个文科系招生人数基本上翻倍,这种尝试性扩招的目的在于发展壮大文科专业。国家启动高校扩招政策后,华中理工大学积极响应,1999 年本科生招生人数为 5 260 人,2000 年增加到 6 780 人,2001 年继续上涨到 7 100

人，2002 年为 7 700 人。[①]

　　华中大如此积极扩招的背后隐藏诱因，学校每招一个本科生，国家每年下拨生均经费 6 600 元，另外，学生每年还要缴付 5 000—6 000 元视专业不等的学费。也就是说，每招一个本科生，学校每年可得到大约 1.2 万元的学费收入。学费是学校日常运转最大的经费来源，因此，华中大的领导人说扩招不仅是国家的期望，也是学校的需要。

　　继扩招之后，中国高等教育界又掀起了合并高潮。政府推动高校合并主要基于两点考虑：一是提高学校办学效益。当时，中国高校的规模平均是 4 000—5 000 人，规模太小，没有效益。二是由政府机构改革推动高等教育宏观管理体制改革使然，绝大多数中央部委所属高校被划转地方，归省级政府管理。2000 年 5 月 26 日，华中理工大学、同济医科大学、武汉城市建筑学院以及科技部干部管理学院 4 所高校合并，组建成了现在的华中科技大学。华中大接受国家推行的合并政策的理由与政府的问题意识不同，主要是为了提高自己的竞争力，增强学校的实力。1998 年，在北京大学百年校庆上，江泽民总书记发表讲话，明确提出中国要建设若干所世界一流大学，随后教育部便启动了建设世界一流大学的"985 工程"，第一批进入"985 工程"的高校包括北京大学、清华大学、复旦大学、南京大学、上海交通大学、西安交通大学、哈尔滨工业大学、浙江大学以及中国科学技术大学。华中大没有第一时间进入这个圈子。在这种形势下，当时的华中理工大学选择合并以增强自身实力。

　　1999—2000 年短短两年间，华中大经历了扩招与合并两个"伤筋动骨"的"大动作"。这很难说华中大已经做好了准备。由国家"自上而下"推行的政策存在着极大的风险，可能不符合基层组织的实际情况。合校后连续几年召开的全校教职工代表大会上，代表们对合校都提出了很多批评意见。很显然，为了保住名校地位而匆忙采取的合校举动对很多问题的考虑和准备是不够充分的。扩招举动也遭到了很多师生的反对，大家对日益拥挤的校园、图书馆、教室感到极不舒服，教师们担心每年招那么多学生会影响华中大学生的整体质量，尤其是面对 100 人的专业课课堂时，如何保证教学质量，他们心中更是忧虑万分。老校长朱九思也认为扩招有失控的趋势。

3. 周济校长的重新解读：创建世界知名高水平大学发展战略

对于扩招与合并政策，华中大采取的是积极配合的态度。在经历了风风火火的扩招与合并举措后，留给华中大人的是，该好好思考扩招与合并对华中大究竟意味着什么。

2000 年出现了一个机会，合并后的华中大要制定新学校中长期发展规划。这个时候，周济校长将华中大几代人建设综合性、研究型大学的梦想再度放到显赫位置，同时，他对合并与扩招措施进行了深层次的解读，将它们与建设综合性、研究型大学的发展目标紧密相连。这个解读充分体现"敢于竞争、善于转化"的华中大精神。《华中科技大学创建世界知名高水平大学战略规划(2001—2020)》中对学科布局的规划是"以文科、理科为基础，以工科、医科和管理学科为主导，以信息学科和生命学科为龙头，大力建设基础学科，为应用研究提供强人的后援"。这是华中大首次将文科放在学科发展基础的位置上，这说明它对综合性大学的认识在不断深化。此外，华中大已经开始挖掘合并对于建设综合性大学的意义，它要通过实现学科的拓展与融合来增强学科综合化。另外，华中大首次提出要快速发展研究生教育："基本保持本科生教育的规模，强化本科生教育高质量的优势，努力培养国际水准的本科毕业生。快速增大研究生，特别是博士生的培养规模，注重在研究和开发中培养研究生，使他们具备国际一流的创新精神和工作能力。"

2001 年出台的学校中长期发展规划具有继往开来的意义。它奠定了华中大通过合并与学科融合、扩招与发展研究生教育两大举措来实现建设综合性、研究型大学目标的基础。华中大马上将武汉城市建筑学院的 6 个院系全部并入主校区，土木工程、环境工程、计算机科学与城市建设融入平行的老华中大院系，其独特的规划建设、道路桥梁建设两个专业在华中大其他院系中也找到了合适的位置。此外，华中大在 2003 年投资 1 亿元修建了一条大道，将华中大原校区与武汉城市建筑学院的校区连接起来，使两个校区真正变成了一个校区。

同济医科大学并入华中大后，成立了同济医学院。华中大原来并没有医学学科，同济的并入为华中大带来了一个全新的学科。此外，华中大大力推进已有的理工科与医科的交叉融合，尤其是生物技术与医学、光电子与医学的交叉所产生的生物医学工程以及许多新的医疗应用技术，它们具有极好的发展前景。实施学科交叉和融合后，华中大的国家基础研究经费快速增长，在总经费中的比例从 2001 年的 36％上升到 2005 年的 56％，这一变化的主要原因是大量的医学研究项目获得了国家自然科学基金资助，这也使得华中大在国家自然科学基金资助排名上名列全国第四，大大提高了华中大的声誉。

从 2003 年到 2005 年，华中大的本科生招生人数稳定在 7 300 人左右。由于国家政策导向，2006 年下降到 6 200 人。[①] 人文学科和社会学科的本科生占学生总数的比例与前期基本持平，1995 年占 1.5％，2000 年占 15％，2005 年占 14％。[②] 从 2001 年开始，华中大加大了研究生招生的幅度，到 2008 年，华中大的本科生和研究生的比例已经达到 1∶0.51，现在，华中大基本上稳定了本科生的招生规模，有时还有小幅下降，研究生招生规模还在继续扩大，尤其是硕士研究生。这说明华中大已经将自己定位为研究型大学，基本完成了向研究型大学的转变。

（三）西北农林科技大学的特色化转型

西北农林科技大学（以下称西北农科大）是一所位于中国西北部欠发达地区的公立大学。作为一所服务于第一产业的农业大学，西北农科大一直想

---

① 周光礼.中国院校研究案例(第三辑)[M].武汉：华中科技大学出版社,2011:71.

② 周光礼.中国院校研究案例(第三辑)[M].武汉：华中科技大学出版社,2011:71.

扩展自己的学科范围,向综合性大学发展。1999 年合并之后,学校提出要建设国际知名的中国一流的教学、研究平衡型大学。但不久后,学校提出要建设一所以研究为主的大学。2004 年学校宣布要建设世界知名的高水平研究型大学。应该说,在进入大众化发展阶段前,西北农科大在学科综合化方面的探索已有初步积累,同时也存在一些问题。到 20 世纪末,伴随着国家在高等教育领域内全面推动扩招和合并政策,西北农科大积极响应大众化机遇并完成复杂的合并过程,将扩招和合并与一直以来试图建设综合性大学的发展目标结合起来,努力在政府的支持下逐步走上了建设高水平、综合性、研究型大学的道路。

1. 老传统与新问题:平民学府的新追求

西北农科大坐落在陕西省杨凌地区,是一所位于中国西北部农村地区的公立重点院校。作为农业教学和研究的中心,西北农科大的历史可追溯到 20世纪 30 年代。西北农科大的前身是 1934 年国民党元老于右任先生倡导成立的国立西北农林专科学校。1938 年,国立西北农林专科学校与国立西北联合大学农学院、河南大学农学院畜牧系合并,成立国立西北农学院。1941 年,国民政府教育部批准国立西北农学院,开设研究生课程。1949 年新中国成立后,国立西北农学院命名为西北农业学院。其后,西北农业学院按照"苏联模式"进行改造,成为一个单科性行业院校,其林业系被分离出来单独组建西北林学院。1985 年,西北农业学院更名为西北农业大学。1999 年,西北农业大学与位于杨凌地区的西北林学院、中国科学院—水利部水土保持研究所、水利部西北水利科学研究所、陕西省—中国科学院西北植物研究所、陕西省农业科学院、陕西省林业科学院合并,组建成西北农林科技大学。2004 年,在中央政府的支持下,西北农科大进入国家重点建设的"985 工程"大学行列。

改革开放以后,西北农科大如何向综合性大学转型一直是一个紧迫的问题。伴随着工业化和信息化进程的加快,第二产业与第三产业日趋繁荣,作为第一产业的农业和畜牧业因技术含量少、附加值低日趋失去吸引力。在这种背景下,农业类院校因服务第一产业而备受冷遇。人们普遍认为,农林类院校的专业基本上属于不被考生看好的冷门专业。由于缺乏金融、经济、法律、管理、基础人文等在大城市非常流行的热门专业,农村优秀学生、女学生和城市学生都不愿意进入此类声望名誉不高的大学。生源的单一化和优质生源的缺乏严重制约了农业类高校的发展。因此,西北农科大向综合性、研究型大学转型是一个极具诱惑的战略选择。在大学普遍缺乏办学自主权的时代,农业大学的转型只是一个遥不可及的梦想。因为学校既没有自主设置专业的权力,也没有聘请高水平教师所需的财力资源。直到高等教育大众化,西北农科大的转型才有了现实的可行性。然而,选择什么样的转型道路成为一个令人头疼的问题:如果转型偏离了学校的传统,失去了学校的农林特色,将要冒失去政府特别支持的危险,而如果不积极拓展新的学科专业,学校将最终失去对优秀的生源和优秀教师的吸引力。该何去何从呢? 西北农科大走到了转型的十字路口。

2. 解决方式的浮现:西部大开发计划与李岚清的合并提议

自 1978 年中国经济体制改革之后,东南沿海地区的经济迅速起飞,东部与中西部地区的差距进一步拉大。为了全面推进国家的改革与建设,中国需要构建一个全局性的发展战略。1999 年,中国政府正式提出实施西部大开发战略,这个战略包括加快基础设施的发展、大力吸引外资、增强生态保护意识、提高教育水平以及抑制人才流失。西部大开发战略涵盖 6 个省(甘肃、贵州、陕西、山西、四川、云南)、5 个自治区(广西、内蒙古、宁夏、西藏、新疆)、1个直辖市(重庆)。西北农科大所在的陕西省,在计划经济时代曾从中国的"三线建设"政策中获益良多。一大批工矿企业和科研院所迁到了位于中国地理中心的西安附近,随之而来的是国家的大批投资。然而,由于国家政策的改变以及自身观念的落后,陕西省在计划经济向市场经济转型中落在时代发展的后面,20 世纪 80 年代以来,其经济增长率远远落后于其他省市。在西部大开发计划正式启动的 2000 年,教育部在西北农科大举办了一个关于"西部大开发与高等教育发展"的战略研讨会,50多所教育部直属院校的代表参加了这次会议。这次会议试图把西部大开发的新机遇与高等教育的发展联系起来。在这种背景下,农业和高等农业教育再次受到特别的关注,进入了中央高层决策者的视野。

早在1996年,主管中国教育与科技的副总理李岚清第一次访问杨凌时,对这个基础设施较差和人才外流严重的"农业城镇"就给予了格外的关注。从那时开始,他就积极地在这个地方推行基础设施建设,希望把杨凌建设为中国西北农业新技术的试验地。1997年,在19个中央部委和陕西省政府的支持下,西北农科大所在地成立了杨凌高新技术农业示范区。不久以后,为了整合资源和创办高水平大学,李岚清提出了杨凌地区的大学与科研院所实施合并的设想,并将其纳入国家西部大开发计划的框架之内。其后,李岚清多次访问杨凌,大力推行大学和中科院研究所的合并计划,并亲自参与合并过程中具体细节的讨论。为了鼓励西北农科大的合并,中央政府承诺给予强大的财政支持。国家发展和改革委员会计划为合并后的大学设立一个专门的"基金",并且承诺在合并后的前三年"基金"以每年15%的幅度增长。另外,中央政府还答应对合并后的大学给予6亿元人民币的专项经费资助,其中4个亿来自中央政府,另外2个亿来自陕西省人民政府。[①] 在政府的支持和推动下,1999年西北农科大实现了合并。由于合并前的各机构有些归陕西省主管,有些归中央部委主管,为了实现学校实质性的融合,教育部和陕西省决定,合并后的大学领导从校外产生,陕西省副省长陈宗兴担任新大学的校长,陕西省委的一位重要官员孙武学被任命为党委书记。作为西部大开发的扶持政策之一,2004年学校被列入国家重点建设的"985工程"大学的行列,这对于合并前没有一个博士点的西北农科大来说是难以想象的。2005年,西北农科大又进入了国家"211工程"大学的行列。这样,西北农科大就成为中国

---

① 周光礼.中国院校研究案例(第三辑)[M].武汉:华中科技大学出版社,2011:73.

唯一一所先进入"985 工程"后进入"211 工程"的大学。而"985 工程"比"211 工程"更具声望和选择性。这充分说明西北农科大是在中央政府的强力干预下实现合并的，并且作为西部大开发的重点项目得到中央政府的特别支持。

合并为学校向高水平大学转型开辟了道路。但是，在学科综合化方面，合并仅仅是为学校的跨学科提供了一些机遇，真正的综合化仍然有很长的路要走。这一点在新学校成立的农学院和林学院中可以清晰地体现出来，在它们的身上依然可以看到合并前的西北农业大学和西北林业大学的影子，它们的师资和课程开设依然是泾渭分明的。时任西北农科大副校长的王革解释说，这种延续性的学科安排在很大程度上是为了适应现存的教师以及他们的学科结构。

3. 建设特色突出的高水平大学：西北农科大的战略转型

学校合并得到大部分教师和学生的支持，因为合并使学校进入了"985 工程"建设大学的行列，同时合并为学校带来了大批训练有素的科学研究人员，大幅度提高了学校的科研能力，并为学校的学科综合化提供了机会。可以说，合并为西北农科大打开了多学科与研究型大学之窗。在学校实现合并的同时，中国政府又启动了高校扩招政策，中国高等教育开始由精英高等教育体系向大众高等教育体系转变。西北农科大校领导抓住了合并和扩招的历史机遇，积极推进学校转型，这充分体现在学校制定的发展战略中。

面对新的发展形势，西北农科大领导层全盘考虑了学校的发展战略：其一，2004 年学校进入了国家重点建设的"985 工程"建设大学的行列；其二，2005 年教育部本科教学水平评估。这两个重大事件需要学校有个中长期发展规划，需要学校有明确的战略定位和发展目标。实际上，学校在合并初期缺乏一个清晰的战略目标，导致办学方向长期不明确。在学校寻找新战略的过程中，有两所国外名校成为学校的同型大学和标杆大学。一所是荷兰的瓦根宁大学，另一所是美国的康奈尔大学。前者作为一所致力于生命科学研究的国际知名大学，把一个类似于杨凌的古老小镇变成了一个现代科技小区；

食品谷。后者作为美国常春藤盟校中唯一一所农学院,其所处地理位置类似于杨凌,其确立的通过教学、科研、传播提高国民的食物供应,改善人们生活的目标与西北农科大肩负的使命类似。

2004年9月,在学校召开的第一次党代会上,学校明确宣布,西北农科大的战略目标是:打造"以产学研紧密结合为特色、国际知名的高水平研究型大学"。这拉开了学校从"一所多科性以教学为中心的大学"向"一所综合性以研究为主的大学"转变的序幕。时任常务副校长的赵忠认为,这样一所大学应该是"形成自己独特的优势,在某些领域不可替代,实施产学研一体化战略,以综合实力为基础达到世界一流水平"。依照这一战略目标,西北农科大重组了学科专业,组建了16个教学单位,分别是农学院、植物保护学院、园艺学院、动物科技学院、食品科技与工程学院、葡萄酒学院、林学院、水利和建筑工程学院、资源环境学院、机械与电子工程学院、资讯工程学院、生命科学学院、理学院、经济管理学院、人文学院、外语系。由此可见,学校除加强传统优势学科的综合性之外,大大拓展了学科领域,如新设置的机械与电子工程、资讯工程和人文社会科学。

学校领导从国家战略的角度解释了合并和扩招的意义,并把合并和扩招视为实现学校向综合性高水平转型的战略手段。据统计,1990年,西北农业大学和西北林业大学的本科生总数不到4 000人,到1999年合并时增至7 442人。[①] 随后,学生规模开始飙升,2000年达到12 150人,2005年增至17 490人,2008年达到26 885人。[②] 扩招不仅为学校带来了可观的经济收入,更重要的是扩招直接促进了学校的学科综合化。这很容易解释,因为扩招必然要求学校在保持传统核心学科外,不断拓宽学科范围以容纳规模巨大的学生。事实上,自1999年以来,学校一直在增加本科专业数量,1999年学校有本科专业31个,2000年34个,2001年40个,2002年增加到49个,2003年学

---

① 周光礼.中国院校研究案例(第三辑)[M].武汉:华中科技大学出版社,2011:75.
② 周光礼.中国院校研究案例(第三辑)[M].武汉:华中科技大学出版社,2011:75.

科专业达 55 个,2009 年增至 59 个。① 在 2000—2009 年增加的专业都是跨学科的专业以及新兴的非传统专业,涵盖了农、理、工、经、管、文、法等学科门类。学科领域的拓展和学科综合化趋势改变了传统农业大学主要招收农村男学生的状况,女学生与城市学生也纷至沓来,促进了校园文化的多元化发展。如西北农科大女性学生的入学人数占全校学生总人数的比例从 2005 年的 39.4％增长至 2007 年的 42.8％,城市学生的入学人数占全校学生总人数的比例从 2005 年的39.4％增至 2007 年的 40.7％。② 时任常务副校长的赵忠解释说,学校有发展综合学科的强烈愿望,"如果没有其他学科专业的支撑,农学专业不可能独立发展"。当然,西北农科大所建设的综合性大学是具有农林特色的综合性大学。正如赵忠所言,西北农科大这个名字是中央政府给起的,象征着西北农科大的传统与未来。农业和林业是传统,而科学和技术则象征着我国农学的现代化。不仅如此,合并与扩招也打开了学校建设高水平大学之窗。合并与扩招之后,学校财政收入以每年105.4％的速度增长,8 年间学校总经费增长了 8.5 倍。科研经费也增长了 8 倍多,研究生人数也在快速增长,2003—2004 年研究生人数以每年 42.4％的速度增长,明显快于本科生的增长速度。③ 2003 年,教育部批准西北农科大设立研究生院,这标志着学校开始从教学为主向研究为主的转变,也意味着向高水平研究型大学迈进。

四、主要结论

我们通过分析高等教育发展大众化阶段的三所重点理工大学转型政策的形成机制后,发现了一些在大学的转型发展中带有共性的东西。

第一,中国重点理工大学转型政策议程的形成,并不像系统理论所解释

---

① 周光礼.中国院校研究案例(第三辑)[M].武汉:华中科技大学出版社,2011:75.
② 周光礼.中国院校研究案例(第三辑)[M].武汉:华中科技大学出版社,2011:75.
③ 周光礼.中国院校研究案例(第三辑)[M].武汉:华中科技大学出版社,2011:76.

的那样,是由宏观的社会政治经济结构所决定的,政策的形成是一个"自上而下"的过程。事实上,中国重点理工大学政策议程的形成机制,是大学在一定社会政治经济结构的制约下自主选择的过程,政策的形成过程是"自上而下"与"自下而上"相结合的过程。政府没有也不可能像计划经济时代那样为大学直接建构发展目标。作为拥有办学自主权的行动者,大学在选择自己的发展目标时是基于自身的具体情况,积极主动地选择适合自己的战略目标,如中国科学技术大学拒绝政府提议的扩招和合并政策。中国科学技术大学面对自己的强势集团地位被严重削弱的情况,选取加州理工学院作为自己效仿的同型大学,试图通过精英主义的转型确保自身的传统地位,进而跻身世界一流大学的行列。华中科技大学作为强势集团的有力竞争者,希望获得与自身实力相对称的地位,多年来一直以麻省理工学院作为自己的标杆,在大众化阶段采用竞争性转型战略,希望跨入世界一流大学的行列。西北农林科技大学面对保持农林特色换取政府支持与去农林特色以吸引优秀生源的两难选择,选取瓦根宁大学和康奈尔大学作为自己的标杆学校,希望通过特色化转型实现一流大学的办学目标。三所重点理工大学转型政策议程的形成机制具有高度的一致性,都类似"垃圾箱模式"。在高等教育大众化背景下,三种相对独立的行动流凸显出来:大学校长、书记的政治权力流,因大学重新洗牌形成的问题流,以及从外部引进的解决方式流。中国大学是在没有建立良好的内部治理结构的条件下被赋予办学自主权的,使得大学校长、书记成为介入政府与大学之间的一个特殊利益集团。校长、书记由政府任命,他们与政府之间是委托代理关系,在与学校师生发生关系时,他们代表政府管理大学,对政府负责;而在与政府发生关系时,校长、书记又以大学自治为由,要求政府多放权、少干预。校长、书记对问题的界定直接影响大学决策的问题流。当校长、书记认为外部引进的解决方式可以应对自己界定的问题的时机成熟时,学校转型战略就会马上获得通过。

第二,高校政策议程的设置被认为是问题识别和寻求解决方式的"非理性”汇合。扩招和合并的“解决方式”并不是为了响应它们之所以成为问题的方面。扩招和合并的这种“解决方式”与华中科技大学、西北农林科技大学发展面临的具体问题没有太大关系，实际上，扩招与合并的“解决方式”在问题产生之前就出现了，事后支持者才宣称它就是解决问题的答案。是否扩招与合并成为这三所大学的政策议程，它原本与学校面临的问题没有太大关系。中国科学技术大学要保持强势集团的地位、华中科技大学要竞争强势集团的地位、西北农林科技大学要摆脱农业学院的约束，并没有想到要通过扩招或不扩招来实现。直到政府出于拉动内需的需要，决定启动高等教育大众化并鼓励高校合并时，大学才把合并与扩招问题同学校转型问题联系在一起，把扩招或不扩招的手段与解决学校面临的问题结合在一起，从而使转型问题进入了学校的政策议程。事实上，对华中科技大学来说，合并与扩招这种政策手段最初只是被大学管理者用作资源竞争的战略手段。只是后来面对广大师生的质疑，为了使合并与扩招政策合法化，大学领导层重新对合并与扩招政策进行解读，把它们与学校转型问题联系在一起，进而提出合并与扩招是增强学校竞争力的有效手段。对中国科学技术大学来说，学校采取不合并与不扩招的政策原本与学校转型也没有太多联系。在政府大力推行合并与扩招的背景下，中国科学技术大学采取与政府不合作的态度源于一种精英主义的情结，害怕学校失去特立独行的个性而被我国高等教育系统强大的同构化趋势所淹没。直到学校因财力日趋紧张，以及人才流失日趋严重而遭到师生质疑时，学校领导层才把不扩招与不合并的精英主义政策解释为确保学校强势集团地位的手段。正如学校领导人在庆祝学校成立50年大会上所宣称的：每1 000名毕业生就有1人成为中国科学院院士或中国工程院院士，这一比例至今没有被任何高校所超过。1998年至2007年，中国科学技术大学教师和研究人员共发表7 521篇SCI收录的论文，这些文章累计被引用过61 919

次,就研究水平和研究影响来说,中国科学技术大学是众多中国高校的佼佼者。[①]

第三,不同政策行动者的影响。理论上,每一所大学都会有1—2个关键人物扮演决定性角色。在华中科技大学和中国科学技术大学,大学校长扮演了关键性角色,在西北农林科技大学,李岚清副总理直接影响了大学的政策议程,后来大学的一位书记(后来被任命为校长)将大学转型与学校摆脱弱势者地位联系在一起。三所大学的主要领导都通过自己的行为影响了学校政策议程的设置。金通认为,政治源流包括三个重要因素:国民情绪、利益集团的争夺行动以及行政和立法上的换届。其中,国民情绪及行政和立法上的换届这两个因素的结合,会对议程产生最强有力的影响。这一理论是基于西方的分权体制提出来的,对中国这样的有集权主义传统的国家解释力有限。由于独特的大学治理结构,中国大学形成了所谓的“一把手”政治。学校的校长或书记在学校的决策机制中起主导作用,他们往往一人可以左右学校的政策议程。因此,有必要对金通的这三个要素进行修正,可以将三者整合为一个概念变量,即大学校长或书记的办学理念与问题意识。这种修正没有削弱该理论的分析能力,却扩大其使用范围。从三个案例可以发现,由于校长的办学理念和问题意识不同,在大众化阶段,不同的校长选择了完全不同的转型策略。在中国,大学校长的素质和能力高低从某种意义上决定了一所大学的兴衰成败,因此,大学校长或书记的遴选和任用问题显得十分重要。

第四,对多元流分析模型的解释。通过案例研究,我们建构了一个中国重点理工大学转型的多源流分析模型(图3-1)。其中,宏观的政治、经济结构是大学转型的背景。案例研究表明,国家政治和经济社会的发展对重点理工大学的转型产生了重要影响。政治流主要是指因大学主要领导的人事更迭引起大学理念与问题意识的转变。人事变更这样的突然事件往往成

① 周光礼.中国院校研究案例(第三辑)[M].武汉:华中科技大学出版社,2011:78.

为政策的催化剂,从而促成了"政治之窗"的开启,大学转型政策就可以与其他的问题联系在一起。引起大学领导层高度关注的"状况"会演变为"问题",这就是所谓的问题流。那些用紧迫术语界定的问题创造了"问题之窗",高校大洗牌中学校地位问题在大众化的背景下凸现为大学领导层关注的热点问题。转型政策为解决问题的方式流。学校转型的具体解决方式可以从其他国家的大学经验中引进。如中国科学技术大学精英主义转型政策就是从加州理工学院引进的。转型政策也可以在学校办学的历史中寻找。大学转型的提议在学术界早就存在,但是大学转型被用来解决华中科技大学与西北农林科技大学的提升自身地位问题已经远不是以前与之对应的问题了。

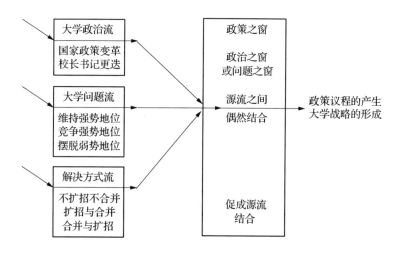

图 3 - 1 中国重点理工大学转型的多源流分析模型

总之,中国若干所重点理工大学的转型是在高等教育由精英体系向大众体系转型的背景下进行的,是国家经济社会发展的必然要求,也是大学自主选择的结果。政府既要求重点理工大学为高等教育大众化做出贡献,同时又赋予它们建设世界一流大学的重任。这就要求重点理工大学在保持原有学科优势的同时,创办一批理科、文科以及管理学科,并且要求这些新兴学科在一个比较短的时间内达到较高的办学水准，以与原来的优势学科形成交叉渗透。由此带来的问题是，传统优势学科与新兴学科对有限的办学资源发生激烈的争夺。这一问题是处于转型期的中国重点理工大学面临的共同问题。在大学的"垃圾箱"决策模式下，选择什么样的政策议程取决于政策企业家对"政策之窗"所提供机会的把握。由于"政策之窗"常常因偶然事件而打开，因此选择何种政策方案具有很大的不确定性。正因为如此，中国重点理工大学才形成了各具特色的转型模式。

第四章 文科大学的综合化:香港中文大学的案例研究

大学的综合化变革展现出一种全球性的趋势。从人才培养的角度看,现代社会亟须大批具有跨界整合能力的复合型人才,大学教育需要从"基于学科的教育"向"学科交叉的教育"转变;从科学研究的角度看,现代知识生产模式发生了革命性变革,大学需要从"单一学科背景下生产知识"向"多学科背景下生产知识"转变;从社会服务的角度看,随着大学由社会的边缘走向社会的中心,大学必须综合化、多元化、系统化才能满足社会多样性的需求。事实上,从单科性大学到多科性大学进而发展成为综合性大学,是许多以理工科见长大学转型的基本路径,如麻省理工学院就从一所单纯的工学院发展成为理工见长的多科性大学,进而成为综合性研究型大学。笔者所谓的大学综合化,是指一所大学将不同学科聚合在一起,并通过交叉重组将不同学科整合为一个有机的整体。作为大学的一种类型,综合性大学主要根据大学的学科覆盖面来界定。美国卡内基大学分类体系就是依据"知识生产的广度和深度",将综合性大学界定为能够在多个学科领域授予硕士或博士学位的大学。就知识生产广度而言,综合性大学一般含有人文学科、社会科学、自然科学、医学和工程技术学科等,同时至少在一个或多个领域提供职业教育;就知识生产的深度而言,综合性大学一般具有很强的科研能力,能够在多个学科领域授予学士学位、硕士学位或博士学位。在工科大学综合化受到学界的普遍关注的同时,文科大学综合化却很少被关注。笔者感兴趣的问题是:文科见长的大学能否转型为综合性大学? 如何转型为综合性大学? 围绕这些问题,我们选择了香港中文大学作为典型案例,首先梳理了大学组织变革的基本逻辑,然后描述香港中文大学学科扩展与融合创新的历史进程,展示文科见长的大学如何实现综合化,最后进行分析与总结。

一、大学变革的基本逻辑

英国教育家阿什比曾经说过,任何类型的大学都是遗传与环境的产物。[①] 这也是教育生态学的基本洞见。大学作为一个有机体,其变革发展既受制于自身的内部传承,即“遗传”因素,又受制于外部政治、经济等宏观结构的影响,即“环境”因素。因此,可以从“遗传”与“环境”两个方面来寻找大学变革的基本逻辑。

从环境的角度看,大学变革的基本逻辑是同构逻辑。同构逻辑强调大学变革的趋同趋势,即大学变革是在相同的全球环境下,大学组织的同构过程。[②] 同构逻辑认为,大学变革必须与环境变迁的方式相适应,变化中的环境是组织变革的主要驱动力。也就是说,同构性逻辑承认环境的挑战,当大学遇到“变化着的环境”时,大学系统面临冲击而失衡,大学组织必然做出自我调整来适应新环境。其中,宏观的政治经济结构是环境因素的主导成分,它具有限制任何组织背离现状太远的能力。据此,我们可以说,大学变革受制于宏观的社会结构,具体表现为大学组织与宏观的体制和结构具有一定的同构性。大学组织与外部环境同构的发生机制是:大学组织不但要为资源展开

① 阿什比.科技发达时代的大学教育[M].滕大春,滕大生,译.北京:人民教育出版社,1983:7.
② 周光礼,黄容霞,郝瑜.大学组织变革研究及其新进展[J].高等工程教育研究,2012(4):67-74.

竞争,而且要为政治权力和制度合法性展开竞争,以获得经济和社会的正当性,这就是所谓的合法性同构。制度学派认为,合法性同构主要源于组织所面临的正式的或非正式的压力。这些压力要么由这个组织所依赖的其他组织(如政府)施加,要么由组织运作所处的社会环境中的文化期望施加。[①] 根据同构逻辑,大学变革主要有两种推动力。第一种是环境的变迁。作为一个资源依赖型组织,大学的生存与发展依赖于外在的物质环境。当大学所依赖组织中的一个或多个对学校的期望和要求做出某方面修改时,就会发生环境的变迁。环境的变迁是大学变革的主要推动力,常常表现为政府公共政策的变迁。根据环境变迁的激烈程度,大学变革可分为渐进性演进和断裂性突变两种类型。第二种是环境的复归。这是指当一所大学的活动离开人们所接受的制度规范如此之远,以至于它在制度方面的合法性受到质疑时,环境就会对该大学施加压力,使其回归到为人所接受的标准线。这是一种合法性同构压力,旨在使大学与主流社会普遍接受的大学概念保持一致性,使一所大学与其他大学在组织上看上去大致相似。[②]

　　从遗传的角度看,大学变革的基本逻辑是分化逻辑。分化逻辑强调大学变革不仅受特定民族国家文化和政策的影响,组织自身特定的文化遗产和认知方式也会塑造它们对当前挑战的应对方式,即大学变革是大学对环境的能动的应对过程,面对相同的环境,不同的大学会出现不同的变革形式和类型[③]。事实上,面临"变化着的环境"挑战时,大学有两种基本应对方式:一种是放弃传统,适应新环境;另一种是坚守传统,改造环境。如果说前者重视环境的作用,那么后者强调遗传的重要性。正如密歇根大学前校长杜德斯达所

　　① 周光礼.公共政策与高等教育——高等教育政治学引论[M].武汉:华中科技大学出版社,2010:49.

　　② 周光礼,黄容霞,郝瑜.大学组织变革研究及其新进展[J].高等工程教育研究,2012(4):67-74.

　　③ Burbules N. C. and Torres, C. A. Globalization and education: Critical perspectives. New York: Routledge Press, 2000:65.

言:"一方面,大学组织的转型必须重视环境的变化;另一方面,大学组织转型也可以改变大学所处的环境。"①在国际化的背景下,分化逻辑强调在全球环境影响下,不同组织有不同的、多样的反应,强调全球环境在本土层面的影响和结果,重视自下而上的转化、调解、抵制等,是一种非直线式的、非决定论的过程。② 根据转化逻辑,大学变革有两种内在机制。第一种是认知机制。认知机制强调行动者认知方式在大学变革中的作用,即强调组织中的行动者的感知和理解活动导致组织不同的反应和结果。认知机制关注制度内成员做决策时,是如何在其意义结构和"框架"内认识外部环境。它的一个核心假定是:一个组织内成员已被培养成同一类型的感知方式,他们以大致相同的方式解释来自环境的信息。认知机制承认"变化着的环境"推动大学组织变革,但是对环境的感知严重依赖组织行动者的接收、选择、理解、合并、重构。换句话说,大学变革需要校长等关键行动者根据组织文化、行动和目的的知识情景来进行转化。③认知机制常常把大学变革理解为大学范式的转变,即大学核心信仰和价值体系的转变。如其所言,"组织变革是范式的转变。组织范式被定义为一套世界观或意义框架,组织变革是组织核心信仰和价值体系的转变"④。第二种是积淀机制。积淀机制强调制度的历史性、累积性和延续性。积淀机制认为,大学变革具有历史的延续性,呈现出一定的路径依赖现象,即强调当前的大学实践是建立在过去基础之上的,在一个当前实践背后埋藏着历史遗留下来的不同层次的价值和理解力。正是在这个意义上,我们说,一个地方的高等教育是与一个地方的环境模式相适应的。

---

① 詹姆斯·杜德斯达,弗瑞斯·沃马克.美国公立大学的未来[M].刘济良,译.北京:北京大学出版社,2006:67.

② Stromquist N. P. and Monkman K. Globalization and education: Integration and contestation across cultures[M]. New York: Rowman & Littlefield Publisher Inc., 2000: 142.

③ Czarniawsha B. and Joerges B. Winds of organizational change: How ideas translate in objects and actions [M]//Bacharach S. B., Gagliardi P., Mundell B, eds. Research in the sociology of organizations, vol. 13. London: JAI Press, 1995: 78.

④ 周光礼,黄容霞,郝瑜.大学组织变革研究及其新进展[J].高等工程教育研究,2012(4): 67-74.

文科大学的综合化变革也可以从遗传与环境两个方面进行解释。一方面,文科大学综合化的动力来自外部环境,这是一个由外而内、自上而下的过程。随着外部产业形态由劳动密集型、技能密集型向科技密集型、创新密集型转型升级,大学必须综合化才能满足经济社会发展的需要。此外,在全球化的时代,流行一个神话,即世界一流大学都是综合性、研究型大学,这种大学概念影响了全球大学的变革与转型。另一方面,文科大学综合化的动力也来自大学内部的行动者,这是一个由内而外、自下而上的过程。随着古典人文教育向现代学术教育转型,大学内部的行动者日益坚信大学的本质特征是高深学问。随着每个学者日益专攻某个专门领域导致学科日益分化,进而导致学科数量越来越多,学院数量也越来越多;随着学科之间的联系越来越少,学院之间的联系也日益疏远,学科和学院的分化呼唤着大学的综合化。由此可见,文科大学的综合化是一个自上而下和自下而上相结合的过程,是遗传和环境的产物。下面我们通过香港中文大学的案例来说明这个道理。

二、香港中文大学的变革与转型

香港中文大学(The Chinese University of Hong Kong)是一所亚洲顶尖、享誉国际的公立综合性研究型大学,在中国研究、生物医学科学、信息科学、经济与金融、地球信息与地球科学等学科领域具有国际一流水准,也是中国香港地区唯一有诺贝尔奖、菲尔兹奖及图灵奖得主任教的大学。该校以"结合传统与现代、融会中国与西方"为使命,以书院制、中英兼重和多元文化为特色。香港中文大学由新亚书院、崇基学院、联合书院于1963年合并而成;1966年,成立香港首所研究院(研究生院);1976年,整合不同书院的学系,由大学统一负责;1986年,全面调整课程结构,改用学分制,并加强通识教育;1998年,率全港之先录取内地本科生;2014年,香港中文大学(深圳)成立。2021年6月10日,"2021年QS世界大学排行榜"发布,香港中文大学位列全球第 43 名。经过六十年的发展,香港中文大学由一所人文社科见长的大学转型为文、理、工、医等学科齐全的综合性、研究型大学,其发展历程大致可分为四个阶段。

1. 创校时期:遗传基因的形成(1949—1963 年)

1949 年新中国成立后,部分人因内地政局变化南下到香港,使得香港人口暴涨,从 1947 年末的 180 万人增加至 1949 年的 250 万人。伴随人口数量增多,人口构成和教育需求也发生了很大的改变。一方面,很多内地过去的青年和学者都讲中文,对中文授课教育的需求激增。另一方面,由于新中国成立后,香港问题未能及时解决,以往前往内地接受高等教育的学生出路受阻①,这些都构成了当时香港社会对中文为授课语言的高等教育机构的强烈需求。

当时在流入香港的人口中,有不少出色的学者和教育家。他们在当地开办很多"难民学校",讲授专上程度(相当于内地高等教育)的课程,协助南下及本地青年继续学业。香港中文大学的三所成员书院:新亚书院、崇基学院、联合书院,正是在这一时期孕育出来的。

新亚书院的前身是亚洲文商专科夜校,由钱穆、唐君毅、张丕介等著名学者于 1949 年创办,以保存和发扬中国传统的人文精神及沟通东西文化为教育宗旨,书院后获美国雅礼协会、美国亚洲协会和哈佛—燕京学社等机构的支持。崇基学院由前广州岭南大学校长李应林、前上海圣约翰大学校董会主席欧伟国及香港圣公会领袖何明华于 1951 年创办,因其代表基督教在华发展高等教育传统的延续,故广获英、美、加及本地教会支持,是早期三所书院中办学条件最稳定的一个。联合书院由平正、华侨、广侨、文化及光夏五所书院组成,除平正在香港创办之外,其余四所书院均是从广州或邻近地区南迁来港

---

① 香港本地中小学实行中英文双规体制,但在高等教育层面只有一所以英文为授课语言的香港大学,那些中小学接受中文教育的学生若未能升入香港大学接受高等教育,以往可前往大陆接受高等阶段教育.

的私立学府，且都带来了一批原校教师和学生。1956 年 6 月，五所书院组成"香港联合书院"，接受亚洲协会和孟氏基金会的经济支持。由此可见，三所创始书院在早期均为私人办学，且都受到国外协会和基金会的经济支持。应该说，实力强大的境外基金会是推动中国香港地区大学变革的重要力量，接受他们的资助意味着要放弃部分学术自由。在香港中文大学的创办中，发挥重要作用的是亚洲基金会。在美国政府总体冷战战略的指导下，亚洲基金会从 1951 年起就在亚洲开展了广泛的文化和社会活动，并对这一地区的中文高等教育倾注了非比寻常的热情。亚洲冷战的最初十年，香港地区是亚洲基金会活动的重点区域，华人是亚洲基金会的重点目标群体。事实上，推动香港中文大学的创建是亚洲基金会持之以恒的努力方向①。

在当时的香港，包括三所书院在内的"私人专上学校"均没有资格颁发学位，当时受港英政府承认、有资格授予学位的高等教育机构只有香港大学，社会上要求设立以中文为授课语言的大学的呼声越来越高。最初，港英政府在研究解决当时香港高等教育问题时，并未接受另设一所中文大学的建议，而是让香港大学在短时间内尽快开设以中文为授课语言的文理课程，但决议并未实施。1957 年新亚、崇基、联合三个书院成立"香港中文专上学校协会"，由蒋法贤担任主席，争取港英政府承认三院颁授学位的资格，为进一步合作奠定基础。

宏观的经济社会结构的变迁是新大学成立的主要驱动力。在经济层面，20 世纪 50 年代，香港产业结构发生了巨大的变化。抗美援朝战争后，新中国自力更生的国策及向苏联倾斜的对外经济政策，导致传统的香港与内地贸易停顿，香港由百年转口贸易港逐渐转变为出口型轻工业经济体，发展到香港工业化的顶峰（1981 年），全港工厂超过 4 万间，雇用工人约 100 万人，约占全港总就业人数的一半，对 GDP 的直接贡献率达 30％②。在社会层面，大批不

① 张杨.亚洲基金会：香港中文大学创建背后的美国推手[J].当代中国史研究,2015(2):91.
② 薛凤旋.香港与内地——回顾香港的经济发展[J].当代港澳研究,2017(1):24.

被港英政府承认的专上学校的存在和发展,大大缓解了香港高等教育面临的压力和问题,但同时,港英政府对专上学校毕业学生身份的不认可导致大量的人才流失,这对于当时亟须大量技术、技能型人才的香港经济来说是巨大的损失。其时,以美国为首的西方势力加大了对东南亚华人的拉拢和争夺,由于在传统上,东南亚华人学生在完成小学和中学教育后,一般会选择赴中国大陆继续接受高等教育,新中国成立后国家亦实施了非常积极的吸纳侨生政策。亚洲基金会关注香港中文书院,除了想解决南下青年和学者的问题,更是为了进一步解决整个东南亚华人学生的高等教育问题①。高等教育的发展要适应经济社会的变革与转型,经济社会转型成为堆积在港英政府面前亟须解决的问题。经过各方的不断博弈,港英政府在1958年接受了在中国香港地区设立一所中文大学的建议,并于1959年正式宣布资助三所书院,决定以新亚、崇基、联合三所书院作为新大学的创始成员书院。

1960年,英国萨塞克斯大学创校校长富尔敦爵士以顾问身份来港考察,随后提交了《香港专上学院发展报告书》,强调"学术自由"和"研究工作"的重要性,肯定新大学以中文为授课语言以及作为文化桥梁的角色。1961年,港英政府委任大学筹备委员会,以初步筹划大学校址、建设等事宜。1962年,由富尔敦爵士主持、国际学者组成的富尔敦委员会成立,旨在审定三院的水准,确定新大学的组织架构。1963年,富尔敦委员会发表《富尔敦报告书》,明确提出以"联邦制"作为三所书院组成大学的模式。《富尔敦报告书》发表后,港英政府委任20人组成临时校董会,由行政、立法两局议员关祖尧担任主席,确定新大学命名为"香港中文大学",聘任兼具中西学术背景、与社会各界关系良好的李卓敏博士为校长。1963年9月15日,立法局通过《香港中文大学条例》。1963年10月17日,大学监督"港督"柏立基在香港大会堂主持大学成立典礼。至此,从书院到大学长达15年的建校历程终告完成。

---

① 张杨.亚洲基金会:香港中文大学创建背后的美国推手[J].当代中国史研究,2015(2):94.

大学早年确立的信念和结构在一定程度上制约着后来的信念与结构，这是遗传的功用。新亚书院以中文进行教学，并开办官立学校所缺乏的中国文化课程，致力于中国儒学的复兴及宋代书院文化的延续。崇基学院继承中国基督教高等教育传统，以中文为主要授课语言，并以融合基督精神与中国文化精神，培养具有世界文化视野的人才为宗旨。联合书院则秉承"明德新民"校训，肩负促进中西文化交流的使命，通过全人教育及群体生活，提升学生的品德情操，为全中国乃至全人类服务。三所书院共同倡导的人文主义教育和通识教育直接塑造了香港中文大学的"结合传统与现代，融会中国与西方"文化基因。香港中文大学建立与发展的三股力量——中国知识分子、港英政府和美援机构，均对香港中文大学文化基因的形成产生了深刻影响。

　　2. 联邦制时期：应用文科的发展（1963—1976 年）

　　新成立的香港中文大学在第一任校长李卓敏的带领下迅速发展为一所人文社会科学见长的大学，学校的发展理念在这一时期基本成型，为学校后来的发展奠定了基础。这一时期的变革主要表现在四个方面。

　　一是发展应用文科。学校成立之初设有文学院、理学院、社会科学院三个学院，主要设置有中文语言文学、英语语言文学、美术、地理、历史、哲学、宗教、教育、生物、化学、数学、物理、经济、商业、工商管理、社会学和社会工作学等 17 个学科专业，以文理教育为主，只有少量商科和社会科学等相关专业教育。其时，中国香港地区以劳动密集型产业为主，需要大量文员，对工程技术教育需求并不大。1974 年，香港中文大学在原分设于三所书院的商学院和经济及工商管理学系基础上，成立工商管理学院，扩展相关应用文科专业，学院下设三个学系，包括会计及财务、企业管理及人事管理，以及市场及国际企业。

　　二是引入科层管理模式。大学建校之初采用比较松散的联邦制，大学一度呈现出"有组织的无政府状态"。在此期间香港中文大学进行了学校改制，由联邦制转变为单一制，大学实现了由行会治理模式向科层治理模式的转变。

　　三是提升办学层次。香港中文大学在扩展知识生产广度的同时，积极强化知识生产的深度。这主要表现为大力提倡科学研究、发展研究生教育。1965年,香港中文大学开办了教育学院,旨在训练学位教师。虽然最初只提供一年制教育文凭课程,以培训中学高年级的专业师资,然而,这却是学校开设研究生课程之始。1966年,香港中文大学正式成立研究院,这是中国香港地区首所研究院开设硕士学位课程。可见,香港中文大学从成立之初即非常重视科研和研究生教育。

四是重视大学的国际性。第一任校长李卓敏曾专门阐述了确立国际性大学理念的主要考量,如其所言,"我们如果要成为一所有声望的大学,就要成为国际大学界和学术界的一分子,而且必须具有世界性的学术水准。所谓世界水准,就是获得世界学术界的承认,除此之外,别无其他定义。换言之,这全是承认的问题,国际学术界只能从大学的教师的素质、研究成果和毕业生的工作表现来衡量各大学,从而加以认定"①。应该说,聘用各方面关系都很好的李卓敏担任校长,对以融会中西学术为使命的香港中文大学来说的确很重要,他非常重视大学的国际视野和国际地位,竭力从世界各地聘请专家担任各专业的发展顾问和校外评审委员,积极推进学生海外交流计划。时至今日,香港中文大学的海外交流计划已经成为组织哲学和文化的一部分。

1976年,第二份《富尔敦报告书》呈交大学监督,报告书建议,大学须对教学与发展方针、财务管理、大学入学考试、聘任教职员、拟定课程、举办考试及颁授学位等负起责任,并加强高级教务人员参与治校。报告书特别建议大学应提供"学科本位"(Subject-orientated)与"学生本位"(Student-orientated)两种教学模式,务求两者均衡发展。其中,"学科本位"由各教学院系负责,"学生本位"由各成员书院负责。这一时期,香港中文大学开始从以古典学术传授为主向以现代专业教育为主转变,并在管理体制上完成了由成立之初松散的联邦制向统一的科层制的转变。

---

① 中文大学校刊.1983(4):6.

3. 转型时期：STEM 学科的大发展（1976—1997 年）

随着香港产业形态由技术密集型向科技密集型转变，STEM 专业（科学、技术、工程、数学）人才的需求空前强烈。20 世纪 60 年代末，全球制造业开始由发达国家向发展中国家转移，韩国、中国台湾、中国香港、新加坡等"亚洲四小龙"开始进入高速发展阶段。20 世纪 70 年代以后，香港年轻一代实业家在美国留学后回到香港，引进了以美国技术和美国市场为主的以代工为生产方式的电子信息产业，使电子信息产业在 1981 年成为香港第二大产业。同时，由于中国大陆实施改革开放政策，促进了香港地区的产业向内地转移，制造工序北移，中国香港地区转型为向这一工业体系提供服务的经济体①。

在这种背景下，香港中文大学在第二任校长马临和第三任校长高锟的带领下，开始突破传统人文社会科学主导格局，增设了医学和工程学科，分别成立了医学院和工学院。其中，医学院始于 1976—1977 年，在著名生物化学家、香港中文大学第二任校长马临的推动下，医学院由政府立法筹备，在 1981 年开始收取第一届医科学生。工学院则是由香港中文大学第三任校长、光纤通信之父、诺贝尔物理学奖获得者高锟教授于 1991 年成立。值得注意的是，两任校长个人所从事的学科与香港中文大学新设立的学科基本一致。这一时期香港中文大学的主要发展变化有以下几点。

一是形成了现代大学管理构架。1976 年由联邦制改为统一制之后，学校组织形式逐步完成统一。第二任校长马临在任期间，学校行政权力增加至顶峰，学院权力减弱，行政架构缺乏灵活性；第三任校长高锟于 1987 年接任后，学校的行政权力部分下放到院系，院系自主权逐步扩大，行政效率开始提升。

二是实现了由教学型大学向研究型大学转变。学校在科研方面有了更大的发展。1980 年，首次设立哲学博士学位课程；1982 年，首次颁授学术博士学位。香港中文大学虽然很早就设立了研究院，但是研究生占比很低；到

---

①　薛凤旋.香港与内地——回顾香港的经济发展[J].当代港澳研究,2017(1):18.

20 世纪 80 年代初,学校先后开设了中国文学、历史、哲学和电子学的学术博士课程;到 20 世纪 90 年代,学士学位及以上的学生已占全校学生人数的六分之一,此时香港中文大学已不再是只提供本科教学的四年制学院,而成了一所研究型大学①。

三是扩大了大学的学科覆盖面。学校先后增设医科、工科,成立了新书院,实现了由以人文社会科学为主的大学向综合性大学的转变。1981 年,香港中文大学成立了医学院,首办兼读学士学位课程,至今已成为突破性医学发现和外科新技术的发源地;1992 年,药剂学院成立;2019 年 1 月,深圳市政府、香港中文大学、香港中文大学(深圳)签署了合作协议,共建香港中文大学深圳医学院及其附属医院。1986 年,香港中文大学成立工科教育咨询委员会,筹办工学院,委员会建议学校开办综合工科课程,聚焦四大学科领域,包括电子学、电子计算学、资讯科技、电子计算机辅助系统工程学,这些课程于1988 年陆续开设;1991 年工程学院成立之后,香港中文大学已成为名副其实的综合性大学,有足够能力为香港经济社会发展提供全方位服务,能够为人类福祉服务②。基于学校的快速发展,1986 年,逸夫书院成立,这意味着香港中文大学在三所创始书院之外又增加了一所书院,直至 21 世纪初,香港中文大学一直以这四所书院为成员书院。

值得指出的是,尽管变化着的环境推动大学向综合性、研究型方向转变,但学校的遗传基因始终未变,即坚持融通中西的大学使命,坚持通识教育和专业教育相结合,坚持科教融合。

4. 融合创新时期:学科交叉整合(1997 年至今)

大学的综合化分两个层次,第一个层次表现为学科数量的扩展,第二个层次意味着多学科之间的交叉融合,形成新的学科生态系统。从文理基础学

---

① 吴伦霓霞.迈进中的大学:香港中文大学三十年[M].香港:中文大学出版社,1993:46.
② 吴伦霓霞.迈进中的大学:香港中文大学三十年[M].香港:中文大学出版社,1993:129.

科扩展出应用文科、工程学科和医科,只是香港中文大学综合化的第一个阶段。大学真正的综合化是学科分化基础上的交叉融合,香港中文大学的这个过程是最近二十年逐步展开的。

1997 年香港回归祖国,翌年香港中文大学率全港之先录取内地本科生,学校进入了一个新的发展和转型期。这一时期香港与内地的联系日趋密切,且越来越依靠内地的发展,产业日益集中于旅游业及金融业。香港在回归后经受了 1997 年和 2008 年两次金融危机,经济基本面稳固,其根本原因乃国家的特殊照顾①。香港地区所在的珠三角,已发展成为全球科研主导、高新科技蓬勃发展的创新高地,逐渐攀升为世界产业链的中高端。近年来,随着国家创新驱动发展战略的大力推进,建设粤港澳大湾区正式上升为国家战略,这为香港中文大学的综合化带来前所未有的发展机会。学校日益融入国家创新体系和区域创新体系,客观上要求大学的学科交叉融合。如果说在前三十年香港中文大学遵循"办大学就是办学科"的发展思路,那么最近二十年来学校奉行"问题比学科更重"的理念。这一时期香港中文大学的变革主要体现在如下几个方面。

一是进一步扩展学科、院系和书院。随着学生规模的急剧扩大,学科专业迅速扩张,院系和书院调整频繁。新成立了酒店管理学院(1997 年)、中医学院(1997 年)、公共卫生学院(1999 年)、中医中药研究所(2000 年)、法律学院(2004 年)、建筑学院(2009 年),学科范围进一步扩张和丰富。当前香港中文大学的卓越学科领域主要有植物及农业生物科技中心、中医中药研究与发展、母体血浆胎儿核酸研究中心、网络编码研究所、中国社会的历史人类学、细胞器生物合成及功能研究中心,这六大卓越学科领域横跨农学、医学、人文社科、理科、工科等学科门类,学校已成为一所具有良好学科生态系统的综合性、研究型大学。学生规模的增加必然带来书院的大发展。2006 年到 2007

---

① 薛凤旋.香港与内地——回顾香港的经济发展[J].当代港澳研究,2017(1):45.

年间,为解决大学恢复四年制本科课程而增加的三千多名本科生住宿问题,学校新增了晨兴书院、善衡书院、敬文书院、伍宜孙书院、和声书院5所书院,书院规模迎来建校以来最大扩容,肩负"学生本位"教育任务的书院制继续发挥其在通识教育方面的作用。

二是积极融入粤港澳大湾区。香港中文大学积极探索大湾区高等教育一体化,在内地设置分校,与内地联系进一步增强。2011年,香港中文大学深圳研究院开幕;2014年,教育部正式致函广东省人民政府,同意批准设立香港中文大学(深圳),办学者为香港中文大学和深圳大学,由广东省人民政府依法进行管理。香港中文大学(深圳)是一所传承香港中文大学办学理念和学术体系的独立大学,前期开设理科、工科、经济管理类和人文社科类专业,同样采取书院制,移植香港中文大学几十年来成功的办学模式,旨在为中国培养有国际视野、有社会担当的新一代创新型专业人才。

三是注重跨学科研究。随着知识生产模式的转型,大学科研发生了战略性转变,逐步由面向学科、面向论文的科研转为面向问题、面向国家和区域创新体系的科研[①]。在香港中文大学2016年战略计划中提到,香港特区政府预留二十亿元成立创科创投基金,以资助本地高校进行更多中游及应用研究,在科研方面更加注重服务区域经济、注重跨学科研究。据此,香港中文大学确定了四大主要研究范畴:一是中国研究(涵盖对中国和中华文化的探讨、中国在国际上面临的挑战、中华文化的根源、香港在中国的发展中扮演的角色);二是转化医学(涵盖遗传学、基因组与精准医学、干细胞生物学及再生医学、大脑与思维、中西医结合、创新医疗技法及器材等);三是资讯与自动化科技(涵盖智能推理和认知科学、机械人研究、大数据和在线学习的研究、网络编码等);四是环境与持续发展(涵盖智慧与可持续城市,气候变化、植物分子,细胞和农业生物学及食物安全,再生能源和自然资源,人口研究:迁徙、青

---

① 周光礼."双一流"建设的三重突破:体制、管理与技术[J].大学教育科学,2016(4).

少年发展及老龄化管理等)。在国家重点实验室建设方面,香港中文大学先后成立了五所国家重点实验室。2006 年创办的转化肿瘤学国家重点实验室,旨在对亚洲人中常见的癌症作生物学研究,以期于癌症发生早期即能确诊,并提出有效的诊治方案。成立于 2008 年的农业生物技术国家重点实验室,则致力改良中国农民种植的水稻品种,以提升稻米产量。2009 年成立的药用植物应用研究国家重点实验室,专研中医中药现代化及生物科技于医学的应用。合成化学国家重点实验室成立于 2010 年,目标是推动跨学科基础研究。2013 年 7 月,国家科技部批准成立消化疾病研究国家重点实验室,推展消化疾病研究。应该说,发展至今,香港中文大学综合性、研究型的特色越发突出,进行了大量跨学科的应用研究。

三、主要结论

我们从组织变革的角度对香港中文大学的学科综合化做一个分析和总结。

香港中文大学的学科综合化经历了两个发展时期。第一个时期是学科扩展阶段(1963—1997 年),表现为学科门类增加、办学规模增大。在这个阶段,香港中文大学实现了三大转变:一是在传统文理基础学科的基础上,首先扩展出工商管理、统计等应用文科,进而向医学与工程学领域扩展,实现了从文理学院向多科性大学的转变;二是在古典人文知识传承的基础上,引入了数学、物理、化学等现代自然科学,实现了从传统人文教育向现代学术教育的转变;三是在本科教育的基础上,强化科学研究与研究生教育,实现了从教学型大学向研究型大学的转变。这个阶段组织变革的主要特点是同质化。环境因素是组织同质化的动力。一方面,大学是资源依赖型组织,为了获得办学资源,大学必须回应社会需求,与外部环境保持同构;另一方面,综合性大学模式来自更大的文化环境,为了增加大学的合法性,香港中文大学倾向于模仿英美最著名的大学,而在英美高等教育体系中,世界最好的大学基本上都是综合性、研究型大学。这就是"以共性求生存"。第二个时期是学科交叉融合阶段(1997年至今),表现为学科的融合与创新、学术水平显著增强。在这个阶段,香港中文大学正在推进三大转变:一是推进大学由多科性大学向综合性大学转变。21世纪以来,香港中文大学一方面继续扩展和优化学科体系;另一方面则大力推进现有学科的整合与创新,通过学科交叉融合推进传统学科现代化、传统学科数字化。事实上,学科综合化不是简单的学科门类的增加,而是学科通过交叉融合实现学科创新。二是推进了大学由研究型大学向创新型大学转变。随着人类知识生产模式的转型,在单一学科背景下"生产学科知识、理论知识"的研究型大学模式正在为在多学科背景下"生产跨学科知识、应用知识"的创新型大学所取代。香港中文大学的学科发展不再囿于纯理论研究,而是面向国家和区域创新体系,聚焦应用引起的基础研究,学校与工业界的联系日趋紧密。三是推进大学由国际化向本土化的转变。大学要国际化首先必须本土化。随着香港回归祖国,香港中文大学开始践行扎根粤港澳大湾区办大学、扎根祖国大地办学。1998年,香港中文大学率先面向内地招收本科生;2011年,香港中文大学深圳研究院创立;2014年,启动香港中文大学深圳分校的建设。这个阶段组织变革的主要特点是分化与创新。其遗传因素是组织分化与创新的根本原因。一方面,全球化时代综合性大学的"共性模式"与本土情景相结合,会发生转化与重组,从而产生具有个性特色的综合性大学新模式。在这个意义上,我们说一个国家的大学是与一个国家的文化模式相适应的。另一方面,大学建校之初确立的文化会对后续的组织变革产生持续性的影响。组织的文化传统塑造了大学的认知方式。大学认知方式一般体现为大学校长的办学理念。由于组织的认知方式不同,组织对环境的解释、对综合性大学的理解也不一样,这是组织创新的内在机理,这也是"以个性求发展"。

由此可见,香港中文大学的学科综合化是遗传和环境的产物。香港中文大学从成立发展至今,为了更好地适应"变化着的环境",包括国际大环境以及中国香港地区的社会发展需要,不断地进行综合化变革。同时,在综合化变革过程中,香港中文大学始终坚持自己的传统优势学科并通过学科交叉融合不断打造新的优势学科。香港中文大学成立之初,主要是通过文理学院,传授人文知识。后开办岭南商科研究所和教育学院,这是学校增强学术性专业教育的开始①,随着工商管理学院、医学院、工程学院等一系列专业学院的设立,香港中文大学由以人文社会科学见长的大学转变成为一所学科门类较为齐全的综合性、研究型大学。香港中文大学的遗传基因是建校之初确立的,正如吴伦霓霞在总结香港中文大学成功经验时所言:"究竟是什么机缘巧合驱使中文大学勇往直前呢? 其中最重要的因素,是创校成员书院所具有而现已结合起来的精神。这种精神就是令香港中文大学别具一格的文化传统。强调高素质教学的重要性、鼓励学术研究,以及对结合中西文化之坚持,凡此种种优良传统,把一批优秀的学者汇集到一起。他们怀着坚强信念、满腔热忱加入中大工作,形成一只有强大内聚力、尽忠职守的队伍,并且日益壮大,这种精神素质凝聚成中大精神,赋予我校一种毋庸置疑的特性,持久不衰。"②"变化着的环境"是在国际国内大背景下逐步展开的。随着全球产业的转移与中国内地的改革开放,粤港澳大湾区的产业形态依次经历劳动密集型、技能密集型、科技密集型、创新密集型等不同发展阶段,这是推动香港中文大学的学科发展与组织变革的外部驱动力。香港中文大学的成功,在于在保留其鲜明特色的基础上,成功进行了发展转型,将"放眼世界,结合传统与现代,融合中国与西方"作为其独特使命,这是香港中文大学的遗传基因,也是学校在历史发展潮流中保持前进的动力。

香港中文大学的变革与转型,可以为中国内地以文科见长的大学的综合化提供借鉴与参考。一是增强传统优势学科实力。对于已经具备卓越品质

---

① 吴伦霓霞.迈进中的大学:香港中文大学三十年[M].香港:中文大学出版社,1993:46.
② 吴伦霓霞.迈进中的大学:香港中文大学三十年[M].香港:中文大学出版社,1993:252.

的传统学科,如中国研究、经济与金融等学科,香港中文大学仅进行了优先发展,使之迅速取得国内外领先地位。二是培育新的优势学科。对于生物医药科学、信息科学、地球信息与地球科学等新兴学科,虽然一度实力比较弱小,但因其未来发展的空间很大、能够满足区域的重大需求,香港中文大学将其列入优先发展领域,并遴选这些学科领域的学者担任大学校长,使之迅速成为新的优势学科。三是学科交叉融合再创新。为了推进跨学科研究、提升学校的综合优势,香港中文大学最近 20 年大力推进学科交叉融合,通过融合创新,形成转化医学、资讯与自动化科技、环境与可持续发展等新的优势学科领域,推动了传统学科现代化、传统学科数字化。

第五章 "行业划转院校"的"去行业化"与 "再行业化"：环境变迁与组织回应

一、行业划转院校的由来

20 世纪 50 年代,经过大规模的"院系调整",中国形成了与计划经济体制相适应的高等教育管理体制。这种体制的一个突出特点是"条块分割"。所谓"条",即中央各部委创办和管理的高校。这些高校旨在为特定行业、特定部门培养专门人才,以专一学科为主,俗称"行业高校"。所谓"块",即地方创办和管理的高校。这些高校旨在为区域经济社会发展服务,俗称"地方高校"。

20 世纪 90 年代,随着社会主义市场经济体制的确立,行业经济开始向区域经济转变,"条块分割"的高等教育管理体制成为改革的重点。为此,1994—1996 年,国家教育委员会连续三年分别在上海、南昌、北戴河召开了三次高等教育管理体制改革座谈会,初步形成改革共识:淡化和改革学校单一的隶属关系,加强省级人民政府的统筹,变"条块分割"为"条块有机结合",并提出了"共建""合作""合并""协作""划转"等五种改革形式。① 1998 年,国务院颁发了《关于调整撤并部门所属学校管理体制的决定》,对原机械工业部、化学工业部等 9 个行业管理部门所属的 93 所普通高校、72 所成人高等学校以及中等专业学校和技工学校的管理体制进行调整②,绝大部分高校实行中央与地方共建的体制。1999 年至 2000 年,又对原兵器、航空、航天、船舶、核工业等五大军工总公司以及铁道部等 49 个国务院部门所属院校进行了大规模的调整③,除少部分划归教育部管理或与教育部所属的学校合并外,大部分实行"中央与地方共建、以地方为主"的管理体制。前者成为"高水平行业特色院校",后者就是"行业划转院校"。

高等教育管理体制改革 20 年来,"行业划转院校"在大众化、"211 工程"、"985 工程"和"双一流建设"等宏观政策的冲击下,先后进行了"去行业化"(综合化)和"再行业化"(特色化)转型。作为长期背靠行业办学的大学,"行业划转院校"优势学科单一。划转地方之后,为了满足区域多样化的需求,学校开始向综合化转型。过度的综合化意味着"去行业化"和传统特色淡化。随着中国高等教育资源配置方式由国家中心模式向"有为政府、有效市场"模式转变,"行业划转院校"又进行了特色化和"再行业化"转型。其中,武汉纺织大学最为典型。1998 年,隶属纺织工业部的"武汉纺织工学院"划转为湖北省管理;1999 年,为了融入地方,学校更名为"武汉科技学院";2010 年,为了彰显传统"行业"特色,学校再次更名为"武汉纺织大学"。中国"行业划转院校"为什么先走向"综合化",而后又转向"特色化"? 如何解释中国"行业划转院校"的"去行业化"和"再行业化"? 笔者试图就这些问题展开分析讨论。

① 李庆刚.建国以来我国高等教育管理体制改革演变论略[J].当代中国史研究,2001(3).
② 陈亚玲.以大部制改革为契机 推进高校科学管理[J].南京理工大学学报(社会科学版),2008(4).
③ 陈亚玲.以大部制改革为契机 推进高校科学管理[J].南京理工大学学报(社会科学版),2008(4).

二、环境变迁与组织应对:大学转型分析框架的建构

关于"行业划转院校"的转型问题,迄今为止,研究者已经使用了不同的理论方法。其中,最主要的是结构主义理论范式和理性主义理论范式。结构主义理论范式认为,世界是由"现象世界"(即被领悟的世界)和"机制世界"(即现象世界产生的原因)构成的,"机制世界"不能被观察到,只有通过思索才行。[①] 据此,结构主义理论范式提出了自己的基本假设:任何制度和实践背后都有一个"深层结构",正是这一"深层结构"决定了制度和实践的形成机制和演进方向。"深层结构"可能是一个社会的政治经济结构,也可能是一个社会的文化心理结构,它们对人类行为具有塑造作用。根据这种理论范式,研究者主要从经济发展的进程、公共政策的变迁以及知识发展的趋势来解释"行业划转院校"的转型。然而,这种理论范式有两个主要缺陷。一是其理论成果带有很强的思辨色彩,科学性不够。因为这种研究范式认为,思辨性的理论可以解释所观察到的东西,但其真实性不可以检验,因为得不到它们存在的直接证据。可见,这种理论范式带有先验论色彩。二是这种理论范式过于关注外部环境,忽视了组织内部因素和行动者的能动性,带有环境决定论的色彩。理性主义理论范式是对结构主义理论范式的一种过分反动,完全不考虑环境因素,将组织转型还原为行动者的利益算计,忽视了行动者的选择还受到价值观指引的事实。

为了更好地解释中国"行业划转院校"的转型现象,必须开发出一种更具实证性的理论,该理论必须摒弃令人生厌的环境决定论。开放系统理论可以为我们建构更具解释力的理论提供指引。开放系统理论首先强调环境在影响以及形塑大学组织中扮演关键角色。变化中的环境是大学组织变革的外

---

① 周光礼,谢清.中国高等教育研究的前沿与进展:2012 年年度报告[J].中国高教研究,2013(7).

部动力。大学转型就是组织对不断变化的环境做出的反应,环境因素与组织结构变化之间存在内在关联。其次,开放系统理论强调组织是一个活的、能动的主体,不只是被动地适应环境,它也改造环境,让环境适应自己。事实上,环境是人为建构出来的,是人赋予事件以意义。离开了具体组织,环境没有意义。事实上,影响组织行动的环境并不是客观环境,而是组织所理解的环境。在理解的过程中,总结、筛选、丢弃和简化是不可避免的。由于组织认知方式不同,组织对环境发生的事情反应各异。① 开放系统理论关注的第三个因素是组织文化传统。作为一种文化现象,组织具有一定的历史连续性和累积性。当前的实践是建立在过去的基础之上的,在一个当前实践下面埋藏着历史遗留下来的不同层次的价值和理解力。大学组织早年确立的结构和信念在一定程度上制约后来的信念和结构。② 也正是在这个意义上,阿什比提出,"任何类型的大学都是遗传和环境的产物"③。大学转型必须以固有的传统为基础,同时对环境变迁保持敏感性,要主动进行改革并控制改革,从而适应社会的需求,避免招致外力强制下的变革。④ 组织发展模型的提出者葛雷纳(Larry E. Greiner)也提出类似的观点,如其所言,"组织的历史比外界力量更能决定组织的未来"⑤。

开放系统理论的上述观点可以概括为组织变革的三种机制:一是环境机制,即环境变迁影响大学组织变革;二是认知机制,即组织的认知方式影响其对环境的感知,进而影响大学组织变革;三是积淀机制,即组织的文化传统影响组织变革。这三种机制对大学的变革与转型具有很强的解释力,我们将这种理论称为"环境变迁与组织应对"理论。

① 杰弗里·菲佛,杰勒尔德·R.萨兰基克.组织的外部控制——对组织资源依赖的分析[M].闫蕊,译.北京:东方出版社,2006:80-81.

② 周光礼.中国大学办学自主权(1952—2012):政策变迁的制度解释[J].中国地质大学学报(社会科学版),2012(5).

③ 阿什比.科技发达时代的大学教育[M].滕大春,滕大生,译.北京:人民教育出版社,1983:7.

④ 阿什比.科技发达时代的大学教育[M].滕大春,滕大生,译.北京:人民教育出版社,1983:7.

⑤ 周光礼.中国院校研究案例(第三辑)[M].武汉:华中科技大学出版社,2011:84.

作为结构主义的代替理论,"环境变迁与组织应对"理论的合法性取决于能否实证检验。笔者运用案例分析法审视"行业划转院校"的转型问题,对理论预测进行"假设检验"。我们选择 3 所以理工科为主的"行业划转院校",运用多案例比较研究的方式。我们选择案例的标准是:1998 年高等教育管理体制改革之后"划转"地方的行业性大学,明确提出了向综合性或多科性以及特色化转型,案例学校具有大致相似的声望地位、学生规模、学科特色、财务状况以及历史地理条件。基于上述标准,我们选择了长沙理工大学、重庆理工大学以及武汉纺织大学。我们的研究资料来自文件、档案记录和访谈。其中访谈主要是笔者作为教育部审核评估专家对学校实地进行的。我们访谈的对象主要是大学副校长以上级别的领导,大学各职能部门的负责人,大学各院系的负责人,教师、学生和校友。访谈的内容包括:"划转"之前学校发展状况,"划转"之后学校发展面临的主要问题,"划转"之后学校定位与目标的设定以及采取的主要措施等。对笔者来说,每一所大学都有自己的个性,只有在实地才能经历并鉴别它。

三、"行业划转院校"的转型:三所大学的案例分析

(一) 案例大学描述

长沙理工大学由原长沙交通学院和原长沙电力学院合并组建而成。长沙交通学院的前身是交通部 1956 年创办的长沙航务工程学校,"文革"期间,划归地方。1978 年经国务院批准,学校改建为长沙交通学院,由交通部直接领导和管理。[①] 在 2000 年的管理体制调整中,学校隶属关系再次发生变更,划转到湖南省主管。长沙电力学院的前身是电力工业部 1956 年创办的长沙

---

① 黎正稳.长沙理工大学纪念办学 60 周年丛书之长理春秋.2016:3 - 13.

水力发电学校。1998年电力工业部撤销后,学校实行国家电力公司和华中电力集团公司共同管理,以华中电力集团公司管理为主的体制。在2000年的管理体制调整中,学校隶属关系再次发生变更,划转到湖南省主管。2003年4月,经教育部批准,长沙交通学院和长沙电力学院合并组建长沙理工大学,实行中央和地方共建,以地方为主的管理体制,系交通运输部和湖南省共建高校。2012年,长沙理工大学成功入选国家"中西部高校基础能力建设工程"重点建设高校。

重庆理工大学的前身是创办于1940年的国民政府兵工署第11技工学校(化名"士继公学")。1950年后,学校先后更名为21兵工厂工业职业学校、西南工业部工业学校、重庆机械工业学校、西南第一工业学校、重庆工业学校、重庆机械制造工业学校、重庆第一机械制造工业学校。1957年,昆明仪器制造工业学校金属切削专业并入。1960年,升格为重庆工业专科学校。1965年,升格为重庆工业学院。1985年,经国家教育委员会批准改建为重庆工业管理学院,隶属中国兵器工业总公司。在1999年的管理体制调整中,学校隶属关系发生变更,划转到重庆市主管,学校更名为重庆工学院,实行中央与地方共建,以地方管理为主的管理体制。2001年,重庆市经济管理干部学院整体并入。2009年,经教育部批准更名为重庆理工大学。

武汉纺织大学的前身是创办于1958年的湖北轻工业学校,隶属于湖北省轻工业局领导。同年,武汉市创办了武汉纺织工学院,该校于1962年的调整中停办。1978年,经教育部批准,在湖北轻工业学校轻工、纺织专业分离的基础上组建四所新学校:以纺织专业为基础成立武汉纺织工学院和湖北省纺织工业学校;以轻工专业为基础成立湖北轻工业学院和湖北轻工业学校。[①] 其中,武汉纺织工学院是经国务院批准恢复重建的院校之一,隶属于国家纺织工业部。在1998年的管理体制调整中,学校隶属关系发生变更,划转到湖北

---

① 康存辉,邱宏伟.武汉纺织大学发展历程概述[J].武汉纺织大学学报,2011(1).

省管理,实行中央与地方共建体制。1999 年,武汉纺织工学院更名为武汉科技学院。2010 年,武汉科技学院更名为武汉纺织大学。2012 年,学校成功入选国家"中西部高校基础能力建设工程"重点建设高校。

这 3 所案例大学划转地方后,均抓住了中国高等教育大改革、大发展、大提高的历史机遇,进行了办学目标、学科专业结构、院系机构设置、组织文化等一系列的调整和改革,实现了办学规模的迅速扩大,办学实力和学校声誉得到了大幅度提升。

(二) 调查结果及统计描述

我们主要从组织外部关系、学生规模、经费来源、办学定位、学科专业结构、院系组织设置、组织文化七个方面描述 3 所案例大学的组织特质,为分析"行业划转院校"的"去行业化"和"再行业化"提供基础。

1. 外部关系

这 3 所大学都是 1998—2000 年高等教育管理体制改革期间由原来的中央行业管理部门划转地方政府管理。3 所大学均实行"中央与地方共建,以地方管理为主"的管理体制,通过共建方式保持与原来隶属部门的联系(表 5-1)。

表 5-1 3 所"行业划转院校"的基本情况

学校名称	建校时间	原隶属部门	现隶属部门	划转时间	管理体制
长沙理工大学	1956 年	交通运输部电力公司	湖南省人民政府	2000 年	中央和地方共建,以地方管理为主
重庆理工大学	1940 年	中国兵器工业总公司	重庆市人民政府	1999 年	中央和地方共建,以地方管理为主
武汉纺织大学	1958 年	纺织工业部	湖北省人民政府	1998 年	中央和地方共建,以地方管理为主

数据来源:来自 3 所大学的《普通高等学校本科教学工作审核评估自评报告》。

2. 学生规模

高等教育大众化使中国高校学生规模急剧扩张。1997 年,全国高校平均学生规模为 3 100 人,2005 年增加到 7 666 人,2016 年达到 19 302 人。组织转型在很大程度上依赖组织规模的扩大,这 3 所"行业划转院校"的学生规模增长高于全国平均水平(表 5-2)。2007 年,长沙理工大学在校学生规模已达到 25 578 人,2016 年进一步增长为 28 677 人;2005 年,重庆理工大学在校学生规模已达到 14 217 人,2016 年进一步增长为 26 484 人;2001年,武汉纺织大学的在校学生规模已经突破 10 000 人,2014 年进一步增长为 21 639 人。

表 5-2 3 所"行业划转院校"的学生规模

学校名称	在校学生人数	全国平均数
长沙理工大学	28 677 其中:本科生 24 427	19 302 其中:本科生 16 460
重庆理工大学	26 484 其中:本科生 24 510	
武汉纺织大学	21 639 其中:本科生 18 197	

数据来源:来自 3 所大学的《普通高等学校本科教学工作审核评估教学状态数据分析报告》。

3. 经费来源

随着社会主义市场经济体制的确立,大学经费来源日趋多元化。计划经济时代,大学经费几乎全部来自政府拨款。市场经济之后,政府拨款占比不断降低,经费来源日趋多元化。1990—2002 年间,政府拨款在大学收入中的占比降为 63.68%,2005 年进一步降为 42.77%,2011 年又回升到

58.48%。①3 所"行业划转院校"的经费来源反映了这一趋势（表 5-3）。政府拨款占比为 50%—60%，学费收入占比为 20% 左右，科研经费占比为 15%—20%，其他收入占比为 10% 左右。其中，2016 年，长沙理工大学和重庆理工大学获得了一定数量的中央政府拨款（分别是 8 510 万元和 6 191 万元）。长沙理工大学的其他收入占比偏低与学校捐赠收入太少有关，但学校校园置换获得政府返回款 5.01 亿元没有计入学校收入。重庆理工大学其他收入占比偏高与学校投资收入较多有关，学校甚至拥有一家房地产公司。

表 5-3 3 所"行业划转院校"的经费来源情况

学校名称	收入/亿元	政府拨款占比	学费收入占比	科研经费占比	其他收入占比
长沙理工大学	7.8	60.0%	18.0%	20.5%	1.5%
重庆理工大学	7.7	48.0%	21.5%	19.6%	10.9%
武汉纺织大学	5.0	51.6%	25.2%	14.2%	9.0%

数据来源：学校收入主要根据 3 所大学的《普通高等学校本科教学工作审核评估教学状态数据分析报告》推算得出。

4. 办学定位

办学定位是大学根据社会需要和自身条件，找准自己的位置，明确在一个较长时期内学校的目标定位、类型定位、层次定位、学科定位、服务面向定位。② 办学定位集中体现了大学的使命和基本价值观，在办学中处于核心地位。"行业划转院校"的办学定位问题集中体现在"行业性"和"区域性"的抉择上（表 5-4）。3 所大学的办学定位均提出立足区域、服务行业，以传统优势学科为主，创办特色鲜明的高水平大学。

---

① 周光礼.经费配置模式与大学战略选择：中国大学趋同化的经济学解释[J].中国高教研究，2015(9).

② 刘振天，杨雅文.大学定位：观念的反思与秩序的重建[J].清华大学教育研究，2003(6).

表5-4 3所"行业划转院校"的办学定位

学校名称	目标定位	类型定位	层次定位	学科定位	服务面向定位
长沙理工大学	致力于"办优质本科、建一流学科、创百强大学"目标,建成特色鲜明的高水平大学	教学研究型大学	以本科教育为主体,大力发展研究生教育	以工为主,多学科协调发展	坚持立足湖南、面向全国、服务行业,充分发挥学科专业特色、工程技术应用研究优势和智库作用,成为交通、电力、水利、轻工等行业和湖南省人才培养与科技创新的重要基地
重庆理工大学	努力将学校全面建设成为特色鲜明、西部一流的高水平应用型大学	教学研究型大学	稳定本科生教育规模,大力发展研究生教育	以工科为主,多学科协调发展	立足重庆、背靠兵工、辐射全国、走向世界,扎根巴渝大地办大学,服务地方经济建设和社会发展及军工行业需求
武汉纺织大学	建成一所纺织及相关学科水平国内一流,部分领域国际上有一定影响,适应区域经济社会与行业发展需求的特色鲜明的高水平大学	教学研究型大学	以本科教育为主,积极发展研究生教育	以纺织为龙头,理工科为主体,人文艺术、经济管理为两翼的"一体两翼"的学科体系	立足湖北,辐射全国,为区域经济社会发展和纺织行业服务

数据来源:来自3所大学的《普通高等学校本科教学工作审核评估自评报告》。

5. 学科专业

办学定位的"行业性"和"区域性"直接影响学科专业结构。在行业办学时期,学校的主要任务是为行业培养人才,由于行业需求单一,学校的学科专业设置十分有限;划转地方后,学校必须为地方经济社会发展服务,由于地方经济社会结构的多元化,学校的学科专业设置必然走向多科性、综合性,表现为大量设置新专业。随着国家强调高校的内涵发展和特色发展,"行业划转院校"开始思考学科专业特色,"行业性"又受到重视。3所"行业划转院校"的"去行业化"和"再行业化"趋势十分明显(表5-5)。划转之前,3所大学只有覆盖工、管的少数本科专业,其中长沙理工大学有21个本科专业,重庆理工大学有13个本科专业,武汉纺织大学有19个本科专业。划转之后,3所大学的学科专业迅速扩张,截止到2012年底,长沙理工大学新增本科专业37个,覆盖工、理、管、经、文、法、艺7大学科门类;重庆理工大学新增本科专业38个,覆盖理、工、文、管、经、法、医、艺8个学科门类;武汉纺织大学新增本科专业达到44个,覆盖工、理、文、经、管、法、艺7大学科门类。2012年后,3所大学都放缓了新增专业的步伐,甚至基于"打造比较优势原则",开始压缩本科的学科专业数量。

表5-5 3所"行业划转院校"学科专业结构的变化

学校名称	划转之前的学科专业数	2012年前新设学科专业数	2012年后新设学科专业数
长沙理工大学	21	37	4
重庆理工大学	13	38	11
武汉纺织大学	19	44	—1

数据来源:来自3所大学的《普通高等学校本科教学工作审核评估教学状态数据分析报告》。

6. 院系设置

学科专业扩张的制度基础是院系组织结构的调整。随着招生规模的急剧扩大和学科专业的迅速增加,院系调整逐渐频繁,院系数量不断增多。根据中国大学院系设置逻辑,学院的设置一般遵循学科逻辑,即在一级学科的基础上设学院;学系设置一般遵循教学逻辑,即在专业的基础上设学系。由于专业数量增长很快,3所"行业划转院校"院系数量众多(表5-6),长沙理工大学有二级教学机构19个,重庆理工大学有20个,武汉纺织大学高达22个之多。

表5-6 3所"行业划转院校"的院系设置

学校名称	学院数量	各学院本科专业数(学系数量)
长沙理工大学	19	经济与管理学院(7),化学与生物工程学院(6),艺术设计学院(5),水利工程学院(5),汽车与机械工程学院(5),交通运输工程学院(5),物理与电子科学学院(4),电气与信息工程学院(4),文学与新闻传播学院(3),法学院(2),数学与统计学院(3),能源与动力工程学院(3),建筑学院(3),外国语学院(2),土木工程学院(2),材料科学与工程学院(1),体育学院(0),国际学院(0),马克思主义学院(0)
重庆理工大学	20	管理学院(9),理学院(7),车辆工程学院(6),电气与电子工程学院(6),机械工程学院(5),计算机科学与工程学院(5),材料科学与工程学院(4),药学与生物工程学院(4),经济金融学院(4),化学化工学院(3),会计学院(3),重庆知识产权学院(3),外国语学院(3),马克思主义学院(0),体育教学部(0),工程训练与经管实验中心(0),应用技术学院(0),继续教育学院(0),MBA教育中心(0),两江国际学院(0)
武汉纺织大学	22	服装学院(3),纺织科学与工程学院(2),化学与化工学院(4),环境工程学院(6),数学与计算机学院(7),管理学院(9),机械工程与自动化学院(6),材料科学与工程学院(5),传媒学院(6),艺术与设计学院(6),会计学院(3),经济学院(6),电子与电气工程学院(6),外国语学院(1),马克思主义学院(0),现代纺织学院(0),国际教育学院(0),伯明翰时尚创意学院(0),体育课部(0),高等职业技术学院(0),继续教育学院(0),外经贸学院(0)

数据来源:来自3所大学的《普通高等学校本科教学工作审核评估教学状态数据分析报告》。

7. 组织文化

组织文化是组织成员共享的一套假设、信仰和价值体系,它使组织独具特色,区别于其他组织。① 组织文化一般用品牌形象、学校精神和校训来描

---

① 李爱民,周光礼.高水平行业特色型大学组织特质研究——基于北京16所高校的实证调查[J].中国高教研究,2017(1).

述。其中,品牌形象反映了社会公众对大学的总体印象和认可度,学校精神和校训则反映了组织对自身的看法和期许。3 所"行业划转院校"的品牌形象都与其优势特色学科专业有关(表5－7)。"南路桥、北财会"是全国交通系统对长沙理工大学路桥、财会专业毕业生的充分肯定。其中,学校财经类专业毕业生遍布全国交通、电力行业,有行业内财经人才的"黄埔军校"的美誉。重庆理工大学被称为"兵工七子",体现了学校源远流长的兵工背景。随着"汽车专业"和"会计专业"社会认可度的提高,重庆理工大学被戏称为"会车学院"。武汉纺织大学是原纺织工业部的八校之一,目前是"全国唯一的以纺织命名的大学",具有很强的标识度。长沙理工大学自己归纳的大学精神是铺路石精神,强调"脚踏实地、艰苦奋斗、乐于奉献、锐意进取",与"博学、力行、守正、拓新"的校训相互呼应;重庆理工大学崇尚军工精神,强调"自强不息、求实创新",与"明德笃行、自强日新"的老校训相映成趣;武汉纺织大学的精神是"自强不息、求真务实、开拓创新、彰显特色",与"崇真尚美"的校训也存在内在关联。

表5－7　3所"行业划转院校"的组织文化

学校名称	品牌形象	学校精神	校训
长沙理工大学	"南路桥、北财会" "电力行业财务的黄埔军校"	铺路石精神：脚踏实地、艰苦奋斗、乐于奉献、锐意进取	博学、力行、守正、拓新
重庆理工大学	"兵工七子" "会车学院"	军工精神：自强不息、求实创新	明德笃行、自强日新
武汉纺织大学	"纺织八校" "全国唯一的以纺织命名的大学"	自强不息、求真务实、开拓创新、彰显特色	崇真尚美

数据来源：来自3所大学的《普通高等学校本科教学工作审核评估自评报告》。

（三）案例大学组织发展与转型分析

这3所行业院校划转地方后，均经历了一个"去行业化"与"再行业化"的组织转型过程。在"去行业化"的阶段，学校向多科性地方大学发展，行业色彩逐步淡化。随着高等教育由外延扩张走向内涵发展，特色大学越来越受到公共政策的支持，背靠行业打造比较优势成为这类学校的战略选择，"行业划转院校"进入"再行业化"阶段。

1. 办学定位变迁分析

大学组织转型集中体现在组织定位的变迁上。随着外部环境的变迁，出于争夺资源和获取合法性等目的，这3所"行业划转院校"的办学定位经历了一个不断调整和明晰的过程（表5-8）。划转之前，作为部委所属高校，行业类院校只需面向行业搞单一学科专业就能生存。此时，办学定位的关键词是"行业"，面向行业培养专业人才是这类大学的共同选择。划转之后，作为地方所属高校，为地方经济社会发展服务成为主要目标。由于地方经济社会发展是综合性的，它需要各种各样的专业人才。面向行业的单一学科不适应区域多元化的需求，建设多科性或综合性大学成为"行业划转院校"的必然选择。在3所案例大学的"十一五"战略规划中，其办学定位均出现了两个关键词"地方性"和"多科性"。正是在这个阶段，3所大学的学科专业呈现快速扩张，实现了跨越式发展。新时代以来，国家政策开始强调高等教育内涵式发展的态势，突出办学特色、提高办学水平和质量成为大学转型的新方向。在这种背景下，3所"行业划转院校"的"十二五""十三五"规划均将"特色鲜明"和"高水平"写入办学定位，都强调"依托行业、以工为主"的学科专业特色。

表5-8 3所"行业划转院校"办学定位的变迁

学校名称	划转前的定位	"十一五"定位	"十二五"定位	"十三五"定位
长沙理工大学	办成以路桥、电财会专业为主的高等院校,为交通、电力行业输送人才	经过5—10年的努力,建成以工为主,工、理、管、经、文、法、哲、艺等学科协调发展的多科性大学,实现从教学型到教学研究型大学的转变,达到国内地方性大学的先进水平	以交通、电力、水利等行业领域的学科专业为主干,努力使学校达到地方大学的一流水平,成为特色鲜明的高水平教学研究型大学	坚持立足湖南、服务行业,为交通、电力、水利、轻工等行业和地方经济社会发展服务。在全国大学中跻身百强,建成特色鲜明的高水平大学
重庆理工大学	办成以经济管理类专业为主的高等院校,为兵工行业输送人才	立足重庆,面向西部,辐射全国,服务兵工,竭诚为地方经济建设和社会发展服务,坚持以工为主,多学科协调发展、相互渗透,努力建设特色学科和优势学科	坚持"质量立校、特色兴校、人才强校"办学理念,将学校建设成为整体办学实力位居西部地区同类高校前列、在国内具有较高知名度的特色鲜明的高水平教学研究型大学	坚持立足重庆、背靠兵工、辐射全国、走向世界,以工为主,多学科协调发展,重点培育一批优势特色学科和品牌专业,努力将学校全面建设成为特色鲜明、西部一流的高水平应用型大学
武汉纺织大学	办成以工管专业为主的高等院校,为纺织行业输送人才	立足湖北,面向中、西南,为国家经济建设和社会发展服务,建设以工为主,工、理、管、文、法等协调发展的多科性地方大学	坚持特色立校,树立现代纺织、大纺织、超纺织理念,使学校纺织服装特色更加鲜明,建设高水平特色鲜明的多科性大学	立足湖北,辐射全国,形成以纺织为龙头,理工科为主体,人文艺术、经济管理为两翼的学科体系。经过若干年的努力,建成一所纺织及相关学科国内一流,部分领域国际上有一定影响,优势领域能承担国家重大战略需求的特色鲜明的高水平大学

数据来源:来自3所大学的《普通高等学校本科教学工作审核评估自评报告》。

办学定位的变化主要源自学校经费来源的变化，其外在表现是学科专业结构的调整。当办学经费主要来源于行业部门时，3 所"行业划转院校"主要面向行业办学，学科专业建设强调行业对口；当办学经费主要来源于地方政府时，3 所"行业划转院校"不约而同地提出面向地方办学，强调学科专业的综合性；当高等教育资源的配置方式为国家中心模式时，3 所"行业划转院校"均采取同型竞争战略，建设"多科性""综合性"大学成为共同选择；当高等教育资源配置方式转向市场导向模式时，3 所"行业划转院校"都开始强调错位竞争战略，建设"特色鲜明"的"高水平"大学成为共识。当前，3 所"行业划转院校"的经费来源仍然以政府为主（政府拨款占比为 50%—60%），但学费、科研经费、其他收入等竞争性经费所占比例越来越大（合计占比为 40%—50%），初步形成了"有为政府、有效市场"的资源配置格局。在这种背景下，"行业划转院校"一方面采用同型竞争战略，另一方面又重视错位竞争战略。同型竞争战略意味着面向地方办"综合性大学"，更多地体现为"去行业化"；错位竞争战略意味着考虑传统"行业性"优势，体现为"回归行业""再行业化"。值得指出的是，"再行业化"是市场竞争的产物，与计划经济时代的"行业化"有本质的不同。这是 3 所"行业划转院校"办学定位兼具"行业性"和"地方化"的根本原因。

2. 院系结构调整分析

院系结构调整是办学定位变迁和学科专业变化的结果。办学定位的变化导致学科专业结构的调整，学科专业结构的调整必然带来院系结构的变化。划转之前，3 所案例大学的学科专业单一、院系数量较少、结构简单；划转之后，3 所大学的专业数量迅速增加，学科结构发生很大的转变，院系结构调整频繁。

长沙理工大学由长沙交通学院和长沙电力学院合并而成。1956 年，长沙交通学院只有河道维护、水利工程建筑 2 个专业，后扩展为 4 个专业，与此相对应，学校成立航道、港工、船机 3 个系科。20 世纪 80 年代，学校设置筑路机械与修理、汽车运输工程、公路与桥梁、港口与航道工程4个专业、筹建基本建设工程财务会计专业，在此基础上，学校设置了交通运输管理工程系、土木工程系、机械工程系。20世纪90年代，学校增设了基本建设工程管理、公路工程监理、汽车电子工程、建筑学、计算机及应用、投资经济、交通工程等新的本科专业，为了推动这些新专业的发展，学校将原机械系分为机械电气工程系和汽车工程系(1992年)，将原交通运输管理工程系分为管理工程系和财政系(1992年)，将原水港和建筑工程系分为河海工程系与建筑工程系(1994年)，1995年成立计算机工程系。划转地方之后，长沙交通学院的本科专业增加到27个，成立了11个学系。与长沙交通学院类似，在划转前夕，长沙电力学院只有10个专业，系科结构简单。划转之后，学科专业迅速扩张，院系结构也调整频繁。2003年，两校合并之后，本科专业迅速增加到62个，覆盖了7个学科门类。随着学科专业的扩展以及学生规模的急剧扩大，学校开始实施校、院二级管理模式，在原各系的基础上经过整合形成19个二级学院。由此可见，学科专业扩张是长沙理工大学院系结构调整的重要原因。

重庆理工大学由重庆工业管理学院转型而来。1985年，重庆工业管理学院恢复建校，只有经济、管理学科。作为一所"恢复迟、基础差、历史遗留问题多"的行业院校，学校划转之前先后隶属于兵器工业部、国家机械委、机械电子工业部，从1991年开始隶属于中国兵器工业总公司。20世纪90年代，在兵工行业"保军转民"的背景下，为了提升组织的生存能力，学校根据社会需求增设了机械、电子等工科专业。划转前夕，学校的学科专业已经开始由管理工程向车辆工程、机械工程、电子工程、计算机等领域扩展。与此相对应，学校院系结构也进行了相应调整。1993年，学校成立了会计学院；1994年，学校与几十家兵工企业联合成立了"车辆工程学院"；1995年，学校与重庆市国土管理局合作成立了"西南土地管理学院"，与重庆市九龙坡区政府联合组建了"九龙学院"。截止到1995年，学校拥有本科专业16个，设置了10个系

（部）。划转之后，学校迅速适应这一管理体制变化，确立了"立足重庆、面向西部、辐射全国"的办学思路，紧紧抓住重庆作为国家重工业基地产业结构调整的需要，由重庆工业管理学院更名为重庆工学院，实现了"以管为主"向"以工为主"的学科大转型。从1998年到2008年，重庆理工大学的学生人数增长了4倍，学科门类由"工、经、管"三大类发展成为"工、经、管、理、文、法"六大类，本科专业由16个发展到42个。[1] 这段时间，学校先后设置了数理学院、知识产权学院、材料科学与工程学院等新学院，学校二级教学单位增加到17个。[2] 2009年，学校改名为重庆理工大学之后，学科专业进一步扩展，院系结构调整更加频繁。最终，学校将62个本科专业整合为20个二级学院。可见，重庆理工大学的院系设置与学科专业的扩张密不可分。

武汉纺织大学由湖北轻工业学校发展而来，1978年复校时，只有棉纺、机织、染整、机械、自动化5个本科专业。在划转前夕，学校拥有15个本科专业，覆盖工、理、经、管4个学科门类，设立8个院系，学生规模4 205人。[3] 划归地方后，学校开始跨越式发展。2005年，学校本科专业增加到36个，学生规模增加到14 000人，教学院系增加到15个。[4] 2006年，湖北省决定将湖北财经高等专科学校委托学校管理后被学校合并。新的办学资源的引入，使学校的本科专业迅速增加到42个，在校院两级管理模式指引下，各学系被整合为19个二级学院。应该说，此时的武汉科技学院在学科专业设置、课程体系与人才培养模式和其他地方高校越来越趋同。"审视学校内部学科专业设置和学生结构，纺织及其相关专业的学生占在校生比例并不高，还达不到20%，与其他高校同质化的现象十分严重，原来曾经清晰的学校

---

① 张国圣.重庆理工大学：以自己的方式阐释大学精神[N].光明日报，2009 - 05 - 14.
② 张国圣.重庆理工大学：以自己的方式阐释大学精神[N].光明日报，2009 - 05 - 14.
③ 郭俊.行业划转院校的特色办学之路——以武汉纺织大学的办学实践为例[J].武汉纺织大学学报，2013(1).
④ 郭俊.行业划转院校的特色办学之路——以武汉纺织大学的办学实践为例[J].武汉纺织大学学报，2013(1).

定位变得模糊。"①为彰显传统"行业性"优势，学校由"武汉科技学院"改名为"武汉纺织大学"，并重组学科专业结构，着力在纺织材料、环境工程、人文艺术等方面形成学科特色和专业优势。在这一办学思想的指引下，学校开始进行学科专业整合和院系调整，专业数量开始压缩，二级学院也进行了合并重组。应该说，学科专业的发展、衍变和扩张是武汉纺织大学组织转型的直接推动力。

四、主要结论

我们通过分析1998—2018年间中国3所"行业划转院校"的组织转型过程，发现了一些共性的东西：第一，在校学生规模快速增长；第二，经费来源日渐多元化；第三，学科专业快速扩展；第四，院系调整日趋频繁。这些现象与办学定位的变迁息息相关。研究表明，3所案例大学通过办学定位和组织结构的自我调适，实现了由"服务行业经济"向"服务地方经济"的"去行业化"转型，继而推动了由"地方综合性大学"向"发挥行业优势的高水平特色大学"的"再行业化"转型。其转型过程首先表现为学生规模的急剧增长，然后是学科专业的快速扩展和院系结构的频繁调整，最后形成了高度区域化和行业化的以特色学科为核心的多学科格局。

通过案例研究，我们建构了一个解释"行业划转院校"转型的理论模型，即"环境变迁与组织应对"理论，得出案例研究的如下结论。

首先，变化中的环境是"行业划转院校"组织变革的外部动力。

办学定位体现了大学组织对不断变化的环境所做出的反应。划转之后，3所大学的办学定位经历了由"行业性"向"地方性"转变、由"单科性"向"多科

---

① 郭俊.行业划转校的特色办学之路——以武汉纺织大学的办学实践为例[J].武汉纺织大学学报,2013(1).

性"转变,这是因为办学资源的主要提供者发生了改变。根据资源依赖理论,组织最重要的目标是维持生存,为了生存,组织需要从周围环境中获得资源,必须与其所依赖的环境中的因素互动。[①] 因此,与办学资源的主要提供者保持良好互动关系对组织生存至关重要。划转之后,由于办学资源的主要提供者由行业部门变为地方政府,学校的办学定位必须做出相应改变,以保障组织利益,减少环境变化带来的冲击。当然,与划转几乎同步的另一种环境因素(大众化)为"行业划转院校"由"单科性"向"多科性"转变提供了可能。因为学生规模的急剧增加意味着学科专业的大扩展。党的十八大以来,由于高等教育资源的配置方式开始由国家中心模式向市场导向模式转变,为了获取办学资源,"行业划转院校"的办学定位必须进行战略调整,即由同型竞争战略向错位竞争战略转变。在这种背景下,"特色化""高水平"成为办学定位的新内涵。

其次,组织的认知方式影响其对环境的感知,从而影响组织变革。

一如上述,外部环境的确影响组织转型,但影响组织行动的环境并不是客观环境,而是组织所理解的环境。组织如何认识环境取决于组织的世界观。组织世界观主要有两大来源,一是社会主流的大学概念框架,二是组织自身成长的经验。前者通过"合法性机制"产生组织同形,后者通过"积淀机制"形成个性差异。在"合法性机制"下,3所"行业划转院校"都强调"行业性"优势和"地方化"特色;在"积淀机制"下,它们对"行业"的理解呈现出个性差异。

重庆理工大学所理解的行业是"地方化的行业"或者"行业化的地方"。在其思维方式中,"行业"和"地方"是统一的,"立足重庆"与"背靠军工"是一个硬币的两个面。这种世界观的形成与组织的成长经历相关。从1969年到1985年,学校曾停止办学改为兵工厂。1986年恢复办学开始招生,又面临着

---

① 郭伟,张力玮.紧握国内外高教变革契机 创建世界一流大学和学科——访中国人民大学教育学院教授周光礼[J].世界教育信息,2016(5).

兵工行业"保军转民"二次创业,全行业资金紧张的形势,学校面临严峻的生存危机。在这种情况下,学校不得不走上面向社会依法自主办学的道路,靠服务社会赢得了社会的支持。1994年,学校利用社会资源创办车辆工程学院就是一个经典的案例。汽车既是兵工企业转民品的支柱产业,也是重庆市的支柱产业,因此服务行业就是服务地方。这个案例印证了伯顿·克拉克的一个说法,组织在建立之初或转型时遇到挫折,容易形成一种较强的文化,以扭转组织不力的局面。[①] 长沙理工大学和武汉纺织学院所理解的"行业"与"地方"相对,前者倾向于狭义的"行业",后者强调广义的"行业"。长沙理工大学所理解的"行业"不是一个市场经济意义上的"行业",而是计划经济意义上的"行业"。因此,在其世界观中,"行业性"与"地方性"是冲突的,学校经常为"立足湖南"还是"立足行业"而举棋不定。事实上,长沙理工大学一方面宣称自己在全国交通运输行业拥有"南路桥、北财会"的美誉,但在湖南省的交通运输行业却鲜有发言权。武汉纺织大学是在最广泛的意义上理解"行业"。这种世界观的获得来自学校对"去行业化"的深刻反思。划转地方后,学校积极实施"综合化"和"去行业化"战略。2006年,湖北省启动省属高校更名大学计划后,学校一度准备将校名定为"湖北理工大学",以彰显学校"融入区域,与纺织行业渐行渐远"的决心。[②] 其时,学校深受"一流大学都是综合大学"理念的影响,只看到"去行业化"带来的跨越式的外延扩展,忽视了内涵提升主要依靠老纺织底子的事实。在这个关键时刻,学校的主要领导进行了调整,新的学校领导对组织外部环境进行了重新解释,并对学校的趋同战略进行了深刻反思。最后,学校决定改名武汉纺织大学。如其所言,"湖北高校林立,学校在纺织科学研究方面有历史传统和丰富经验,如果不打出特色牌,不找

---

① 韩高军.行业院校地方化的制度主义分析——以武汉工程大学为例[J].高等工程教育研究,2012(1).

② 郭俊.行业划转校的特色办学之路——以武汉纺织大学的办学实践为例[J].武汉纺织大学学报,2013(1).

准位置,走特色之路,为行业、为社会服务之路,未来就没有出路"①。当然,新的领导所理解的纺织行业是"现代纺织、大纺织、超纺织",它涉及服装、家纺、建筑、农业、采矿业、土木工程、制造业、医用、航空、运输业等各行各业。"大行业"的概念其实也来源于一种流行的观念,即强调"知识生产模式"的转型和学科的交叉融合。由此可见,组织的世界观既来源于社会主流观念,又来源于组织自身的成长经验。前者与外部环境相连,后者与组织的传统相关。组织认知方式不同,组织对环境发生的事情反应各异。

再次,组织的文化传统影响组织变革。组织的世界观植根于组织的文化传统。大学组织早年确立的结构和信念在一定程度上制约后来的信念和结构。3所案例大学早年行业办学的传统影响了学校后来的战略选择,其最初的学科专业设置塑造了组织的文化。长沙理工大学的交通运输行业背景和"路桥学科专业文化"奠定了学校的"铺路石精神",形成了"脚踏实地、艰苦奋斗、乐于奉献、锐意进取"的组织文化。重庆理工大学的兵工行业背景和"经管学科专业文化"塑造了学校的"军工精神",形成"自强不息、求实创新"的组织文化。武汉纺织大学的纺织行业背景和"纺织学科专业文化"滋养了学校"崇真尚美精神",形成"自强不息、求真务实、开拓创新、彰显特色"的组织文化。在组织文化的作用下,学校的办学定位具有鲜明的"行业"特色;学校的学科专业拓展具有历史的延续性,绝大部分的"新办学科专业"只是传统学科专业的繁衍与分化;学校院系结构的调整也只是随着专业数量的增加和学科内涵的变化进行渐进性的演化。"行业划转院校"的"去行业化"和"再行业化"历程,说明了组织转型不能偏离传统太远,否则,会出现认同危机。作为大学的内在逻辑,大学的历史比外界力量更能决定组织的未来。

---

① 郭俊.行业划转院校的特色办学之路——以武汉纺织大学的办学实践为例[J].武汉纺织大学学报,2013(1).

总之，"环境变迁与组织应对"理论不仅修正了结构主义的环境决定论，强调组织的活性和能动性，认为影响组织行为的环境不是客观环境，而是组织所理解的环境；而且超越了理性主义的个体算计论，强调组织的认知方式，认为组织的世界观不仅包括"提高绩效"的经济逻辑，也包括"获得合法性"的制度逻辑。这种理论通过组织认知方式将环境因素和组织传统整合在一起、将组织记忆和组织学习整合在一起，很好地解释了"行业划转院校"的"去行业化"和"再行业化"，是一种有发展潜力的理论。

第六章 从同型竞争到错位竞争：
大学品牌的形成机制

一、同型竞争与错位竞争

大学战略趋同与资源配置模式存在相关性，这是资源依赖理论的基本洞见。战略趋同是指一个组织相对于同行业其他组织在战略发展方向上的变化，即组织的发展战略是否与行业惯例或与竞争对手的一般战略相一致，它是组织发展过程中对过去选择的、目前正在实施的战略进行调整和变革的重要方式。[①] 资源配置模式是指大学通过何种方式从外部获得办学资源，大学资源配置有两种基本模式：一种是国家中心模式，即大学办学资源控制在政府手中；另一种是市场导向模式，即大学的办学资源控制在个体消费者手中。[②] 作为环境适应论的一员，资源依赖理论强调组织的生存与发展必须依靠环境。如其所言，"为了生存，组织需要资源。一般来说，为了获取资源，组织必须与控制资源的组织相互交往。在这一意义上，组织就会依赖它们的环

---

① 巩键,陈凌,王健茜,等.从众还是独树一格？——中国家族企业战略趋同的实证研究[J].管理世界,2016(11).
② 周光礼.大学的适切性[M].北京:高等教育出版社,2017:53.

境"①。大学为了获取资源而与其他组织进行交易,谁控制了大学的办学资源,谁就拥有对大学的控制权。大学战略行为的焦点在于通过交换协商来确保所需资源的供应。根据这一逻辑,在资源配置的国家中心模式下,大学一般选择战略趋同,使其战略发展与行业主要趋势日益同质化;在资源配置的市场导向模式下,大学一般选择战略偏离,使其战略发展别具一格。这种只考虑经济因素的理论过于强调物质环境的决定作用,忽略了文化环境对组织的重要影响。人们对这种理论的怀疑,不仅源于其只关注交易中的相互依赖,而且在于其对大学地位的形成缺乏解释力。

大学地位的形成不能完全用经济性因素来解释,还需要更多地考虑历史沿革、文化观念、社会期待等社会性因素。笔者试图运用整合制度理论和信号理论来解释环境与组织之间的互动关系,进而探讨组织对抗外部控制的重要策略——品牌建设。与资源依赖理论相似,制度理论也关注外部环境对组织的作用,并假设环境会给组织带来限制条件,影响组织结构和实践。不同之处在于:资源依赖理论重视环境中的物质条件,制度理论强调环境中的文化准则、价值观和社会期望,这些文化性因素是给组织造成合法性压力的根源。② 制度理论不仅可以解释资源配置国家中心模式下的大学战略趋同,而且可以解释资源配置市场导向模式下的大学战略趋同。大学战略趋同是大学应对外部制度压力,构建合法性的重要手段。在资源配置国家中心模式下,由于大学与外部利益相关者信息不对称,巨额的公共财政投入引发了人们对大学组织的合法性质疑。为了维护组织的合法性,大学需要通过战略趋同行为换取外部支持。在资源配置市场导向模式下,由于大学与外部利益相关者信息不对称,办学者具有侵害个体消费者利益的潜在可能性,从而引发

① 杰弗里·菲佛,杰勒尔德·R.萨兰基克.组织的外部控制——对组织资源依赖的分析[M].闫蕊,译.北京:东方出版社,2006:285.

② 杰弗里·菲佛,杰勒尔德·R.萨兰基克.组织的外部控制——对组织资源依赖的分析[M].闫蕊,译.北京:东方出版社,2006:9-10.

合法性质疑。迫于合法性压力,大学组织常常遵循行业内广为接受的形式和做法。值得指出的是,制度理论主张,地方组织完全诞生于地方环境之外,源自更大的社会文化环境。这其实也是一种环境决定论。它无法解释,在相同的环境下,大学出现的战略偏离现象。事实上,在面临合法性压力时,组织不只是被动地顺从外部制度压力。组织是一个能动的、活的主体,它可以通过向外界释放合法性信号获得外部利益相关者的认可,从而缓解趋同性压力。因此,引入信号理论可以弥补制度理论的不足。笔者通过整合制度理论和信号理论,分析大学的战略趋同和战略偏离现象,进而探讨大学品牌建设问题。

我们的首要目标是建构一个一般性的解释框架,这个解释框架能够清晰地显示大学地位与竞争战略之间的关系。在此基础上,探讨大学品牌形成的内在机制,进而将这个解释框架应用于一个特殊的案例,以展示其解释能力。

二、理论视角与框架建构:基于大学地位的竞争模型

1. 什么是大学地位

任何一个国家的高等教育系统都是分层的,根据名望和影响对大学进行等级区分是一种普遍存在的现象。大学地位旨在探讨按照地位、名望、财富、权力以及影响对大学组织进行分等的现象。大学地位的形成既有客观因素,又有主观因素。就客观因素而言,正式法律和国家政策直接塑造了大学地位。国家通过法律法规规定有些院校"优于"其他院校:它们有其他院校所没有的权力或特权,通常包括较多的学术自治,可以控制自己的预算,拥有授予某些学位和证书的权利;它们比其他院校有更多的资源和物质资助;它们的招生标准和学位要求一般来说也比较高。① 客观因素强调大学地位是社会体

---

① 伯顿·克拉克.高等教育新论——多学科的研究[M].王承绪,等译.杭州:浙江教育出版社,1998:148.

制与结构的产物。

就主观因素而言,大学地位是市场力量和院校品牌作用的结果。市场竞争模式以各个院校相互竞争为基础:各个院校通过在市场上竞争获得有助于提高学术名望的条件,如学术声誉、知名教授、研究经费、捐赠等,从而提高组织地位。在这种地位体系里,决定一所院校的名望和生存机会的因素是其在竞争市场上的成功与否,而一所院校在这些竞争市场上的成功与否反过来又在很大程度上由过去的地位所决定。[①] 如果说,客观因素把一个国家的高等教育系统划分为不同部分,那么主观因素在很大程度上是各部分院校内部差别问题。比如客观因素把高等教育划分为研究型大学和应用型大学,这是行政决断的结果;主观因素主要描述研究型大学或应用型大学内部的等级问题,它们的地位不是由政府确定的,而是市场竞争的结果。

中国传统的高等教育资源配置属于国家中心模式,国家是一所大学或一个高等教育部门能否继续存在的决定性因素。随着社会主义市场经济体系的建立,资源配置的市场机制被逐步建立,竞争一流生源、一流师资和科研经费等市场力量在大学地位的形成中发挥越来越重要的作用。当然,在未来很长的一段时间内,中国高等教育系统的竞争依然是在政府控制下进行的,高等教育各部分内部的竞争比各部分之间的竞争更多。大学地位的竞争一方面越来越导致多样化,另一方面又越来越导致同质化;一方面为了在市场上获得竞争优势,大学组织倾向于采用偏离战略,从而使得大学组织越来越多样化,另一方面在大学竞争中,地位低的大学组织采用趋同战略,对地位较高的大学组织进行模仿,向着名牌大学的特点和风格发展,从而导致大学的趋同性。

大学地位对组织获取竞争优势具有重要作用,这是大学组织积极争夺地位的主要原因。地位决定了大学组织在市场竞争中享有特权还是遭遇歧视。

---

① 伯顿·克拉克.高等教育新论——多学科的研究[M].王承绪,等译.杭州:浙江教育出版社,1998:182.

一般来说,在提供相同质量的教育服务的情况下,地位较高的大学会获得更高的市场认同和收益。作为大学质量和特色的一个信号,地位不仅有利于利益相关者的注意力集中到地位较高的大学组织身上,而且有利于利益相关者对较高地位的大学组织产生更加正面的评价。这就是所谓的"有者越有"的马太效应。可见,大学地位在市场交易中具有重要价值,它在信息缺乏和不确定性较高的市场情境中发挥信号作用,预示着大学的质量和可靠性,吸引顾客的主动关注。[①] 事实上,地位较高的大学组织更容易吸引外部优质的办学资源(学生、教师、科研经费),从而在要素投入环节奠定竞争优势的基础。

2. 作为质量信号的大学地位

信号理论最早是史彭斯(Spence)基于就业市场的研究提出来的。他发现潜在的雇主在区分高质量和低质量就业申请者时碰到了信息不对称问题,即潜在雇主不知道谁是优秀的。受教育程度作为劳动力市场的信号则有助于减少这种信息不对称,因为潜在的雇主可以审核申请者的受教育程度,低质量的申请者没有能力获得那样的学历。因此,高质量的申请者可以通过高学历来证明其品质从而让雇主选择自己。基于此,史彭斯确立了信号理论的两条基本准则:一是可以观察,二是难以模仿。[②]

根据信号理论,笔者把市场模式下的大学地位定义为:与竞争对手相比,大学组织被感知到的质量和特色。在市场竞争模式下,大学地位是一所大学潜在质量的信号。如果一个行动者(学生或用人单位)对他所选择大学的实际质量不确定,那么其他行动者对这所大学的看法就成为这所大学质量的一个相当有力的指示器。作为质量的信号,大学地位要满足两个条件:一是信号必须是能被行动者操纵的。尽管大学地位在很大程度上取决于公开表达

① 王是业,杜国臣.战略管理研究中的组织地位:内涵、演进和影响[J].外国经济与管理,2015(5).

② 刘林.基于信号理论视角下的企业家政治联系与企业市场绩效的关系研究[J].管理评论,2016(3).

的意见和他人的行动，但是大学至少能对自己地位实施某种控制。实际上，大学过去的行动是其如何被感知的重要因素。二是获得信号需要成本，而且成本与行动者的质量水平是负相关的。获取较高地位是有成本的，而且获取声誉的成本和高校的总体质量水平是负相关的。大学质量水平越高，越容易获取较高声誉和地位；大学质量水平越低，越难获取较高声誉和地位。

实际上，大学地位与实际质量之间并无直接联系，它们之间只存在一种松散的联系。大学地位和实际质量之间存在两种主要媒介：第一种媒介是组织负责人的政治联系。政治联系是一种重要的信誉机制，组织负责人与政府保持良好联系具有较强的象征意义，它不仅表明组织具有相当的社会地位和影响力，而且说明组织为社会发展做出突出的贡献，得到社会和政府的认可。从这个意义上说，组织负责人的政治联系发挥传递大学质量信号的作用。第二种媒介是行动者之间的关系连带。与较高地位行动者的关系会增强组织声誉，而与较低地位者的关系会减损组织声誉。一种社会关系的形成和解体会影响大学是如何被感知的。[①] 在声誉市场上，存在三种作为质量的中介信号的关系：与消费者的交换关系，与第三方的关系以及与其他大学组织的关系。消费者在购买教育服务时常常会观察其他购买者的行动，因此，对大学组织而言，与政府等重要行动者的交换关系的形成和解体有着很强的"溢出效应"。比如一所大学进入了国家"双一流"建设行列，就是高质量的信号。大学组织与第三方评估、认证机构的关系对其被感知到的质量也有着强有力的影响。与其他大学的关系表现为合作、结盟以及人员的流动。与地位较高的大学结盟有利于提高组织的声誉，从一个声望很好的大学挖走顶尖学者也会显著提高大学组织的地位。

应该说，上述两个方面都强调关系网络是质量和地位之间的中介信号。地位是通过感知来建构的，质量在交易之前是不可观察的。所以，感知只能

---

① 李友梅,李路路,蔡禾,等.组织管理与组织创新：组织社会学实证研究文选[M].上海：上海人民出版社,2007：6-7.

间接地建立在质量的基础上,并且直接建立在大学组织关系网络这一信号的基础上。可见,地位和质量之间是松散联系的。大学地位与实际质量的联系越松散,大学的声誉就越外在于质量本身。

3. 品牌战略与品牌建设

从信号理论的角度看,品牌是一种专有信用符号,通过降低选择成本提高选择效率,通过发送信号减轻信息不对称程度。从这个意义上说,信号即品牌。作为教育质量和办学特色的信号,市场条件下的大学地位即大学品牌。大学品牌是大学组织与社会沟通的媒介,大学组织通过品牌将许多有效信息传递给消费者,从而减轻信息不对称程度,获得他们的信任,进而形成某种心理定式,甚至建立顾客偏好,吸引更多的品牌忠诚者,增强组织的知名度和竞争力。[①] 大学组织在市场竞争中的成功是其独特身份的一个函数。显著的品牌构成一个切实的信号,通过这个信号消费者能够对大学组织进行比较。

随着资源配置模式的变革,中国大学竞争战略正由趋同战略走向品牌战略。在资源配置的国家中心模式下,大学围绕政府办学,实施趋同战略,进行同质化竞争;在资源配置市场导向模式下,大学围绕消费者办学,实施品牌战略,实行错位竞争。所谓品牌战略,就是以获取组织地位为中心的战略。具体地说,这一战略包括两个方面:一方面是通过战略定位确定自己的比较优势和特色;另一方面是以此"特色"为导向配置组织内所有资源并进行运营管理,使组织及其特色得到社会普遍认同,成为具有较高美誉度的品牌大学。[②] 所谓品牌建设,就是大学组织制造和发送信号的活动。品牌建设能降低大学组织所面对的不确定性,增加成功的可能性。大学品牌一旦形成,将会使政府、社会、学生及家长产生认同感。良好的品牌不但吸引优质生源和卓越的教师,也将吸引更多的社会资源和政府的政策倾斜,使大学组织获得良好的

---

① 于永娟.信息不对称条件下品牌的"信号"功能分析[J].商场现代化,2011(3).
② 安建强.论高校品牌塑造的意义及策略[J].现代管理科学,2006(6).

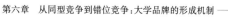

发展环境。

大学组织实施品牌战略首先必须弄清几个问题：大学品牌形成的内在机理是什么？影响大学品牌形成的主要因素有哪些？根据质量与地位松散联系理论，我们可以建立一个大学品牌形成机制模型。这个模型包括三个判断：其一，大学质量在一项交易完成之前是不可观察的；其二，大学地位是质量的一个信号，消费者在做决定时能够并且确实依靠这个信号；其三，大学关系网络是地位和质量之间关系的中介。[①] 消费者常常把地位视为质量本身，其结果是大学组织在市场上获得的报酬完全是以大学地位为中介的，这就是大学组织追求地位和声誉的动力机制。基于这一模型，我们可以进一步推断，品牌的形成依赖于大学组织的社会关系网络。院校市场的主要参与者有政府、高校、学生及家长、用人单位、教师等行动者，大学组织依赖政府获得财政拨款和政策支持、依赖学生及其家长获得学费和优质生源、依赖教师产出优秀科研成果和培养创新人才、依赖用人单位输送毕业生，政府、学生及家长、用人单位、教师根据大学发布的相关信号，对大学质量和特色进行预期性判断，进而做出自己的选择。

从社会关系网络来看，影响大学品牌形成的主要因素包括五个方面：第一，大学领导人的政治联系。大学领导人具有人大代表、政协委员的政治身份，或者由政府官员直接转任大学领导人均具有强烈的信号作用或声誉效应。大学领导人的政治联系不但传递出学校与政府关系良好的信息，还意味着学校能从政府获得更多的经费支持或政策倾斜；而且发挥了传递学校质量信号的作用，这意味着政府认可学校的质量与特色。所以，有政治联系的大学组织更可能被视为具有良好的质量品质和发展前景，从而使得潜在的消费者更倾向于选择这些学校。第二，大学组织与政府的关系。大学组织与政府保持良好的互动关系是获得声誉的主要途径之一。作为大学资源的主要提

① 李友梅,李路路,蔡禾,等.组织管理与组织创新:组织社会学实证研究文选[M].上海:上海人民出版社,2007:8.

供者和办学的主要监管者,政府期待是大学组织面临的合法性压力。大学组织积极配合国家或区域重大战略需求更容易得到政府的赞赏和认可,从而建立大学组织的社会声誉和影响力。第三,大学组织与顾客的关系。大学组织与重要顾客的交换关系的形成和解体有着很强的"溢出效应"。顾客在选择某一所大学时,一般会观察其他顾客的行为,因此,与高地位的顾客形成交换关系会显著提高大学组织声誉。比如高分考生密集传递着大学质量品质高的信号,向著名的跨国企业、政府机构输送毕业生也能显著提高大学组织声誉。第四,大学组织之间的关系。与地位较高的大学建立联系能显著提高组织声誉。地位低的大学模仿地位较高的大学有助于增强其合法性,并获得声誉;地位低的大学与地位较高的大学建立合作和联盟能从伙伴身上获得地位的传递,显著增强大学组织声誉。第五,大学组织与第三方的关系。第三方是指介入政府、学校之间的专业教育评价机构,其通过接受政府或学校的委托,或代表社会问责,利用科学的手段和技术,对大学组织的办学情况和质量进行评估和监测工作。第三方对某一大学导向性的评价会显著影响大学组织声誉。

我们根据上述逻辑,探讨大学社会关系网络是否向市场传递一种良好的信号从而影响组织的竞争力,可以从五个方面建构大学品牌的解释框架:一是领导人具有政治身份的大学组织有更好的声誉,能获得更多的办学资源;二是大学组织与政府保持良好的关系能显著提高学校声誉,并获得更多的办学资源;三是大学组织与高地位消费者形成交换关系能显著提高组织声誉,在生源、师资等院校市场中有更出色的竞争力;四是大学组织与地位较高的学校建立合作和结盟关系,能从伙伴身上获得地位传递,提升组织声誉;五是从第三方获得导向性评价能显著增强组织声誉。

三、地方大学的品牌战略:一个典型案例分析

2016 年,中国拥有各类大学 2 879 所,其中地方大学占 95% 以上。笔者以一所地方大学为个案,试图揭示大学品牌的形成机制及其建设策略。伯顿·克拉克认为,一个杰出的典型案例可以抵得上一千种遥远的理论! 对典型案例的挖掘越深入,研究发现将越具有普遍性。合肥学院具有地方大学品牌建设的典型特征,深深吸引了笔者。2016 年 9 月,笔者以教育部评估专家的身份参与了合肥学院的审核性评估,这为后来的调查工作提供了便利条件。笔者对合肥学院各个层面的行动者进行了深入访谈,其中包括学校党委书记、副校长、机关部处负责人、院系负责人、教师和学生,还与安徽省教育厅的厅长、主管高等教育的副厅长进行了交流。

1. 案例描述

合肥学院是安徽省一所著名的地方本科大学。学校创建于 1980 年,经过 30 多年的发展,学校获得了巨大成功。目前,学校占地面积 1 391 亩(1 公顷＝15 亩),拥有 4 个校区、18 个教学科研单位、55 个本科专业,在校学生规模达 17 023 人。学校是"中德教育合作示范基地",首批"服务国家特殊需求人才培养项目"硕士研究生试点学校,首批承担"卓越工程师教育培养计划"大学,全国应用型本科高校专门委员会副主席单位,长三角地区应用型本科高校联盟主席单位,安徽省应用型本科高校联盟常任主席单位,安徽省地方应用型高水平大学建设单位。合肥学院的发展大致经历了三个阶段。

第一阶段(1980—1985 年)是学校的初创期。1980 年,在安徽省人大常委会副主任、安徽省科协主席、中国科技大学副校长杨承宗先生的积极倡导下,安徽省政府批准成立了合肥联合大学。新大学按照"适当收费、不包分配、按社会需求设置专业、后勤社会化"的模式运行,是中国第一所自费走读大学。作为首任校长,杨承宗先生利用自身的资源优势,提出一系列的高等教育改革:作为政府批准的正厅级事业单位,学校实行董事会领导下的校长负责制,由时任合肥市委书记的郑锐兼任董事长;没有校园校舍,所有教学都是"联办",插在中国科学技术大学、合肥工业大学、安徽大学等大学的教学空当中完成;没有固定的师资队伍,所有的教师都是从合肥地区12所大学中择优聘用。① 合肥联合大学因其创新被称为中国高等教育改革的"小岗村"。1985年,中德两国决定开展政府间合作,按照德国应用科学大学的办学模式在中国开展应用型大学建设。在杨承宗校长的积极争取下,合肥联合大学成为安徽省和德国下萨克森州协议共建的对象,与德国5所应用科学大学开展合作,下萨克森州无偿援助了400万马克,其中,300万马克用于实验室建设,100万马克用于教师培训和学科专业建设。中方配套5 000万人民币,支持学校对德合作。② 这件事情在学校发展的历史上影响深远,不仅为学校发展带来了宝贵的资金,而且为学校植入了国际化、应用性的文化元素,造就了学校发展的第一个"黄金时期"。应该说,这个阶段基本奠定了学校的文化基因,是学校改进的初始禀赋。

第二阶段(1986—2008年)是战略转型期。合肥联合大学招收"自费生"的制度创新使之成为"落榜生的摇篮",其成功经验受到越来越多公办高校的重视和模仿。从20世纪80年代中期开始,招收自费生上升为国家政策。1985年的《中共中央关于教育体制改革的决定》提出要改变高等学校全部按国家计划统一招生,毕业生全部由国家包下来分配的办法,实行国家计划招生、用人单位委托招生以及国家计划外招生(自费生),这标志着大学招生"双轨制"的形成。随着其他学校招收自费生规模的扩大,合肥联合大学的发展空间不断受到挤压。1993年之后,学校开始走下坡路,生源不断萎缩,声誉一落千丈,最终跌入"政府不理不睬、学校不死不活"的境地,学校面临严重的合法性危机。为了谋求生存与发展,学校被迫顺从外部制度化压力,不断向公

---

① 周琰.助合肥创办地方大学[N].合肥日报,2014 - 7 - 1.
② 陈艳楠,黎静.合肥学院与德国的30年情缘[N].合肥晚报,2015 - 10 - 30.

办大学模式靠拢，试图以更多的战略趋同行为重构组织声誉。事实上，1993年以后，国家逐步推行学生缴费上学政策，并于1997年基本完成招生"并轨"改革，这意味着合肥联合大学的历史使命已经完成。2002年，在政府的推动下，合肥联合大学、合肥教育学院、合肥师范学校合并组建成合肥学院，学校重回本科。[①] 应该说，合肥联合大学的趋同战略没能提升其组织地位。合并升格为学校反思自身战略定位提供了契机，学校开始思考：高等教育大众化，合肥学院要走一条什么样的发展道路？是模仿老大学发展之路，还是探索一条新路？合肥学院的特色和优势是什么？能否借鉴德国应用科学大学经验，并使其本土化？在安徽省教育厅的建议下，学校开始进行战略转型，由同型竞争战略向错位竞争战略转变。2003年，学校正式将自己的办学定位确定为"地方性、应用型、国际化"。时任合肥学院党委书记的蔡敬民对此深有感触："那个时候，大多数新建本科院校都面临办学趋同化问题。人才培养目标、培养方案都向重点大学看齐，抓重点大学建设，办研究生教育。我们就想，与德国应用科学大学合作这么多年，能不能借鉴他们的办学经验，办出自己的特色？"[②]

第三阶段(2009年至今)是品牌战略期。2009年，蔡敬民接任合肥学院校长，几年后转任学校党委书记。此时，合肥学院已经在应用型人才培养上成绩斐然。事实上，早在2005年，学校就已经开始进行应用型人才培养的顶层设计。学校鼓励各个院系突破学科定势，探索以能力为导向的模块化课程改革：针对不同专业学生的就业去向，到行业企业调研，分析岗位能力要素，确定能力培养目标，然后根据培养目标进行具体的能力培养方案设计，把每一项能力转化成一个个的教学模块。每个模块都围绕特定主题的教学单元，

---

① 合肥联合大学1980年创立时从事本科教育，1983年后转为专科教育。

② 周飞，储召生，俞路石，等.一所地方高校的转型突围——合肥学院十年建设应用型大学之路[N].中国教育报，2014-04-16.

可能是一门课或一个实验,也可能是几门课或几个实验的组合。[①] 但是,政府、学生及家长、社会公众对此知之甚少,办学质量的提升并没有及时得到利益相关者的感知和认同,政府对大学的支持也没有很大的改观。新校长意识到品牌的重要性,开始锲而不舍地去努力,让政府和社会公众认同学校。如其所言,"我不放过任何一次能宣传学校的机会,学校需要(品牌)经营"。在这种思想的指引下,蔡敬民校长不厌其烦地向各级政府官员讲述合肥学院的故事。只要听说中央部委官员来合肥出差,蔡敬民书记总是千方百计地与他们面谈,向他们介绍学校的办学思想、办学理念,讲述合肥学院应用型人才培养改革的故事。蔡校长富有感染力的表达,深深地打动了许多领导。教育部领导对合肥学院2003—2009年实施的应用型人才培养改革大加赞赏,为此,2009年教育部挑选合肥学院进行调研评估,有关领导对合肥学院的经验进行批示。安徽省、合肥市的政府官员到北京出差,总能听到别人提起合肥学院。2009年之后,合肥市政府对学校的投入越来越多,土地拨付也优先考虑合肥学院。2010年之后,省政府也开始重视合肥学院,对学校的支持也越来越大。通过实施品牌战略,学校渡过了新校区建设带来的财政困难。2010—2011年,省政府为学校化债4 000万,余下的3.24亿元债务本来只期望合肥市政府能再一次化解4 000万或最多化解一半,但最后合肥市政府为学校全部化债。自此,学校发展进入了快车道。2014年,学校应用型人才培养模式获国家高等教育教学成果一等奖,2015年10月30日,中德两国总理共同视察合肥学院,并共同决定在合肥学院设立中德教育合作示范基地及基金,计划5年内投入"基地"建设资金9亿元。至此,合肥学院的品牌战略取得了巨大成功。

---

① 周飞,储召生,俞路石,等.一所地方高校的转型突围——合肥学院十年建设应用型大学之路[N].中国教育报,2014 - 04 - 16.

2. 案例分析

（1）校领导的政治联系对大学品牌的影响。

作为组织的主要领导人，校长或党委书记的政治联系在大学品牌形成过程中发挥重要作用。所谓政治联系是指组织领导人与政府保持密切联系，以获得政策支持及增强组织合法性。政治联系一般用单位领导人曾经或现在从政的背景作为衡量标准，如校长或党委书记是否曾任或现任政府官员、人大代表、政协委员；也可以用单位领导人与上层政府部门的关系作为衡量标准。不管是政府强加给大学领导人的政治联系以使其服务于国家目标，还是大学领导人主动寻求政治联系以追求组织利益最大化，它们都能传递出清晰的质量信号，显著提高大学组织的声望。

在合肥学院的发展历史上，有两个时期声望很高：一个是学校初创期（1980—1985 年），另一个是品牌建设期（2009 年至今）。应该说，这两个时期也是学校发展的"黄金时期"。正如该校一位资深的处长所言，"合肥学院有两个发展的黄金时期，一个是杨校长时期，另一个是蔡书记时期"。学校发展的两个黄金时期与学校领导拥有的政治联系有很大的关系。学校首任校长杨承宗不仅是中国科学技术大学副校长，也是安徽省两届人大常委会副主任、安徽省科协主席，具有很强的政治影响力。合肥学院建校之初实行董事会领导的校长负责制，其董事长是时任合肥市党委书记的郑锐。正是这种高级别的政治联系使得学校享有很高的社会声誉，被誉为中国高等教育改革的"小岗村"。合肥学院的现任党委书记蔡敬民是安徽省十一届、十二届人大代表，与教育部保持着密切的联系。合肥学院校长张文兵也是安徽省十二届人大代表，2016 年转任国家市场监督管理总局产品质量监督司司长，2020 年任湖北省人民政府副省长，这种密切的政治联系使得学校更容易受到社会关注。据统计，仅 2014 年，学校就接受全国 270 多批次、2 800 余人组团考察学习。① 合肥学院的案例说明政治联系具有较高的声望或信号效应。

（2）与政府关系对大学品牌的影响。

大学组织与政府保持良好的互动关系有利于提升学校声誉。作为环境依赖型组织，大学不仅需要从环境中吸取资源以维持组织生存，而且需要从环境中得到意义、界定、规则以及模式以增强合法性。政府是大学资源提供者和办学监管者，大学组织积极回应政府期待更容易获得合法性和社会声誉。

合肥学院之所以能获得巨大的社会声誉，与其积极回应政府期待密切相关。合肥学院的"地方性、应用型、国际化"定位与政府偏好不谋而合，这是建构双方互动关系的基础。随着高等教育的大众化和国家创新驱动发展战略的实施，推动地方大学转型、培养应用型人才成为政府的工作重点。2014 年 2 月 26 日，李克强总理提出，要引导一批普通本科院校向应用技术型转型。2015 年 10 月 21 日，教育部、国家发展改革委、财政部联合发布《关于引导部分地方普通本科高校向应用型转变的指导意见》，明确提出要确定一批有条件、有意愿的试点高校率先探索应用型发展模式，充分发挥试点高校的示范引领作用。作为国内最早进行应用型人才培养模式改革的大学，也是最早实现转型发展的大学，合肥学院为政府所器重是必然的。教育部高教司、规划司、国际司等机构多次来学校调研，其模块化课程改革尤为教育部所赞赏，因此它为本科高校向应用转型转变提供了一种可操作的模式。

当然，这与学校有意识的品牌战略也有直接关系。为了让自己的模式得到更高层级政府官员的关注和认同，学校积极促成中、德两国总理进校视察。因为到访视察的官员级别越高，学校获得的声望就会越高。2015 年，为纪念中德合作 30 周年，学校做了一个"中德共建合肥学院三十周年展"，在当年的 10 月初，学校获悉德国总理默克尔访华将走访一所中德合作的大学、参观一家农户。学校意识到这是一个树立品牌的机会，于是立即与外交部国际司沟

---

① 李剑平.安徽高教改革破解扩招难题 期待"小岗村"效应[N].中国青年报,2014 - 12 - 18.

通,并邀请他们观看"中德共建合肥学院三十年展",极力争取默克尔总理访问合肥学院。2015年10月14日,外交部国际司正式告诉蔡敬民书记,德国总理确定访问合肥学院。2015年10月30日,中德两国总理对合肥学院的办学成绩给予了充分肯定。李克强总理指出,"合肥学院20年来的发展壮大是中德务实合作的成功典范",以"三十而立、卓有成效、根深叶茂"充分肯定学校改革与发展的成果,并寄予再创"中德合作未来更辉煌的30年"的期望。李克强总理还现场宣布:中国政府将在合肥学院建立中德教育合作示范基地、基金。这次活动传递出强烈质量信号,并预示着学校的未来有良好的发展前景。作为一次成功的品牌策划,这次活动直接促成了政府对合肥学院实施高强度的财政支持和政策倾斜。根据《"中德教育合作示范基地建设"建设方案》,5年内政府计划投入资金9亿元,政府设立专项资金和绿色通道,实施"1251"人才计划,5年内引进和培养100名留学德国的博士,引进德国高校实验室工程师20名,引进德国培养的硕士50名,引进10名达到德国应用科学大学教授水平的德籍教授。

（3）与顾客关系对大学品牌的影响。

大学组织与重要顾客的交换关系的形成和解体有着很强的"溢出效应",具有很强的信号效应。在竞争市场中,与高地位的顾客形成交换关系会显著增强大学声誉。

学校的顾客很多,首先政府是大学组织的重要顾客。与政府保持交换关系能提高学校声誉,而且与高校保持交换关系的政府层级越高,越能提升学校声誉。合肥学院是合肥市属高校,其业务归安徽省教育厅领导,教育部对其有间接的指导关系。地位较高的顾客的行为对地位低的顾客具有示范效应。合肥学院通过与教育部建立良好关系,从而影响安徽省和合肥市的教育主管部门。2009年教育部对合肥学院进行调研评估,合肥学院所提供的资料成为教育部制定新一轮教学评估标准的基础。这一件事具有很强的信号效应,对合肥市、安徽省教育厅触动很大,它们从此开始关注和支持合肥学院的发展。事实上,2009 年以后,学校从安徽省、合肥市获得的财政拨款、土地划拨、人员编制等的支持力度越来越大。2010—2011 年,安徽省和合肥市为学校化债近 4 亿元。

其次,学生及其家长是学校的顾客。在生源市场上,高分考生的选择具有质量信号的功能,能带来从众效应。这可以很好地解释为什么国内许多顶尖大学千方百计争夺高考状元,因为这是大学质量的一个重要信号。合肥学院重视吸引优秀生源,希望通过他们传递学校质量品质高的信号。2015 年,合肥学院省内第一志愿招生录取率达到 100%,文理科分数线均居安徽省二本院校第一位。2016 年,合肥学院开始以一本招生。

再次,用人单位也是学校的客户。在就业市场上,用人单位在选择员工时会观察其他用人单位的行动,学校向著名的跨国企业、政府机构大量输送毕业生也能显著提高学校声誉。20 世纪 90 年代,在合肥联合大学声誉一落千丈时,安徽省的一些大型企业的董事会曾做出过决议,合肥联合大学的学生一概不要。[①] 2009 年之后,合肥学院通过与知名企业建立人才供需关系,极大地提升了学校声誉。比如学校与国家级骨干软件企业科大讯飞建立了人才输送关系,最近几年累计录用合肥学院 100 多名毕业生。随着声望的提升,近年来,学校的毕业生就业率保持在 96% 以上,很多专业的学生还没有毕业,就被一些全国知名的企业录用。

最后,人才市场上的教师也是学校的客户。学术机构之间的人员流动是一种常见的大学地位变动渠道。在人才市场上,从一个声望很好的大学挖走一个顶尖的学者是提高一所大学地位的相当典型的手段,国内有大学组织通过“挖人”使学校排名从全国 100 名左右跃升到全国 20 名左右。合肥学院也通过引进优秀人才提升学院声誉。据统计,2011—2016 年间,合肥学院共引进各类高层次人才 178 名,较好地提升了学院的声誉。

---

① 周飞,储召生,俞路石,等.一所地方高校的转型突围——合肥学院十年建设应用型大学之路[J].中国教育报,2014 - 04 - 16.

（4）与其他大学的关系对大学品牌的影响。

大学组织之间的关系包括竞争与合作两种形式。一般来说，与地位较高的大学建立联系能显著提高组织声誉。在竞争模式下，地位低的大学通过模仿地位较高的大学增强组织的合法性，并从中获得声誉；在合作模式下，地位低的大学与地位较高的大学建立合作或联盟能从伙伴身上获得地位的传递，也能显著提高组织声誉。大学组织之间既存在竞争关系又存在合作关系。

合肥学院与德国应用科学大学 30 年未间断的合作关系成就了学校"应用型大学"的品牌。1985 年，安徽省与德国下萨克森州政府签署了按照"德国应用科学大学办学模式，共建一所示范性应用型本科院校"的协议，合肥联合大学成为德方在中国重点援建的两所示范性应用科学大学之一。2004 年，合肥学院与德国希尔德斯海姆应用科学大学等合作研究欧盟—亚洲链项目"可持续的环境工程人才培养课程体系建设"。2010 年，合肥学院与德国汉诺威应用科学大学等德方大学共建"合肥德国应用科学学院"。2011 年，合肥学院与德方应用科学大学合作的"中德合作物流管理专业""中德合作机械制造及自动化专业""中德合作工业设计专业"等相继对外招生。当前，学校与德国的14 所大学建立友好合作关系，先后向德国应用科学大学派出留学生 1 327 人，派出 320 多位教师赴德进行学历教育或短期进修，是目前中国对德合作规模最大的大学之一。

在国内，合肥学院积极倡导或参与各种全国性或区域性的应用型大学联盟，及时亮出自己的特色与品牌。2009 年，安徽省 27 所本科高校成立"安徽省应用型本科高校联盟"，合肥学院是联盟常任主席单位。2014 年，上海、江苏、浙江、安徽"一市三省"17 所大学成立长三角地区应用型本科高校联盟，合肥学院担任联盟主席单位。通过合作结盟，大大提升了合肥学院"应用型大学"的品牌形象。2015 年，教育部林蕙青副部长在长三角高校创新创业教育改革研讨会上，对合肥学院寄予厚望，表示希望以合肥学院为代表的长三角应用型大学先行先试，在服务国家、地方政府经济社会发展方面不断开拓

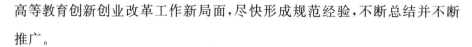

高等教育创新创业改革工作新局面，尽快形成规范经验，不断总结并不断推广。

（5）与第三方的关系对大学品牌的影响。

随着管、办、评分离的推进，中国高等教育督导正由"政府问责"走向"社会问责"，第三方在高等教育治理中占据越来越重要的地位。作为介于政府、学校之间的专业教育评价机构，第三方通过接受政府或学校的委托，对大学的办学情况和质量进行评估和监测工作。与权威性的第三方建立联系具有强烈的信号效应，获得权威性第三方的肯定性评价会显著提升大学声誉。国内顶尖大学之所以热衷于学科的国际评估，是因为这种权威性评估能显著提升学校声誉，清华大学在建校 100 周年前夕，就开展了学科国际评估。很多大学夸赞自己的某个专业办得好，其证据常常是该专业通过国际认证。

在中国众多的第三方中，权威性最高的还是教育部高等教育教学评估中心。2009 年，教育部高等教育教学评估中心启动了新建本科院校合格评估方案调研工作，确定了包括合肥学院在内的 5 所新建本科院校作为首批合格评估方案调研的试点院校，合肥学院和常熟理工学院成为最早通过评估的两所学校。2016 年，合肥学院成为安徽省第一所通过国家"审核性评估"的大学。根据审核性评估的相关政策，中央直属院校由教育部高等教育教学评估中心组织评估，地方院校由各省组织评估并报教育部高等教育教学评估中心备案。为了提升评估的权威性，合肥学院申请教育部高等教育教学评估中心组织评估，并得到后者的积极回应。在专家反馈会上，专家们对合肥学院给予了高度评价，如其所言，"合肥学院是我国应用本科第一方阵的排头兵，是安徽省建设应用本科改革的理论与实践的探索者。安徽省开了全国应用型高等教育之先河，合肥学院为应用型大学的'安徽现象、合肥模式'做出了突出贡献"。这极大地提升了合肥学院的组织声誉。

四、主要结论

笔者从大学组织应对环境变迁的两种战略切入,整合制度理论和信号理论,分析了大学地位的发生机理,尤其是探讨了资源配置市场导向模式下大学品牌形成的内在机制。笔者通过研究发现,随着社会主义市场经济体制的建立,中国高等教育资源配置方式正在发生战略性转变,正由国家中心模式向市场导向模式转型,并逐步形成了"有为政府、有效市场"的新格局。为应对这一政策环境的变迁,大学组织主要有两种适应性反应:一是组织顺从环境压力,通过改变自身来适应环境的要求,表现为战略趋同;二是组织主动改造环境,让环境来适应自己,表现为战略偏离。前者是同型竞争战略,后者是错位竞争战略。在市场化的环境下,任何组织都会综合运用两种战略。

资源依赖理论从组织与物质环境的依赖关系中解释了这两种战略,然而由于该理论过于关注交易中的相互依赖,忽视了文化环境对组织的重要作用。制度理论强调组织依赖于外在文化模式,组织通过对合法性的追求来适应环境。这一理论很好地弥补了资源依赖理论对环境中文化准则、价值观和社会期望的漠视。然而,制度理论又过于强调组织屈从外部制度压力而采取的战略趋同,具有浓厚的环境决定论色彩,不能很好地解释组织的错位竞争战略。为此,笔者将信号理论与制度理论进行整合,强调组织不会一味地顺从外部制度压力,相反会主动制造和发送合法性信号,以缓解外部的制度压力。在此基础上,进一步探索了大学组织建构和维持声誉的相关理论,即品牌战略理论。我们认为,教育质量在交易完成之前是不可观察的,大学地位是质量的一个信号,消费者在做决策时能够并且确实依靠这个信号,大学组织与场域中其他行动者的关系是地位和质量之间的中介。换句话说,在高等教育服务市场上,大学组织提供的教育质量信号非常有限,所以消费者会尽可能搜集学校有关的各种信息,以更加准确地判断学校的质量品质和未来表现。大学地位即能提供这种信息,以消除信息不对称。地位具有强烈的信号效应,地位即品牌,争夺大学地位的战略即品牌战略。由此可见,笔者结合信号理论考察了大学组织应对合法性压力的能动性,大大拓展了制度理论的解释范围。

通过案例的实证分析发现,随着外部资源配置模式的变化,中国大学开始实施品牌竞争战略。大学品牌的形成源于其社会关系网络,从大学社会关系网络的角度看,大学品牌的影响因素包括五个方面:第一,大学组织领导人的政治联系。领导人具有政治身份的大学有更好的声誉,有利于学校获得更多的办学资源。第二,与政府的关系。大学组织与政府保持良好的关系能显著提高学校声誉,有利于学校获得更多的办学资源。第三,与顾客的关系。大学组织与较高地位的顾客形成交换关系能显著提高学校声誉,在生源、师资等院校市场有更出色的竞争力。第四,大学组织之间的关系。大学组织与地位较高的大学建立联系能从伙伴身上获得地位传递,从而提高学校品牌的竞争力。第五,与第三方的关系。教育质量具有模糊性和难以测量性,第三方对大学质量的导向性评价能显著提高组织声誉。这些结论与大学地位理论的研究结论基本一致。案例也从经验上证实了大学组织领导人的政治联系与大学的组织连带具有声望或信号效应的设想。

我们的研究结果为处于"有为政府、有效市场"环境下的中国地方大学实施品牌战略提供了借鉴。趋同化是中国地方大学发展面临的战略难题,一方面,趋同化有利于应对组织面临的合法性质疑,消除环境中的不确定性;另一方面,趋同化意味着组织自主权的减损,组织特色和个性的丧失。趋同战略无法真正提升地方大学的地位。加强品牌建设、实施错位竞争战略是组织对抗外部控制的重要策略,品牌战略才能增进组织较高质量的感知,才能真正提升大学地位,控制大学组织与环境中的其他组织的关系是品牌建设的主要关注点。

第七章 大学治理模式变迁的制度逻辑：
基于多伦多大学的案例研究

一、大学治理模式的变迁

大学治理是指对大学内外利益相关者所关注的重大问题做决策的结构和过程。大学治理模式改革利益触动面广,涉及权力和权利的重大调整。治理模式的变迁涉及大学核心制度的重建,因此,有关这方面的改革一直是现代大学制度建设中的重点与难点。不但西方如此,一如美国学者所感叹的,"无论在哪种情况下,在美国大学中都有一大群利益相关者试图参与大学的政策制定。这些利益相关者包括高等教育协会、基金会组织、教育部、有关的国会机构、资格认证机构、高等教育管理办公室、执政者、州教育部或委员会、州立法机构、学生、校友、地方社区、董事会、大学高级行政人员、教师领袖以及校长"[①]。在中国也是如此。实际上,中国现代大学制度的建构之所以困难重重,是因为这一改革涉及大学内部治理结构的重建问题。由此可见,大学治理模式变迁是一个尚未解决和需要研究的问题。因此,寻找大学治理模式

---

① Gayle D. J. & Tewarie, B. Governance in the twenty-first-century university: Approaches to effective leaders and strategic management[M/OL]. ERIC digest. ED482560.

变革的典型案例,并进行细致的剖析显得十分必要,因为它可以对中国建立现代大学制度提供诸多的启示。笔者认为,二战后,加拿大多伦多大学治理模式的变革就是一个不可多得的典型案例。多伦多大学是依法成立的法人机构,法律设定了大学的治理结构。作为自主自治的法人,多伦多大学享有完全的法律权利,承担完全的法律责任。多伦多大学曾实行"两院制"治理模式:大学理事会与大学评议会。事实上,当前不仅是加拿大多伦多大学乃至绝大多数北美名校都是两院制治理模式。^① 然而,1971 年通过的多伦多大学法案正式确立了"一院制"治理模式。那么,是哪种力量、遵循什么样的底层逻辑推动着大学治理模式的演进和现代大学制度的重建? 笔者将以此为个案,在新制度主义政治学理论的启示下,探究制度变迁背后的底层逻辑。

二、制度学派的解释框架

关于公共组织的制度变迁,新制度主义政治学开展了卓有成效的研究。1984 年,詹姆斯·马奇和约翰·奥尔森发表了《新制度主义:政治生活中的组织因素》,自此,新制度主义一词在政治学中得到普遍应用。1996 年,豪尔和泰勒发表了《政治科学与三个新制度学派》,将新制度主义政治学分为理性选择制度主义、历史制度主义和社会学制度主义。当前,这三个理论流派在关于制度变迁的政策分析中得到了普遍的应用,形成了各具特色的分析框架。理性选择制度主义的基本假设是:在没有制度约束的情况下,个体理性会导致集体行动困境的出现。这一研究范式的最大特点是:借用新制度经济学的理性人假设、产权、交易费用等基本概念框架分析政治问题;强调政治人的理性特征,重视偏好的稳定性;不仅重视行动者的理性算计行为,而且主张行动

---

① 大学理事会必须得到高级法院的承认。每一个大学都有自己的大学章程,这个章程在政府备案,由政府发布。大学理事会成员根据大学章程产生。大学的两院制结构意味着大学的决策由两院合作完成,这是加拿大大学治理最为突出的特点。

者通过制度安排达到共同获利的目的。因此,在解释制度变迁时,理性选择制度主义给出的是一种算计路径的解释。这种路径将制度的前状态假定为"无政府状态",制度的存在可以降低交易成本。在其看来,新制度与旧制度不存在必然的历史关联,只要存在一种制度的逻辑需要,且个体是理性的,制度就会被创造出来。① 历史制度主义的基本假设是:围绕稀缺资源而展开竞争的各个集团之间的冲突,构成了政治过程的核心要素。这一研究范式的突出特点是:在制度的产生和运作过程中,强调权力的非对称性;在分析制度的建立和发展时,强调路径依赖和政治后果,主张将制度分析与产生某种政治后果的其他因素结合起来进行综合分析。因此,在解释制度变迁时,历史制度主义给出的是一种冲突路径的解释。这种路径主要考察旧制度、环境和行动者三个变量之间的关系,认为制度可能起源于两个集团之间的冲突和竞争,同时也可能来自环境的变迁所提供的机会。② 社会学制度主义的基本假设是:制度影响行为的方式是为特定社会化过程中的角色提供某种内在化"行为规范"和认知模板,即指明行动者在特定情景下把自己想象和建构为何种角色。这种研究范式的主要特点是:在最广泛的意义上界定制度,制度不仅包含正式规则、程序和规范,而且包括为人类行动提供"意义框架"的象征系统、认知模式和道德模板,强调文化权威的价值体现在能够为特定的制度安排提供合法性基础,却不能为别的一些制度安排提供合法性依据。因此,在解释制度变迁时,社会学制度主义给出的是一种文化路径的解释。这种解释路径认为,一种新制度的诞生可能是在旧的制度文化氛围中自然演进的结果,也可能是新旧文化之间产生冲突的结果。③

　　新制度主义的三种研究范式各有所长,在解释公共组织的制度变迁上,

---

　　① 卢现祥.西方新制度经济学[M].北京:中国发展出版社,2003:58.

　　② 何俊志.结构、历史与行为——历史制度主义对政治科学的重构[M].上海:复旦大学出版社,2004:225.

　　③ 彼得·豪尔,罗斯玛丽·泰勒,何俊志.政治科学与三个新制度主义[J].经济社会体制比较,2003(5):20-29.

它们都只具有有限的解释力。理性选择制度主义善于微观的技术分析,社会学制度主义长于宏观的背景探讨,历史制度主义则是一种中层意义的综合解释。令人欣喜的是,近年来,各个流派之间出现了交流与整合的趋势。事实上,作为新制度主义政治学的成员,这三个流派之间原本就有一些基本的共识:第一,分析的动力始于制度而非个人;第二,强调结构对政治行为的决定作用;第三,认为制度对行为的规范作用超过其他因素;第四,认为制度既是人类有目的行为的结果,又形塑着人类行为。① 现在它们又在各自的核心假设上做出修正,它们之间的边界日趋模糊。现在它们甚至在核心假设上也取得了一定的共识,都承认行动者的有限理性、制度变迁的路径依赖以及观念的重要作用。它们的区别只是这三个核心要素在三种分析途径中所处的地位不一样。如果说有限理性是理性选择制度主义的核心概念,那么路径依赖是历史制度主义的核心概念,价值观念则是社会学制度主义的核心概念。笔者认为,如果放宽三种分析路径各自的核心假设,完全可以把它们整合为一个综合性的分析框架。由于历史制度主义本身就是一个中层的综合分析框架,它具有沟通宏观与微观以及将其他两个流派所考察的变量纳入自己的分析视野的开放性,因此在分析制度变迁时完全可以形成一个以历史制度主义为核心的综合分析框架。"站在制度中轴上的历史制度主义也就能够为新制度主义的协作创造出更大空间。"②这一分析框架具有很强的解释力,能够为教育政策变迁研究提供新的分析视角。根据这个综合分析框架,我们可以提出公共组织制度变迁的三个假设:第一,基于有限理性的算计是制度变迁的微观基础;第二,权力冲突是制度变迁的动力机制;第三,基于文化认同的合法性是制度变迁的一个重要影响因素。下面笔者将利用这一分析框架对多伦多大学治理模式的变迁进行分析。

---

① B. G. Peters. Institutional theory in politics science: the new institutionalism[M]. London: Continuum Press, 1999: 141 - 149.

② 何俊志,任军锋,朱德米.新制度主义政治学译文精选[M].天津:天津人民出版社,2007:13 - 14.

三、多伦多大学治理模式变迁的历程描述

多伦多大学是加拿大规模最大、实力最强的公立研究型大学，历史上，其治理模式的改革在安大略省乃至整个加拿大的示范作用很强。根据加拿大联邦宪法规定，教育是省政府的权力与义务，省政府拥有对高等教育的管制权。安大略省政府对多伦多大学具有很大的影响力。笔者以深描的方式对高等教育大众化背景下多伦多大学治理模式的变迁进行勾画，以再现整个改革的历程。

1. 1906 年多伦多大学法案

多伦多大学自创立以来，其最高决策机构一直是皇家理事会。到 20 世纪初，随着政府对大学介入的兴趣越来越大，大学与政府之间的关系日趋紧张。政府认为大学是上层建筑，大学应该扮演一定的政治角色。大学对此不以为然。为了明确界定两者的关系，20 世纪初，安大略省政府成立了一个专门委员会，对多伦多大学的章程进行了详细的审议。该委员会主要围绕如下问题进行调研：第一，多伦多大学是否应该与政治体系分离？第二，在何种政校关系模式下，多伦多大学能够实现最好的治理？第三，由谁来治理大学？谁最有资格进入多伦多大学的理事会？在对大学实际运作状况以及对北美其他公立大学尤其是美国的州立大学进行深入研究的基础上，委员会形成了调研报告。报告指出，多伦多大学应该与政府适当分离，坚持大学自治。为了有效治理大学，维护大学自治，应该成立新的大学董事会。新董事会成员构成是：一半成员来自校外，由政府任命；另一半成员来自大学内部，由选举产生。同时，基于大学是学术机构，为了落实 3A 原则（学术自由、学术自治、学术中立），故在大学董事会之外，应成立由资深教授组成的大学评议会，行使学术决策权，负责大学的学术发展。这个报告受到了安大略省政府的高度重视，其大部分内容为省政府所接受。其中，该报告所提议的两院制治理模式写入

了多伦多大学法案,对加拿大其他大学法案的制定产生了很大影响。

2. 20 世纪 60—70 年代大学治理结构改革

随着加拿大高等教育的大众化,以及世界范围内兴起的大学生平等权运动,学生要求获得平等权利,全面参与大学决策。大学治理问题再次成为大学改进的中心议题。1963 年,加拿大大学教师联合会与加拿大大学联合会成立了达夫·贝尔达尔委员会,审视大学治理问题。1966 年,该委员会提交了初步报告。该报告认为,大学教师应该成为大学董事会成员,学生不一定要参与大学董事会。同时,该委员会提议所有的大学都应该成立一个类似于多伦多大学校长委员会的机构。多伦多大学校长委员会是 1965 年时任校长克劳德·比塞尔为自己设立的顾问机构,该机构最初由 5 位选举产生的教师代表、一定数量的高级管理人员和几位大学董事会成员组成,没有学生代表。校长委员会的主要职能是沟通大学理事会与大学评议会,同时为校长提供决策咨询。

然而,多伦多大学校长比塞尔出于对大学董事会治理大学能力的极度不信任,拒绝接受这一带有浓厚改良色彩的报告,他希望多伦多大学比达夫·贝尔达尔委员会报告走得更远。他认为,应该把大学董事会与大学评议会合并为一个机构,这种安排更有利于提高大学在学术与财务等重大问题上的决策效率。比塞尔认为现有的"两院制"治理结构导致了大学决策中的"两张皮"现象:大学评议会负责学术问题的决策,而不考虑相关的财务问题;大学董事会负责财务问题的决策,但不理会财务决策对学术发展的影响。合二为一的决策机构能够把不同利益集团的代表召集在一起进行协商。[①] 实际上,学生对达夫·贝尔达尔委员会报告也十分不满,因为这个报告忽视了其权利诉求。学生要求与大学教师及行政人员一样拥有平等的参与大学治理

---

① Friedland M. L. The University of Toronto:A history[M]. Toronto:University of Toronto Press,1999:528.

的权力。

　　为此,多伦多大学校长比塞尔提出,由 2 位教师代表、2 位学生代表、2 位行政人员代表、2 位校友代表以及 2 位大学董事会成员共同组成一个大学管理委员会,对大学治理模式改革的相关问题进行研究。这个提议得到了大学董事会的支持,但是遭到学生的反对。学生要求在大学管理委员会中教师代表占 4 个席位,学生代表占 4 个席位,而且校长与大学董事会成员在大学管理委员会中不能拥有表决权,学生的观点得到了教师的支持。经过一系列的激烈交锋,扩大大学管理委员会规模的方案得到大部分人的支持,但是关于大学管理委员会人员构成的争议依然没能取得共识。在这个过程中,比塞尔校长备感挫折,一度想辞职不干。经过一番协商与妥协,大学管理委员会人员构成方案勉强得到了大学董事会的支持,大学管理委员会终于建立起来了,并选举产生了 4 位教师代表和 4 位学生代表。[①]

　　在随后的一年时间里,大学管理委员会举行了 145 次会议,最终形成了一个报告。应该说,在这个过程中,大学管理委员会成员进行了很好的合作,并就成立一个反映各方利益的大学理事会达成协议。大学管理委员会的报告认为,这个大学理事会将成为替代大学董事会、大学评议会与校长委员会的单一的决策机构。该报告提议,大学理事会由 66 人组成,包括 20 位教师代表、20 位学生代表、20 位校外代表和 6 位学校高级行政人员。其中教师代表与学生代表由选举产生。[②] 1969 年,大学管理委员会的报告正式公开发表,其核心是要创立一个拥有学术与财务决策权的权威机构,这个机构被命名为大学理事会。出于对大学董事会及其治理大学的能力的怀疑,报告明确指出,大学理事会将取代大学董事会与大学评议会的职能。这个报告当即遭到了大学董事会大部分成员的反对,他们认为 1906 年皇家委员提议建立的两院制

　　① Friedland M. L. The University of Toronto：A history[M]. Toronto：University of Toronto Press，1999：529.

　　② Friedland M. L. The University of Toronto：A history[M]. Toronto：University of Toronto Press，1999：530.

治理结构运转得一直很成功,没有改变的必要。而且,他们认为,在大学管理委员会里只有 2 位大学董事会成员且仅以观察员身份参加,这种制度安排十分荒谬。然而,由于大学董事会主席的软弱无力,董事会内部的思想和政策理念是混乱的。正如一些董事会成员事后所说的,当时的董事会主席是昏庸的,"我从来没有见到过一位如此主持董事会会议的主席,整个会场好像没有主席存在,令人震惊的是他居然在自己主持会议时睡觉了"①。尽管大学董事会大部分成员对该报告持否定态度,他们反对大学治理结构的巨大改变,但是理事会的部分年轻成员却对该报告的基本原则持赞成态度。

为了整合改革支持联盟,1969 年 10 月,比塞尔校长提议成立一个专门委员会,负责开展全校性讨论。这个委员会的主席来自校长委员会,其他成员包括教师联合会主席、学生事务管理委员会主席、研究生联合会主席。在整个学年度,该委员会对报告涉及的大学改革的重大问题组织了广泛的讨论。讨论在三个校区同时进行,通过举办一系列专门讨论会,如校友座谈会,教师座谈会等,以及开辟可供发表公开评论的平台,对大学治理模式改革问题进行了深入细致的讨论。该委员会试图使大学各组群在治理模式改革的基本问题上形成共识,然而这一目标在大学这样复杂的组织中很难实现。最后,该委员会不得不提出了一个既简单又大胆的方案:召开一个具有广泛代表性的"大学制宪会议",全面审视几个月来广泛讨论所取得的成果,希望在此基础上形成共识。该委员会在整个大学社区发放征询意见表,旨在了解大学社区对一院制大学治理模式的看法,以及成立一个"大学制宪会议"的基本态度。② 这个"大学制宪会议"就是后来所谓的全校代表大会。出人意料的是,成立"大学制宪会议"的提议得到了大学社区的一致赞同,并为大学董事会所认可。

1970 年 1 月,全校代表大会在安大略省政府的麦克唐纳·布莱克大楼的

---

① Friedland M. L. The University of Toronto: A history[M]. Toronto: University of Toronto Press, 1999: 544.

② Friedland M. L. The University of Toronto: A history[M]. Toronto: University of Toronto Press, 1999: 545.

一个大会议室里召开了为期 3 天的大会,这是多伦多大学历史上最引人注目的盛会。全校代表大会由 170 人组成:40 位教师代表,40 位学生代表,40 位学术与非学术管理人员代表,10 位大学董事会代表,40 位其他方面的代表(含 20 位校友代表)。其中,除了大学董事会人员与大学管理人员之外,所有成员都是选举产生的。① 值得指出的是,大学董事会在这次全校代表大会上基本处于边缘地位,他们因此拒绝参加这次会议,但有几位董事会成员作为观察员全程参与了会议。校友代表在全校代表大会中表现得非常积极。最后 146 位正式代表参加了这次具有历史意义的制宪会议。人文学院副院长阿尔奇·哈利特被选为会议的执行主席。全校代表大会以 111 票赞成 15 票反对,原则上通过了实行"一院制"治理结构的改革方案。但是对于学生与教师在大学理事会中占有相同席位的提议,大会产生了严重的分歧,最终投票结果是 60 票赞成 56 票反对,提议最终没有获得通过。② 这一结果导致人们对大学治理结构中各组群的构成比例展开了进一步的争论。在其后的会议上先后提出了 11 种席位分配方案,其中 10 个方案被逐一淘汰。比如一位政治学教授提出教师代表应该占新的大学理事会席位的一半,然而大学教师联合会并没有如此极端,而是提议由 20 位教师代表、20 位校外代表、10 位行政人员代表和 10 位学生代表组成新的大学理事会。学生则坚持与教师占有相同席位、享有同等决策权。也有人提议校外代表应该占大学理事会成员的大多数,等等。最后,全校代表大会通过了一个折中方案,即新成立的大学理事会由 72 人组成,其中校外代表 24 人,教师代表 21 人,学生代表 14 人,学术管理人员与教学辅助人员代表 13 人。③ 学生席位只相当于教师席位的三分之二。

---

① Friedland M. L. The University of Toronto:A history[M]. Toronto:University of Toronto Press,1999:545 - 546.

② Friedland M. L. The University of Toronto:A history[M]. Toronto:University of Toronto Press,1999:546.

③ Friedland M. L. The University of Toronto:A history[M]. Toronto:University of Toronto Press,1999:547.

为了获得教师组织与学生组织对新方案的大力支持，全校代表大会同时决定，教师或学生如果对这个方案不满意，经各自群体绝大多数成员投票赞同，可以要求在当年的秋季再召开一次新的制宪会议，对大学治理结构的安排重新进行讨论协商。如果秋季的制宪会议仍然认同这一新方案，那么该方案将会被提交给校长。教师代表对全校代表大会确立的席位安排比较满意，但参加制宪会议的部分学生代表对未能与教师占有相同席位的结果十分不满。然而，学生代表经过秘密商讨之后，决定不要求召开秋季的制宪会议，但是他们表示对这个方案持保留意见，并扬言要发表一个强有力的态度声明。但是令人奇怪的是，这个声明始终没有发表出来。

校长在几天之后收到了大学教师联合会主席的来信，敦促他把全校代表大会通过的方案尽快提交给省议会审议。校长委员会也强烈要求校长应尽快行动，并建议校长委员会与大学董事会建立一个联合委员会。但是，大学董事会对此态度消极。1970年11月，大学董事会正式发表声明，反对全校代表大会通过的新方案。他们认为，1906年多伦多大学法案确立的"两院制"治理模式明显好于"一院制"治理模式，因此，对多伦多大学法案的修改缺乏合法性。如果一定要实行"一院制"治理模式，那么新成立的大学理事会也应该小于全校代表大会提议的规模，以不超过35人为宜。[1] 大学董事会的声明同时强调，新成立的大学理事会大多数成员应该由政府任命，并由新的大学理事会与校长共同承担管理大学的责任，而且新的大学理事会主席应该从政府任命的人员中产生。校长对大学董事会的这一提议表示反对，重申坚持"一院制"治理模式。其他学校高级行政人员也对大学董事会的顽固不化颇有微词。

1971年春天，威廉·戴维斯领导的安大略省政府决定支持全校代表大会的提议，以推动新的多伦多大学法案的出台，但是同时应大学董事会的要求，对全校代表大会方案的两处重要内容进行了调整，调整之后的内容是：其一，

---

[1]　Friedland M. L. The University of Toronto：A history[M]. Toronto：University of Toronto Press，1999：548.

由外部人员（即由政府任命的人员与选举产生的校友代表）构成新的大学理事会的多数。其二，大学理事会的规模不是全校代表大会提议的 72 人，而是 42 人。修改后的方案被提交安大略省立法会，省立法会后来把新的大学理事会规模调整为 50 人。① 正如人们所预料的，教师与学生在新的大学理事会中的构成比例再次成为立法会中争议的焦点。自由党要求学生组群与教师组群占有相同的席位，但是法案最终仍然坚持全校代表大会提议的比例，即学生席位是教师席位的三分之二。1971 年 7 月，法案二读通过之后，被送交立法会人力资源委员会进行详细审查。在为期 8 天的听证会上，学生为争取与教师相同席位进行了不懈努力，教师则极力维护自己的既得利益。其间，安大略省教育部长约翰·怀特从大学生拥有选举权的角度，曾提出一个隐性平衡方案。该方案提议，新的大学理事会给教师 10 个席位，学生 6 个席位，另外 4 个席位由教师与学生共同选举产生。大学教师联合会强烈反对这个隐性平衡方案，因为在教师与学生的比例高达 1∶15 的情况下，教师根本无法获胜。在大学教师联合会与大学董事会的强烈要求下，约翰·怀特部长被迫收回了自己的提议。② 1971 年 7 月 23 日，安大略省立法会最终三读通过了新的多伦多大学法案。值得指出的是，立法会仅仅是对大学理事会及其执行委员会的人员构成做出原则安排。实际上，校长可以建议政府任命特定群体的人员进入新的大学理事会，如在 20 世纪 70 年代，校长曾建议任命来自劳工群体以及意大利族群的代表进入多伦多大学理事会。1972 年 1 月，多伦多大学"一院制"治理模式正式启动。多伦多大学成为北美地区第一个目前仍然是唯一的一个实行"一院制"治理模式的公办研究型大学。

3. "一院制"治理模式确立之后的争议

1972 年，新成立的大学理事会召开了第一次会议。在这次会议上，鉴于

---

① Friedland M. L. The University of Toronto：A history[M]. Toronto：University of Toronto Press，1999：548.

② Friedland M. L. The University of Toronto：A history[M]. Toronto：University of Toronto Press，1999：549.

新的多伦多大学法案只是为多伦多大学建立了一个没有传统、没有机制的合议性机构,会议决定建立健全"一院制"治理模式的运行规则。值得一提的是,这次会议在大学理事会中创设了一系列的执行性职位,并从理事会里委任相关人员担任相应职位。根据多伦多大学拥有几个副校长的职位,理事会先后成立了相应的专门委员会,每个专门委员会设主席一人。与校内事务副校长相对应,大学理事会内成立了大学内部事务专门委员会,该委员会主要关注学生群体的事务。与校外事务副校长相对应,理事会内成立了大学校外事务专门委员会。但是随后的实践发现,如果理事会校外事务专门委员会与其他机构合并将会更加有效,后来对此有所调整。与资源与战略规划副校长相对应,理事会内成立了大学资源与战略规划专门委员会。与学术副校长兼教务长相对应,理事会内成立学术事务专门委员会。[1] 鉴于学术事务专门委员会的重要性,其人员构成成了本次会议关注的焦点,因为学术事务专门委员实际上取代了原来的大学评议会。而在以前的大学评议会中教师代表占绝大多数,但是新的学术事务专门委员会中教师代表在数量上不再具备优势。其原因是两个新规定限制了教师在学术事务专门委员会中的数量。第一个限制来自省立法会的"大学的任何重大决定必须经理事会大多数成员同意"的规定。第二个限制来自理事会的"大学的任何组群不能在理事会的任何专门委员会中占多数"的规定。后一个规定是在一次大学理事会会议上通过投票以简单多数通过的。虽然教师强烈反对,但是在学生的支持下规定获得通过。其结果是在由 25 人构成的学术委员会中,教师包括学术行政人员仅占 12 个席位。[2] 院长、附属学院校长等学术行政人员十分关注他们在理事会及其学术事务专门委员会中地位的变化,因为在以前的大学评议会中,他们中的绝大多数人是必然存在的成员,但是在现在的大学理事会以及学术事务

---

① Friedland M. L. The University of Toronto: A history[M]. Toronto: University of Toronto Press, 1999: 554 - 555.

② Friedland M. L. The University of Toronto: A history[M]. Toronto: University of Toronto Press, 1999: 556.

专门委员会中却没有其位置。虽然他们也可以与教师竞争大学理事会中的席位，而且校长也会任命他们中的两位进入大学理事会，但是这不能从根本上改变他们在学术事务专门委员会中失去话语权的状况。他们愤怒地表示："我们最了解学术事务专门委员会所讨论的问题，但是我们却被排斥在决策之外。"①为了确保学术管理人员的声音被听见，并及时掌控大学理事会与学术事务专门委员会的决策动向，由学术副校长兼教务长牵头成立了一个替代性的机构——学术行政人员协调会。该机构为各院院长、各附属学院校长等学术行政人员提供了交流沟通的平台。学术行政人员每个星期碰头一次，由教务长主持，大学校长也经常参与会议。学术行政人员通过影响校长，增强了其在大学学术事务决策中的权力。然而，教师在理事会学术事务专门委员会中少数席位问题一直没有解决，这长期成为教师关注的问题。

学生争取与教师平等席位的斗争一直延续了近十年。根据多伦多大学法案的要求，在该法案实施2年之后必须进行一次评估。1973年，安大略省政府成立了一个专门的法案评估审查委员会，大学理事会的人员构成问题再一次成为讨论的热点话题。法案评估审查委员会对政府控制大学理事会提出了质疑，并向大学理事会提出了一个新建议。新建议要求把学生的席位增加到12个，并相应增加教师的席位。② 大学理事会拒绝了这个提议，但是却通过了一个旨在缩小学生席位与教师席位差距的新方案。教师对这个新方案很不满意，现在看来这个新方案加速了教师的工会化。教师联合会主席强烈要求安大略大学与学院理事会主席推迟对新建议的表决，或者扩大评估审议的范围。大学教师联合会主席认为，"关于大学建立单一治理制度的整个

① Friedland M. L. The University of Toronto：A history[M]. Toronto：University of Toronto Press，1999：556.

② Friedland M. L. The University of Toronto：A history[M]. Toronto：University of Toronto Press，1999：557.

问题,不但要在大学内部进行充分的讨论,而且应该征求校外专家的意见"①。政府最终停止了对大学理事会人员构成的改革。

关于理事会席位的讨论告一段落之后,教师又开始对大学理事会施加改革的压力。1975 年,大学教师联合会主席给大学理事会写信,要求大学理事会的资源与规划委员会的多数成员由教师组成,要求大学理事会的学术事务委员会的三分之二的成员从学术人员中产生。大学理事会对教师联合会的意见很重视,但是并没有相应的行动。由于教师的议论不断,1977 年,校长决定对新的治理模式进行 5 年运作审视。英属哥伦比亚大学(University of British Columbia,UBC) 前校长,其时担任安大略大学和学院理事会主席的约翰·B.麦克唐纳发表了反映他个人观点的报告。报告就多伦多大学新的治理模式的有效性提出了一系列见解。他认为,多伦多大学理事会过于行动主义,卷入了大量与自身主要职能无关的琐碎事务之中。多伦多大学理事会主要应该审议行政人员提出的政策建议,不应该卷入具体的行动之中。他建议,大学的权力重心应该下移,更多的权力应该授予基层学术部门。他认为,不应让大学再一次陷入理事会人员构成的争论之中,因为这样的争论不可能取得结果,而且会使大学陷于破坏性的冲突之中。② 多伦多大学理事会接受了其观点。对于教师参与学术决策问题,他提议把资源与规划专门委员会和学术事务专门委员会合并为一个新委员会,并让更多的教师进入这一扩大的委员会。新委员会将由 61 人组成,其中教师占 33 席位。这一提议意味着要放弃理事会的"任何组群不能在各种专门委员会占多数席位"的规定。多伦多大学理事会和学校行政当局都不赞同采纳这个提议。尽管如此,理事会还是扩大了学术事务专门委员会的规模,为了确保更多的教师参与,规定 7 位学

---

① Friedland M. L. The University of Toronto:A history[M]. Toronto:University of Toronto Press,1999:558.

② Friedland M. L. The University of Toronto:A history[M]. Toronto:University of Toronto Press,1999:558.

术管理人员自动成为委员会成员，但是他们没有投票权。[①] 直至 20 世纪 80 年代，学术事务专门委员会的构成都没有发生大的变化。在整个 20 世纪 70 年代，学校行政人员的权力在不断增大，校长周围的行政人员推出了一个又一个改革计划。虽然校长的基本理念是分权以及协商性决策，但是实际结果是权力不断集中在少数高级行政人员手中。随着哈斯特（Haist）规则的建立，校长与学术行政人员的关系不如以前。根据这个规则，任命学院院长、附属学院校长等学术行政人员不再是校长的特权，必须由董事会决定。而且院长、系主任是有固定任期的，任期结束后，他们仍然是一般的教师。这严重削弱了校长与院长的关系，校长竭力要巩固与院长的联盟，并使院长能够分享自己的观点与计划。

四、多伦多大学治理模式变迁的制度逻辑

1. 制度变迁的微观基础：基于算计路径的分析

算计路径主要从理性策略算计的行动者行为的角度分析制度变迁。某种制度之所以被挑选出来，是因为行动者从该制度获得的利益比其他制度更多。因此，如果现有制度不能满足行动者从交易中获利的需要，制度将会改变。"变迁似乎发生在现在制度在满足其形成时所能满足的需要出现某种'失败'的时候。"[②]可见，制度变迁是一个有意识的过程。1971 年多伦多大学法案的治理模式与 1906 年大学法案的治理模式相比，最大的不同是以"一院制治理"取代"两院制治理"。这一根本制度性的变化之所以发生，是因为这一新的政策安排可以给制度设计者——校长及学校高级行政管理人员带来潜在而巨大的收益，尽管后来情况并未完全如其所愿，毕竟其只是拥有有限

---

① Friedland M. L. The University of Toronto：A history[M]. Toronto：University of Toronto Press，1999：558.

② 何俊志，任军锋，朱德米.新制度主义政治学译文精选[M].天津：天津人民出版社，2007：89.

理性的行动者,但这的确是制度设计者们的初衷。

为了说明这一制度变迁的算计逻辑,我们可以分析一下 1971 年多伦多大学治理模式改革之前加拿大高等教育的发展情况。从 1945 年到 1970 年,加拿大高等教育实现了从精英向大众的转型,这种转型与联邦政府的角色转换密切相关。作为联邦制国家,加拿大实行教育分权体制,联邦政府很少介入高等教育,这种状况一直延续到二战后退伍军人福利计划的实施才有所改变。二战结束后,联邦政府开始强力介入高等教育,实施了影响深远的退伍军人福利计划。根据这个计划,联邦政府为每一个有资格上大学的退伍老兵支付学费。高等教育机构每注册一个老兵可以从联邦政府得到 150 加元的补助。[①] 该计划获得了巨大成功,当 20 000 名退伍军人决定接受高等教育时,1945—1946 年度加拿大大学的注册人数增长了 46%。1946—1947 年度,退伍军人在大学的注册人数增加到 35 000 人。退伍军人福利计划的实施正式拉开了加拿大高等教育大众化的序幕。当大学的大门向退伍军人开放的时候,其他公民也纷纷要求接受高等教育。事实上,除去退伍军人人数,大学生注册人数从 1941 年到 1951 年增长了近 70%。[②] 由于人们接受高等教育需求的迅速增长,大学开始向联邦政府与省政府寻求资助。从 20 世纪 50 年代到 20 世纪 70 年代,联邦政府实施了推进高等教育大众化的三个资助计划。这些计划强化了联邦政府与省政府在高等教育发展中的作用。然而,政府财政拨款的增长速度比不上高等教育规模的扩大速度,政府为了增加学生规模减少了生均资助量,开始强调资助的效率。政府财经资助减少,高校开始紧缩教师工资与福利预算,并增加学生的学费,这些政策促使教师与学生权利意识的普遍增强。在这种背景下,政府、社会与学生要求建立"问责制",教师希望维持已有的权利,行政人员希望扩大自己的权力。1906 年确立的"两院制"

---

① Cameron D. M. More than an academic question: Universities, government, and public policy in Canada[M]. Halifax, Canada: Institute for Research on Public Policy, 1991.

② Cameron D. M. More than an academic question: Universities, government, and public policy in Canada[M]. Halifax, Canada: Institute for Research on Public Policy, 1991.

治理模式已经不能满足各利益相关者的需要,因此,政府、社会、教师与学生都要求对现有的大学治理结构进行改革。

多伦多大学治理模式改革的制度设计者是以校长比塞尔为代表的学校高层行政管理人员。作为学校的高层管理者,他们承受了来自社会和政府问责的巨大压力,他们希望自己的大学变得更有效率,更有竞争力。为此,他们希望获得对大学的组织结构和人员聘用进行改革的权力。然而,在"两院制"治理模式下,他们事实上失去了控制学校内部事务改革的话语权。这主要有两个原因:其一,大学董事会与大学评议会并没有授予校长太多的权力进行学校内部事务的改革。一方面,大学董事会保留了大部分学校内部事务的决策权;另一方面,董事会对自己行使的决策权力不承担任何形式的责任。一旦学校绩效不佳,董事会通常的做法是换校长。校长在学校里只是充当了灭火者的角色,大事化小,小事化无。学校最重要的几项事务——大学使命的确立、课程设置以及教师的任命,校长都无权置喙。因此,校长如果不想使自己的聘期变短,最好不要试图对学校进行任何形式的改革。那些意志坚强且事业心强的校长候选人很少被董事会看中,就是教师也没有兴趣提名这样的人担任校长。因此,深谙此道的校长常常是高调宣扬将追求卓越,实际上对学校不做任何改变。其二,大学学术事务的管理权往往掌握在大学评议会等各种教师委员会手中,校长难有作为。由于学术职业的特殊性,对教师的评价与监督十分困难,对教师进行简单的量化管理会导致一系列反常的结果,也容易遭到教师的反对。因此,学校不得不通过任命各种委员会对教师的工作进行评价。教师工作质量的模糊性使教师缺乏责任心,"两院制"治理模式加剧了这种情况。为了减少教师对学术决策不民主的批评,学校管理人员热衷于任命各种教师委员会。训练有素的管理人员知道,这样的教师委员会很少能产生令人满意的决策,但是能够使委员会成员的精力在无休止的争论中消耗。对理性算计的管理人员来说,这样做的一个好处是保护自己免遭教师的批评。实际上,各种教师委员会并不关注学校的发展,而只是希望维持现状。维持现状是教师的普遍特性，正如美国学者所言，"许多人更希望明天像今天一样，他们不希望一个不确定的将来，尤其是需要他们为没有更高回报的改革付出更大的努力时，如需要他们准备新的课程材料，他们更是不愿意"①。可见，教师的个人利益与大学的长远利益是有矛盾的。在学术管理上，行政人员希望激励卓越，教师委员会则希望照顾一般。由于在各种委员会任职的教师往往低于教师的平均水平，因此他们实际上成为低水平教师的保护伞，任何旨在强化竞争机制与提高办学质量的改革都会遭到他们的反对。在强大的教师委员会面前，管理人员不愿意为了改革而得罪这些教师，因为许多试图改革的学校高级行政人员甚至校长，曾被这些人投不胜任票而被迫离职。

面对这种情况，如果不对大学的治理模式进行重大改革，校长将难有作为。为了使学校高级行政人员获得大学改革的主导权，校长极力推行"一院制"治理模式，这是多伦多大学治理模式变迁的微观基础。值得指出的是，作为多伦多大学历史上的一位杰出校长，比塞尔没有将自己的职业生涯的赌注压在某一具体政策的结果上，而是押在治理模式这一大学核心制度上，这也体现了其精确算计。事实上，当1971年多伦多大学法案获得通过的时候，他已经退休一年多了，但他的名字铭刻在多伦多大学的历史上，其原因就是他推动了多伦多大学治理模式的变迁。

2. 制度变迁的动力机制：基于冲突路径的分析

社会宏观结构塑造制度，制度通过构造政治变量之间的相互关系而最终影响政治产出。制度实质上是一个中层结构，一方面，通过这一中层结构，社会的宏观结构对具体的政治产出产生影响；另一方面，政治产出的意外后果反过来会塑造制度，进而对宏观的社会结构产生某种影响。可见，作为中层

① Amacher R. C., Meiners R. E.. Faulty towers: Tenure and the structure of higher education [M]. California: The Independent Institute, 2004: 43.

结构的制度是宏观结构和政治产出之间的转换器。政治行动者是在中层制度制约下展开政治冲突的,在制度稳定时期,可以用制度来解释政治冲突;在制度危机时期,需要用制度崩溃后释放出来的政治冲突来解释制度自身的塑造问题。其中,制度危机通常由外在的环境所引发。这一危机能够造成旧制度的崩溃,而这一崩溃又在塑造新的制度安排之后,引发了紧张的政治冲突。因此,制度变迁的分析可以转化为探讨在某一大学制度下各种力量之间和各种力量之内的政治冲突。在多伦多大学治理模式的变迁中,作为中层结构的大学制度包括两个方面:一是大学与政府之间的关系,二是大学内部各个组群之间的关系。

自 1849 年多伦多大学摆脱教会控制后,政府与大学之间控制与反控制的博弈不断。20 世纪初,这种冲突达到了尖锐的程度,最终导致皇家弗拉维尔委员会的创立。这个委员会专门审议政府与大学的关系,以及大学治理结构的安排。1906 年,弗拉维尔委员会报告确立了一种新模式,这个模式影响了加拿大其他大学。这个模式基于这样一个核心的理念:大学内部的行政权力与政府直接的政治权力应保持适度的分离。这种"分离"可以通过政府授权的大学董事会来实现,大学董事会的大部分成员由政府任命。在这一理念的基础上形成了 1906 年多伦多大学法案。该法案的核心是确立了大学两院制治理结构:由非专业人士构成的法人董事会,负责监督大学的行政事务;由学院院长、教授、校友以及学校行政代表组成的大学评议会,负责处理学术事务。大学评议会来自英国的传统机制,与曼彻斯特大学 1870 年采用的结构极为相似。应该说,从 20 世纪初到二战结束,这种制度安排一直是正常运转的。在这个阶段,就政学关系而言,大学是一个高度自治的机构。因为多伦多大学是以私立非营利机构进行注册的,政府与大学的关系仅限于每年决定政府资助的水平,很少干预大学内部决策。就大学内部各组群的关系而言,教师组群、学生组群和行政人员组群也存在一种权力的博弈关系。虽然学生起初在这个博弈中丧失谈判能力,但是其一直在积极争取参与大学决策的权力。

我们知道,中世纪大学有"学生大学"与"教师大学"之分,前者的决策权归学生,后者的决策权归教师。但是,"学生大学"最终衰落了,这是因为大学是一个学术组织,学生不但不具有专业知识,而且在大学求知的时间短,参与决策却不承担责任,因此,无法保障大学资源的合理使用。"教师大学"发展到 19世纪形成了自己的经典模式——教授治校型大学。这种模式的核心是由各系所选派的教授决定大学自治行政事务。教授治校大学强调大学所有的事务取决于教授的决定。1906 年多伦多大学法案确立的两院制治理模式就带有浓厚的"教授治校"的色彩。在这种情况下,教师在与行政人员、学生的博弈中处于绝对优势地位,这与当时学校规模偏小也有一定的关系。

然而,二战结束之后,加拿大的社会经济环境与政治背景发生了急剧的变化,传统的大学制度面临挑战。早在二战之前,加拿大联邦曾制定"国家政策",这个政策旨在利用联邦政策控制地区资源,以促进以安大略为中心的中部地区的工业发展。第二次世界大战和加拿大的投资贸易体系并入北美网络为"国家政策"的实施提供了难得的机会。二战期间,自由党政府成功地获得了各省的税收和财政支出权,从而奠定了加拿大作为福利国家的基础。北美投资贸易体系的一体化使美国投资者与加拿大企业家联合起来,迅速扩大了加拿大工业和资源领域的规模,促进了整个联邦惊人的繁荣。联邦政府因此掌握了史无前例的权力,这为联邦政府全面介入高等教育提供了条件。传统的大学制度与已经变化的社会经济环境及政治背景之间出现了不协调。多伦多大学作为加拿大规模最大的公立大学,这种冲突尤为激烈。多伦多大学由两院制治理模式向一院制治理模式的变迁就是在这一背景下展开的。就政学关系而言,由于多伦多大学 60％以上的办学经费来自政府,在博弈中政府拥有了更多的谈判能力,其要求在大学的决策中拥有更多的发言权。但是,在传统的两院制治理模式中,虽然大学董事会有一半的代表由政府任命,但是政府在大学评议会中没有代表,在大学学术决策上没有发言权。政府希望大学提供一流的教学,希望建立教育问责制度,但是他们的要求在两院制结构下难以实现。因此,政府希望限制大学的自治权,取消大学评议会,成立政府拥有很大发言权的单一的决策机构。然而,大学董事会的大部分成员对控制学校的财政决策权状况持满意态度,因为他们并不关心大学学术发展,对学术决策也没有多少兴趣。他们希望维持现有的两院制治理模式。由此可见,作为委托人的政府与受托人的大学董事会之间也是有冲突的。就大学内部各组群关系而言,以校长为代表的行政人员希望在组织使命的确定、课程设置和教师任命方面拥有更多的控制权,而这一部分权力在两院制治理模式下控制在由教师组成的大学评议会和各种专门委员会手中。一如上述,这些委员会中的教师反对大学中引进竞争机制和问责制。由于多伦多大学的教师拥有过大的决策权力,行政人员难以控制大学和教师,大学变成了一个没有效率和效益的"有组织的无政府"机构,大学的办学质量难以得到保障。因此,管理人员希望成立一个集财务决策权与学术决策权于一体的单一决策机构,以提高大学的决策效率,使大学由平庸走向卓越。以教授为代表的教师群体虽然拥有学术决策权,但是没有财政决策权的支持,这种权力也会大打折扣。而且,学术决策权基本上控制在资深教授的手中,普通教师并没有决策权,教师群体对大学治理模式的改革基本上也是持肯定态度的,尤其是一些年轻的教师积极参与了改革。因此,教师群体参与改革也是为了获得更多的控制大学的权力,虽然后面的改革并未完全如他们所愿。学生群体是这次改革最积极的行动者,这一大学政治中新行动者的诞生与高等教育的大众化是息息相关的。伴随着高等教育的大众化,20世纪60—70年代爆发了席卷全球的学生运动,学生要求获得平等权利,全面参与大学决策。对大学治理结构的改革,学生提出了"三者同权"思想,即大学的教师组群、学生组群与管理人员及其他辅助人员应享有同等的参与大学管理的权利。这是多伦多大学治理模式变革中学生与教师的席位分配为何会成为一个核心问题的原因所在。正是在这个多方参与的复杂博弈中,多伦多大学成功地实现了治理结构由两院制到一院制的转变。

大学制度变迁根据动力和强度的不同,分为三种形式:制度功能的变化、制度的演进和制度的断裂。前两种形式在多伦多大学制度的变迁中有所体现。第三种制度的断裂,是指社会大环境的剧烈变化引出了巨大的新冲突,现存制度在路径依赖下丧失了自我调适功能,矛盾不断激发导致现存制度产生断裂。制度的断裂是制度变迁中最激烈的一种,也是很少出现的一种。① 制度功能的变化。制度功能发生变化有三种情况:第一种情况是当大的社会背景(经济或者政治)发生变化,可能会改变原来制度的排列状况,使原来不显眼的制度变得重要起来,并对政治结果产生影响。在多伦多大学治理结构的改革中,一些临时性机构如校长委员会、大学管理委员会、全校代表大会,取代了正式机构,为推进改革的顺利进行发挥了关键作用。第二种情况是当大的社会背景(经济或者政治)发生变化,出现了新的行动者,新的行动者利用现存制度服务自己的新目标。在多伦多大学的改革中,出现了一个新的政治行动者——学生,他们利用自己拥有选举权等宪法赋予的权利成功促使了大学治理模式的变革。第三种情况是当大的社会背景(经济或者政治)发生变化,旧制度框架内的行动者利用旧制度追求新目标。在两院制治理结构中的行动者,如教师和行政人员,都在利用原来的政策框架追求本群体的长远利益,都试图更多地控制大学。正是在这些方面共同作用下,制度的功能开始发生变化,最后导致现有的制度出现危机。② 制度的演进。制度的演进是制度功能变化的后续阶段。在这个阶段,制度自身开始变化。"一旦制度产生出来之后,即使在制度处在路径依赖的正常时间内,也可能出现制度自身的一个微调状况。"①产生这种微调状况的动力有三种主要形式:第一种是制度的意外后果。制度是在围绕权力的争夺中被创造出来的,创造出来的制度会导出大量的政策路径,从而为试图改变政策冲突结果的政治行动者提供一套背景策略。多伦多大学校长看到了一院制治理的战略优势,采取了有意识

---

① 马烽.从历史制度主义角度看我国地方行政体制改革[J].前沿.2006(10):144-147.

的政治策略产生出提升学术行政人员权力的制度。虽然在短期内并没有达到最佳效果,学术行政人员一度以抱怨的态度接受一院制治理,但是机灵的校长却为学术行政人员获得长远利益提供了机会。第二是新观念的传播。虽然大部分制度是作为政策延续的基础而存在的,但有少量制度结构可能会建立起一套动态张力,并鼓励创造和革新。新观念的进入导致了制度的某些改变。20世纪70年代以后,加拿大经济走向萧条。在这种经济状况下,大学不可能在经费上获得很大增长,大学开始讲究效率,开始开源节流。由于教师的薪水是大学支出的主体部分,因此,教师的工资与福利是大学紧缩预算的主要方面。这促使教师开始组建工会,以保护他们的权利和工作条件。大学对学生则实行成本分担政策,导致学费不断上涨。在这种情况下,教师与学生权利意识普遍增加,他们成功促使大学对一院制治理结构进行调整和完善。大学理事会也变得更加开放与透明,允许旁听。第三是制度的设计者与制度的执行者相互分离时,制度的运作者可能会试图按照自己的意愿来理解现存制度。如果现存制度不利于行动者展开行动,而矛盾尚未发展到需要废除制度时,需要对制度进行调整。一院制治理结构形成之后,多伦多大学行政人员不断对大学理事会各专门委员会的人员构成进行调整,就属于这方面的情况。

3. 制度变迁的宏观结构:基于文化路径的分析

文化路径以合法性问题为核心,主要通过文化阐释来增强未来制度的合法性。在社会学制度主义看来,制度框架就是一个严密的文化信仰体系,这是组成一个社会的大多数人所共同具有的。[①] 这里要强调的是,对特定目的和行动的理解必须从两个方面入手:一方面,行动者是根据嵌入在制度环境中的成本和收益做出选择的;另一方面,行动者的选择又受到一个社会的文化遗产(风俗、神话和意识形态)的限定。如果把行动者当作大学组织的话,

---

① 何俊志,任军锋,朱德米.新制度主义政治学译文精选[M].天津:天津人民出版社,2007:234.

大学组织为了提高其正当性和稳定性,它们也会遵从制度化的各类"神话",这也的确能促进成功与发展。事实上,这只是大学组织追求合法性的反应,与提高组织有效性没有多少关系。

(1)民主与制度合法性。

多伦多大学治理结构由两院制向一院制改革的时代是权利意识被张扬、民主自由被广泛认同的时代。在这个时代,合法性的唯一真正来源是民主。"尽管历史上有很多形式的合法性,但在当今世界,合法性唯一真正的来源则是民主。"①对多伦多大学改革者的推动者来说,亲近民主就能站在合法性的制高点上,牢牢握住改革的话语权。从某种意义上说,民主的大学比专制的大学更容易获得合法性,专制的大学往往需要通过提高大学绩效来寻求合法性,一旦大学的发展停滞下来,合法性便消失了,而民主的大学更容易度过大学发展的停滞期,因为其合法性来自民主本身。因此,尽管大学董事会设置重重阻碍,教师与学生争吵不断,以校长为首的改革者始终能掌控大局,获得校内外的广泛支持。

(2)同构性变迁与制度合法性。

制度变迁必须与环境变迁的方式相适应,这就是所谓的同构性变迁。这种变迁形式首先承认环境的挑战,然后找到方法使制度遵从这些外在的力量。其中,政治文化是环境因素的主导成分,它具有限制任何制度背离现状太远的能力。② 大学制度的变迁受制于宏观的社会结构,具体表现为与社会宏观的体制具有一定的同构性。这种同构性的发生机制是:大学不但要为资源展开竞争,而且要为政治权力和制度合法性展开竞争,以获得经济和社会的正当性。这个过程就是合法性和强制性同构。强制性同构主要源于所面临的正式或非正式压力。这些压力要么由这个组织所依赖的其他组织(如政

① 弗朗西斯·福山.国家建构:21世纪的国家治理与世界秩序[M].黄胜强,许铭原,译.北京:中国社会科学出版社,2007:26.

② 何俊志,任军锋,朱德米.新制度主义政治学译文精选[M].天津:天津人民出版社,2007:255.

府)施加,要么由组织运作所处的社会环境的文化期望施加。多伦多大学在治理结构改革上所面临的压力主要来自政府的政策和社会期待的压力。随着政府投入与学生学费的增加,政府和社会期待大学运转得更有效率。政府尤其希望在大学中引入像企业一样的竞争机制和问责制,以为社会和学生提供一流的教育服务。迫于社会和政府的压力,多伦多大学不得不改变自己的治理结构,以与社会的其他机构如企业保持一定的同构性,尽管这种变化带有很强的仪式性。事实上,从大学由社会边缘走向社会中心那一时刻起,大学就应明确地意识到,一个社会是绝对不允许自己的中心长期与自己结构不一致的。"当理性国家和其他大型理性组织在一个更广阔的社会生活范围内扩展其支配力时,各种在这个国家之内的组织结构就会在更大程度上反映制度化和合法化的规则体系。"①这种同构的主要功能是增强组织合法性,以从政府和社会获得充足的办学资源。多伦多大学治理制度的变迁符合社会学制度主义关于政治性的同构性变迁的两个假设:第一,某一个组织对另一个组织的依附性越强,它在结构、风气和行为上就越类似另一个组织。自从联邦政府以财政资助的形式全面介入高等教育机构以来,多伦多大学的大学自治便受到了很大的限制。为了得到政府的拨款,大学不得不接受政府组织的评估,通过评估等规训手段,大学放弃了教授治校的组织传统,采用了对社会需要保持足够敏感的现代大学制度。第二,组织的资源供给来源越集中,它通过同构性变迁而变得与其资源供应者相类似的程度就越高。②就资源供给而言,当时多伦多大学的经费来源主要包括三个部分:第一部分是政府拨款,包括联邦政府与省政府的拨款,这部分经费占大学运行经费的70%左右;第二部分是学生的学费,这部分经费占大学运行经费的近30%;第三部分经费来自大学专利转化收入以及社会捐赠等,这部分经费占比很少。可见,大学资源供给集中在省政府,因为联邦政府的拨款也是通过省政府转拨的。作为

---

① 何俊志,任军锋,朱德米.新制度主义政治学译文精选[M].天津:天津人民出版社,2007:264.
② 何俊志,任军锋,朱德米.新制度主义政治学译文精选[M].天津:天津人民出版社,2007:270-271.

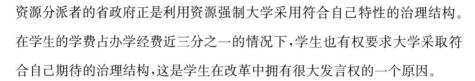

资源分派者的省政府正是利用资源强制大学采用符合自己特性的治理结构。在学生的学费占办学经费近三分之一的情况下，学生也有权要求大学采取符合自己期待的治理结构，这是学生在改革中拥有很大发言权的一个原因。

（3）大学内在逻辑与制度合法性。

尽管大学治理结构的变迁带有很强的同构性色彩，但是我们不能忽视另外一个重要的方面。这就是改革不能偏离大学的内在逻辑，不能偏离传统的大学理念太远，也就是说新旧制度的差异不能太大，否则，同样会面临认同危机，导致合法性问题的出现。因为任何组织（制度）都有自己的维持能力，能够在一定程度上捍卫自己的价值体系。"即使当制度面临似乎使他们的功用失效的客观条件时，制度也有能力捍卫其核心价值。"[①]作为盎格鲁—萨克逊传统的大学，多伦多大学拥有千年的价值传承，自身也有百年的积淀。学术自由与大学自治是盎格鲁—萨克逊传统大学的核心价值，它们依然具有很强的生命力。两院制治理结构中的大学评议会是这些价值的体现，这种制度里埋藏着历史遗留下来的价值基因。一院制治理结构的设计必须考虑大学这些传承久远的核心价值，否则会产生严重的认同危机。因此，一院制治理结构中设计了一个附属大学理事会的学术事务委员会。这个学术事务委员会实际上取代了原来的大学评议会。教师之所以为学术事务专门委员会人员的构成展开长期的争夺，是因为其事关大学核心价值的延续。虽然最初教师在学术事务专门委员会中不占数量的优势，与以前教师在大学评议会占据绝对优势形成强烈反差，但教师与学术行政人员一直在努力争取。如 1975 年大学教师联合会主席给大学理事会写信，要求大学理事会的资源与规划委员会的多数成员由教师组成，要求大学理事会的学术事务委员会的三分之二的成员从学术人员中产生。这一提议在几年后部分得到实现。从这个角度来看，由于大学的传统价值观影响，大学治理结构的改革体现一定的传承性，使新

旧制度不至于相距太远。新制度只有保留传统价值的核心价值,才能获得广泛的认同,取得合法性。

五、主要结论

新制度主义政治学的三种分析路径在解释制度变迁时可以整合为一个综合的分析框架。因为它们都承认行动者的有限理性、制度变迁的路径依赖以及文化观念的重要作用,只是三者在三种分析路径中所处的地位不一样。有限理性是理性选择制度主义的核心假设,路径依赖是历史制度主义的分析核心,价值观念是社会学制度主义的核心概念。多伦多大学治理模式变迁的案例充分证明这种分析框架解释力。① 获利机会是多伦多大学治理模式变迁的微观基础。这一根本制度性的变化之所以发生,是因为这一新的设计可以给制度设计者——校长及学校高级行政管理人员带来潜在而巨大的收益,尽管后来情况并未完全如他们所愿,毕竟他们只是拥有有限理性的行动者,但这的确是制度设计者们的初衷。② 权力冲突是多伦多大学治理模式变迁的动力机制。多伦多大学治理模式变迁的过程是政府、社会、董事会、校长、行政人员、教师与学生多方参与的复杂博弈过程,权力对比在制度变迁中发挥了很大的作用。政府与大学关系的急剧变化引发了大学的制度危机,冲突各方的博弈成功地塑造了制度,直接促使多伦多大学实现了治理结构由两院制到一院制的转变。③ 基于文化认同的合法性是多伦多大学治理模式变迁的一个重要因素。文化阐释是增强未来制度合法性的重要手段。多伦多大学治理模式变迁中最强有力的文化解释是民主,因为现代社会合法性的唯一真正来源是民主。一方面,大学治理模式的变迁受制于宏观的社会结构,具体表现为与社会宏观的体制具有一定的同构性;另一方面,改革不能偏离大学的内在逻辑,不能偏离传统的大学理念太远,也就是说新旧制度的差异不能太大,否则,同样面临认同危机,导致合法性问题的出现。

　　总之,制度变迁的原初动力是理性算计,行动者预期新的改革会为自己带来好处,但由于行动者的有限理性,制度变迁常常出现意外后果。行动者是在一定社会结构下进行博弈的,政治冲突为制度变迁提供了不竭的动力。宏观的社会结构通过制度同构限定改革路径的选择范围进而影响制度变迁,行动者通过政治冲突制造意外后果影响制度变迁。在合法性的压力下,改革路径会进一步受到限定,从而体现出新旧制度之间的某种关联。

第八章　中国公办研究型大学法人治理结构改革：基于华中科技大学的案例研究

20 世纪 80 年代以来，新公共管理运动在世界各地扩散。各国政府致力于向市场中相互竞争的公益机构放权，从高等教育领域部分退出以建立"评估型政府"。高等教育服务公共市场的建立，不但促使政府与大学之间关系的重构，使放权成为国际高等教育治理变革的主要趋势，而且导致了社会与大学之间关系的重构，使市场的竞争伦理成为大学转型的主要驱动力量。在这种背景下，重构大学法人治理结构、建立现代大学制度正成为全球大学变革的战略主题。中国教育行政体制应该如何创新，才能提高教育服务的质量与水平？中国大学法人治理结构应该怎样变革，才能更好地为民众提供公共服务？笔者尝试从案例分析的角度回应这些问题，以真正触及建立和完善中国现代大学制度这一核心问题。

一、中国大学法人治理结构改革的宏观背景

在计划经济时期，中国大学隶属于政府，不具法人地位。20 世纪 80 年代后，中国政府启动了教育体制改革。改革的中心是简政放权及扩大学校办学

自主权。1986 年,中国颁布的《中华人民共和国民法通则》提出了事业单位法人的概念,第一次明确了大学的民事主体地位。1992 年,中共"十四大"确立社会主义市场经济之后,学校法人的概念开始出现在各种官方文件中。1995 年的《中华人民共和国教育法》与 1998 年的《中华人民共和国高等教育法》(以下简称《高等教育法》)以法律的形式确立了大学的法人地位。应该说,这些法律文件为中国大学法人治理结构的设计提供了制度框架。大学法人治理结构旨在对大学权力进行合理配置,以形成权力制衡的结构。虽然早在中世纪,意大利的大学就已通过大学宪章建立了比较完善的治理结构,建立大学法人治理结构也早已成为国际通例,但是,中国大学法人治理结构改革问题一直处于争论之中。直到 2012 年教育部发布《高等学校章程制定暂行办法》后,才提出完善大学法人治理结构的相关要求。

与外部制度环境相对应,中国大学内部治理模式也经历了一个曲折的演化过程。1949 年,新中国对接管的 205 所大学实施"关、停、并、转"的措施,改造后的大学实施"校务委员会制",校务委员会行使管理学校的权力。校务委员会实行集体负责、民主管理的体制。由于集体负责变成无人负责,故"校务委员会制"很快为"校长负责制"所取代。1950 年,教育部发布的《高等学校管理规程》明确规定:所有大学一律实行校长负责制。校长代表学校领导大学的一切教学、科研与行政事宜。值得指出的是,在 1952 年的"院系调整"中,虽然各大学普遍设立党组织,但有关政策明文规定,党组织只是在政治上起核心作用,"学校中的党组织和学校行政没有领导和指导关系"①。

由于担心"校长负责制"脱离党委的领导,故强化学校党委的领导地位成为"教育大革命"时期大学治理改革的主要趋向。1958 年,中共中央、国务院发布的《关于教育工作的指示》提出:在一切高等学校中,应该实施"党委领导下的校务委员会负责制"。校务委员会是校党委领导下的权力机构,实行集

---

① 参见 1955 年 8 月中央批发中央宣传部《关于学校教育工作座谈会上的报告》。

体领导。该体制由于没有确定校长个人负责的原则，实际上校党委包办了学校的行政工作，从而使校务委员会徒有其名。1961年，为了调整和整顿"教育大革命"导致的高等教育无序发展现状，教育部颁发了《教育部直属高等学校暂行工作条例（草案）》（史称"高教六十条"），正式确立大学实行"党委领导下的校长为首的校务委员会负责制"。如其所言，"高等学校的领导制度，是党委领导下的以校长为首的校务委员会负责制。高等学校的校长，是国家任命的学校行政负责人，对外代表学校，对内主持校务委员会和学校的日常工作"。在这种治理结构中，校长的权力有所加强，大学重大事务的决策由校长提出，交校务委员会讨论决定，并由校长负责执行。"文革"十年这一特殊时期，大学的"革命委员会"成为学校的最高权力机构，校长的作用也不复存在。

1978年后，高等教育领域实行"拨乱反正"，原则上恢复新中国成立十七年来的大学治理模式，但稍做了修改。比如：20世纪80年代，中国大学普遍实行"党委领导下的校长分工负责制"，取消了原来的校务委员会，设立学术委员会，由校长或副校长领导和主持，加强大学的学术管理。尽管如此，由于这种治理模式只是对"文革"之前大学管理体制的简单恢复，与强调党委对大学一切工作实施统一领导是一脉相承的，因此，以党代政、党政不分的格局没有根本改变。在这种背景下，部分大学开始推行"校长负责制"的改革试点。这种治理模式因得到《中共中央关于教育体制改革的决定》（1985年）的支持而成为一时之风尚。这种治理模式的核心是重构行政组织，实行党政分离。主要内容包括：成立以校长为首的校务委员会，作为审议机构；成立教职工代表大会，加强民主管理和民主监督；党组织转变职能，发挥保证监督作用。1989年以后，中共中央明确提出，在今后一个相当长的时期内，大学应实行"党委领导下的校长负责制"。1996年3月，中共中央颁发了《中国共产党普通高等学校基层组织工作条例》，规定全国所有大学都实行"党委领导下的校长负责制"，不再实行"校长负责制"。1998年颁布的《高等教育法》，以法律的形式确定中国公办大学均实行"中国共产党高等学校基层委员会领导下的校长负责制"。自此,"党委领导、校长负责、教授治学、民主管理"成为中国大学治理的基本构架。2010年,中共中央、国务院发布《国家中长期教育改革和发展规划纲要(2010—2020年)》,提出要落实和扩大办学自主权、完善治理结构、完善中国现代大学制度。在这种背景下,探索"党委领导、校长负责、教授治学、民主管理"的运行机制成为中国大学法人治理结构改革的重要趋向。

从法人治理结构的角度看,"党委领导下的校长负责制"在运行中主要存在三个有待完善的问题:第一,领导体制的决策与执行不分。决策和执行是大学领导的两项基本职能。中国公立大学普遍采取"决策与执行一体化"的运作范式,这种运作范式源于"政事不分"的计划经济体制。作为政府的附属机构,大学没有办学自主权。政策决定权大都集中于政府,大学领导的主要职责是"执行"。在计划经济体制下,大学的领导活动通常以"执行"为中心展开,大学内部机构的设置也是以"执行"为中轴建构的。作为政策过程的两个阶段,决策与执行一体化的运作模式在大学缺乏办学自主权的时代有其合理性。但在大学办学自主权逐步落实之后,大学逐渐成为"决策"的真正主体,大学领导的决策职能逐渐取代执行职能而占据主导地位。决策与执行分开是现代大学治理的重要特点。根据《高等教育法》的规定,党委与校长均有行政决策的权力,导致双方分工不明、权责不分。由此导致的后果是:决策机构与执行机构相互制衡性不足,无法建立有效的问责机制。[①] 第二,决策体制的行政决策与学术决策脱节。大学治理的核心是决策权力的配置。大学决策权力包括行政决策权与学术决策权。根据《高等教育法》的规定,大学的行政决策机构是党委与校长,学术决策机构是学术委员会。由于学术决策最后还是需要行政机构去执行的,因此这种决策制度构架在实践中演变为行政决策

---

① 周光礼.我国现代大学制度构建的法律视界[J].中国高等教育,2007(20).

架空学术决策,学术委员会形同虚设。[①] 现在很多高校都在推行所谓的"行政人员集体退出学术委员会"的改革,这种改革只会导致学术权力进一步衰微,学术委员会的决策根本没有执行的可能性。值得指出的是,《高等教育法》只赋予以教师为主体的教职工代表大会民主监督的权利,而没有赋予教师参与决策的权利,这也不符合法人治理机构的基本要求。第三,行政体制的权力与责任失衡。大学行政体制的核心就是理顺各种关系,使政令执行渠道畅通,确保政策实施的有效性和实施手段的正当性。中国大学内部治理权责失衡的现象比较严重。一是中国大学行政化色彩很浓,在大学决策中行政权力集中化的趋势明显,学术人员在大学决策中处于失语状态,学生在大学决策中也没有任何发言权。二是基层学术组织缺乏自主权。行政权力集中在学校层面,基层学术组织缺乏积极性。虽然,有些大学也提倡管理重心下移,但往往是责任下移,而权力不下移,权责不对称,导致学术的心脏地带缺乏活力。

二、华中科技大学法人治理结构变革的动因

1953 年,华中工学院在武汉建校。作为"院系调整"的产物,华中工学院与大连工学院、南京工学院、华南工学院合称"四大工学院"。1960 年,华中工学院被国家确定为全国重点大学。在 20 世纪 50 年代学校制定的战略规划中,华中工学院明确了建设全国著名工科院校的战略定位。1988 年,学校改名为华中理工大学。自 20 世纪 80 年代初开始,学校就提出了向综合性大学转变的目标。20 世纪 90 年代中期,它又提出了建设研究型大学的目标。2000 年,华中理工大学与原同济医科大学、原武汉城市建设学院和原科技部干部管理学院合并,成立华中科技大学(以下简称"华中大")。在探索大学法

---

① 周光礼.我国现代大学制度构建的法律视界[J].中国高等教育,2007(20).

人治理机构改革中,华中大走出了一条富有传奇色彩的道路,是新中国高等教育变革与发展的缩影。

1. 计划经济体制内的改革(1953—1995 年):将有限的办学自主权用到极致

1953 年,华中大建立伊始,旨在发展成一所以工科为主的院校,以期最终成为中南地区能与东北地区的哈尔滨工业大学、华东地区的浙江大学和上海的交通大学,以及西部地区的西安交通大学相抗衡的知名大学。根据计划经济时代中国高等教育的布局原则,中国每一个大区至少有一所重点综合类大学、一所重点师范类大学以及至少一所重点工科大学。因此,尽管半个多世纪已然过去,苏联模式的影响也随着苏联的解体而逐渐消解,但华中大的领导者依然以其他工科院校的发展作为基标来规划自身的发展。

华中大崛起于改革开放之初,其迅速发展与朱九思校长密不可分。1952 年,朱九思受命筹办华中工学院,任党委副书记兼副校长,1979 年,朱九思担任党委书记和校长的职务。在"文革"下放期间,朱九思开始思考大学理念,思考工科大学的改革与发展。朱九思关注的第一件事就是扩充学科,提出应该由工科大学向理工为基础的综合性大学转变。在这一理念的指导下,华中大的学科结构开始发生变化。1979 年,创办管理系,随后建立起数学系、化学系、物理系、力学系等理科系,以及中国语言文学系、外语系、新闻系、经济系、社会学系、高等教育研究所、哲学研究所等文科系,还建立起建筑学系、建筑工程结构系。

朱九思关注的第二件大事就是把科学研究融入大学中来,提出教学不但要与科研结合,而且科研应该走在教学的前面。在科教融合理念的指导下,华中大由教学型大学向研究型大学转型。1981 年,在国务院批准的第一批硕士、博士授予点中,华中大有 27 个专业有权授予硕士学位,9 个专业有权授予博士学位。1984 年 7 月,华中大研究生院正式成立,是全国首批成立研究生院的 22 所大学之一。

华中大第一次变革是在计划经济体制的背景下，学校改革基本上是在有限的办学自主权范围内进行的。虽然学校一度利用"文革"结束那几年高等教育管理的混乱，采取一系列的改革措施，如"先斩后奏"背着教育部偷偷引进 600 位高水平的教师，但高度集权的计划体制会限制任何组织的变革走得太远。从某种意义上说，华中大在 20 世纪 80 年代的迅速崛起，实际上是把计划体制大学组织变革的潜力发挥到了极致，如果没有外部政策环境的根本改变，大学组织的变革就难以维持下去。

2. 市场经济体制下的改进(1995—2010 年)：遵循市场逻辑，面向社会自主办学

1996 年，周济接任华中大校长。其时学校坚持学术逻辑，走朱九思校长开创的综合性、研究型大学之路。但周济上任后不久，中国高等教育管理体制出现巨大变化。

1999 年，国家启动高校扩招政策后，华中大积极响应，学校规模急剧扩大。继扩招之后，中国高等教育又掀起了合并高潮。2000 年 5 月 26 日，华中理工大学、同济医科大学、武汉城市建筑学院以及武汉科技干部管理学院 4 所大学合并，组建成了现在的华中大。

华中大通过合并与学科融合、扩招与发展研究生教育两大举措推进建设综合性、研究型大学目标。

华中大的第二次变革其实是追随国有企业的改革路向，在市场逻辑下进行的，从市场中获取充足的办学资源以建设一流大学是其初心。应该说，在由计划经济体制向市场经济体制的转型中，中国高等教育的很多改革基本上都是从国有企业改革中"照搬"过来的，追求商品化、市场化是大学变革的重要趋向。当国有企业改革提出"政企分开"，我们高等教育改革就提出"政校分开"；当国有企业提出要建设"现代企业制度"，我们的大学就提出建设"现代大学制度"。这种单纯模仿和追求经济改革而展开的大学变革，会

因为目标缺失而误入歧途。比如,大学过于强调"创收"会腐蚀大学精神,过于强调把学术转化为商品,会将办学导向功利主义。高等教育改革的"过度市场化"倾向将导致教育质量下降。在华中大第二次改革中,就明显受到"创业型大学"模式的激励,我们可以感觉到创业组织文化的萌动。周济校长的办学理念是"以服务求发展、以贡献求支持""育人为本,产、学、研三足鼎立"。李培根校长延续了周济开创的"创业型大学"之路,强调瞄准国家和区域的重大战略需求进行学科建设,办人民满意的教育。李培根校长的办学理念是"育人为本、创新是魂、责任以行""应用领先、基础突破、协调发展"。在华中大决策者看来,扩招与合并都是获取资源的手段。实践证明,市场确实在一定程度上激发了学校的生机和活力,培育和增强了大学面向社会自主办学和寻求发展机会的能力,学校先后培育了 3 个上市公司,建立了 4 个驻外研究院,为学校发展取得了大量的资源。但是,市场逻辑和创业型大学也有其局限性,不但会侵蚀公益性的大学使命,而且危及大学传统和价值。越来越多的人认识到,大学变革不能盲目追随国有企业改革的方式向前推进,必须寻找一种适合自身特性的新型组织模式。

3. 建设世界一流大学(2010 年至今):第三次大学变革的动因

2010 年,教育部、财政部联合发布了"关于加快推进世界一流大学和高水平大学建设的意见",华中大在全校范围内开展了"建设世界一流大学"的大讨论,决定在对学校前两次变革进行反思的基础上制定新的大学改革方案。

经过反复论证,华中大决定提出"建设世界一流大学"的战略目标。什么是世界一流大学?学校决策者认为,世界一流大学必须具有世界领先的学术成就和卓越的人才培养机制,其关键是有世界级的师资队伍。建设世界级的师资队伍不仅取决于充足而灵活的办学经费,而且还取决于完善的管理体制机制。因此,建设世界一流大学必须从体制机制改革进行突破。决策者认为,虽然并校十年来,学校抓住难得的历史机遇,实现了跨越式发展，取得了骄人的成绩。① 然而，一些深层次的管理体制机制问题也逐渐显露出来。作为一所巨型大学，大学的内部治理模式基本上还带有计划经济的色彩。其最大的问题是：内部治理结构不完善，尚未建立起现代大学制度。如果在管理的体制机制方面不做重大改革，建设世界一流大学的目标就难以实现。在《华中科技大学建设世界一流大学研究报告》中归纳出如下几个方面的问题。

第一，体制机制方面。没有建立良好的决策体制和问责制度。华中大在历史上的成功，很大程度上归功于管理的先进性。管理不一定能够保证提高学术水平，但管理不善一定会导致失败。而有效的管理必须责任分担，明确各方承担的义务。华中大战略规划小组研究发现，世界一流大学管理的首要原则："必须由最有资格的人来决策"以及"对相关事务的处理应当在最低层次上做出决定"。世界一流大学都有大学章程，以大学章程为基础建构大学的治理结构，建立大学内部的体制机制。而华中大没有自己的大学章程，学校的治理构架没有建立起来。学校与院系的权责划分不合理，导致职责权利不清，效率低下。学校职能部门控制学校大部分的办学资源，不利于院系等基层学术组织积极性的发挥。

第二，财务治理方面。没有建立起有效的财务预算制度，学校几个职能部门控制学校大部分办学经费，资金的分配使用具有随意性，脱离院系的实际情况。院系掌控的经费太少，很难做长期打算，学术的心脏地带缺乏活力。

第三，教学治理方面。院系的设置缺乏逻辑，导致教学院系过多。战略规划研究小组发现，国外顶尖大学的教学学院数一般在 10 个左右，国内著名大学的教学学院数一般在 30 个以上，最多的近 70 个。华中大教学院系高达 42 个，管理幅度过大。按照教学逻辑调整院系还是按照研究的逻辑调整院系，学校并没有清晰的思路。基层教学组织（教研室）缺失，对教学质量的保

---

① 华中科技大学并校 10 年来，学校综合实力稳步提升，确立了国内一流大学的地位。2008 年首次进入世界大学 500 强，跻身世界知名大学的行列。

障产生不利影响。

第四,人事治理方面。人事制度陈旧,不利于建设世界一流大学。人员的分类管理、分类指导制度尚未建立起来,不利于人尽其才;教师的绩效考核与薪酬体系不完善,不利于激发教师的积极性;按照国际标准进行同行评估的制度没有建立起来,不利于拔尖人才脱颖而出;问责制缺失,运转不灵。

应该说,华中大第三次改革的直接动因是为建设世界一流大学提供制度保障。学校战略规划小组对院系负责人的访谈表明,绝大部分人认为学校的组织构架和管理构架不完善,内部治理结构与建设世界一流大学不符,大学的制度能力明显落后于国外同型大学。正是在这种背景下,华中大决定重构大学内部治理结构,完善大学管理构架。正如《华中科技大学建设世界一流大学研究报告》所言,"以学校组织构架引领战略突破,以研究逻辑为主、教学逻辑为辅建构基层学术组织;理顺学校与院系的职责权利关系,全面推进精细化管理和问责制,把华中科技大学办成一所有民主、讲和谐、高效率、负责任的高等学府"。

三、华中科技大学法人治理结构改革方案设计

1.《华中科技大学建设世界一流大学研究报告》:同型比较与改革方案引进

中国建设世界一流大学常常运用基标法,基标法又叫同型比较法。组织倾向于模仿本领域中的相同组织,其认为这些组织更合法或者更成功,这是基标法或同型比较法的理论基础。这种方法的核心是:组织把自己的做法与本行业中的领先者的做法进行比较,从而发现自己的问题和差距,并从比较中获得解决问题的方式。作为"有组织的无政府"机构,大学的组织特性是:目标模糊、问题不明确、解决方案不清晰。正因为如此,大学变革中的模仿行

为不但是不可避免的,而且是极为必要的,模仿可以大大提高组织成功的可能性。实际上,后发外生型国家建设世界一流大学时,常常以同型的成功大学为基标,在组织上、管理上刻意模仿。① 华中大法人治理结构改革首先是寻找同型大学。

华中大的改革设计者认为,世界一流大学就其传统来说,有两种理想类型:一种是盎格鲁—撒克逊传统的大学(北美模式),一种是罗马传统的大学(欧陆模式)。盎格鲁—撒克逊传统的大学一般具有法人地位,坚持学术自由、大学自治、学术中立的理念;罗马传统的大学一般不具有法人地位,政府干预大学内部事务程度很深。华中大战略规划小组发现,根据上海交通大学的世界大学排名,盎格鲁—撒克逊传统的美国、英国,以及加拿大、澳大利亚等英联邦国家占世界百强大学的80%—90%,而罗马传统的德国、法国等欧陆国家占世界百强大学的比例不到10%。实际上,当前罗马传统的大学正在向盎格鲁—撒克逊传统的大学转型,其治理结构越来越具有美国常春藤大学的特点。大学治理不同于大学管理。大学治理主要关注大学的重大决策是如何做出的,大学管理则强调大学决策是如何执行的。前者涉及大学的决策体制,中心问题是提高大学的科学决策能力;后者涉及大学的行政体制,中心问题是提高行政执行力。从大学的决策模式来看,美国一流大学的内部治理主要有两种模式:两院制治理模式和一院制治理模式。② 不管是两院制治理模式还是一院制治理模式,每一所大学都有大学章程。每一所大学的章程都规定了大学的法人治理结构,确立了大学决策的结构与程序。通过同型比较,战略规划小组发现华中大的治理结构的突出特点。

第一,最高决策机构:党委常委会。华中大的最高决策机构是党委常

---

① 周光礼,张芳芳.全球化时代的大学同构:亚洲大学的挑战[J].高等工程教育研究,2012(2).

② 两院制治理模式的典型大学有美国的加州大学系统、麻省理工学院等,一院制治理模式的典型大学有美国的耶鲁大学、加拿大的多伦多大学等。

委会,这是"党委领导、校长负责、教授治学、民主管理"内部治理的具体体现。而美国一流大学的最高决策机构一般是更具开放性的大学董事会,大学董事会按照多元共治的原则建立,以校外人员为主。

第二,最高行政管理团队:校长与副校长。作为底部沉重的组织,大学组织的管理惯例是:越到组织的高层,其岗位设计、职责划分就越简单明确;越到组织的底层,反而越灵活多样。从这个角度上看,美国一流大学最高行政管理团队的分工制度不同于中国大学,其校长、副校长的岗位设置比较规范,岗位职责明确。学校一级的行政事务主要分为募捐、教学、科研、学生事务、学校规划发展、财务、法律事务和公共关系几个方面。根据美国大学治理发展的最新趋势,校长的主要职能是募捐。由于大学组织对环境的资源依赖性越来越强,美国大学一般专设有公共关系的副校长;最近20年来,美国一流大学十分重视战略规划,因此设有负责战略规划的副校长。其他副校长的设置如下:教务长(常务副校长)、行政副校长、财务副校长、学生事务副校长、研究事务副校长、专利及转化事务副校长、副校长兼大律师等。中国是大学社会化,学校事务复杂,校长、副校长分工模糊,带有很大随意性。在中国的大学中,有些事务无人负责,而有些事务几个校长领导都要抓,如华中大的研究生院一度有4位校领导分工负责。

第三,行政执行中枢:行政职能部门。华中大行政职能部门的设置整齐划一,与教育部机构设置保持很高的一致性;而美国大学行政职能机构的设置比较灵活,各大学之间没有统一的模式。实际上,根据美国经验,在越低的大学组织层级,机构设置越需要以实际情况为依据,以保证组织的适应性。行政执行部门的角色定位,华中大与美国大学也存在一定的差异。美国大学的行政职能部门只是一个忠实的政策执行者,其角色定位是:给行政系统的其他部门和整个学术系统服务。华中大的行政职能部门具有两重性,既是政策的执行者,也是政策的制定者。这是导致学校行政职能部门权力过大的主要原因,对学术系统的服务意识不强,甚至中层架空了高层。美国大学管理人员专业化，而中国大学存在大量"双肩挑"干部，专业化程度偏低。

第四，民主参与的载体：专门委员会。作为大学的一种重要组织结构，大学的各专门委员会承担着民主治校与学术自治的职能。与美国大学的专门委员会相比，华中大的各专门委员会在这两方面发挥的作用很有限。这是因为：美国大学在专门委员会的设置上比较规范，不管是行政性的还是学术性的，不管是临时性的还是永久性的，都依规依章建立。而华中大各专门委员会的设置具有随意性，这决定了其功能定位的模糊性和日常运作的混乱，最终导致其在学校内部治理上的"花瓶"角色。

第五，学术心脏地带：院系等基层学术组织。作为官僚层级体系的底层，华中大基层学术组织没有自主权。中国大学基层学术组织的负责人都有行政级别，在行政化的体制下，他们只对上级负责。这种层级结构决定了中国大学的决策权集中在学校高层，院系等基层学术组织基本没有权力。这与美国一流大学坚持的"最低层次决策原则"截然相反。美国大学认为，基层学术组织对教学、研究工作具有最终发言权。由于基层学术组织没有决策权，学术心脏地带失去活力。

通过同型比较，华中大改革设计者识别出美国一流大学的治理结构：其一，政府主管部门。其二，大学最高决策机构。西方大学通常是董事会。其三，执行发展战略的学术管理机构。校长有效的领导是世界一流大学成功的关键。其四，师生代表组成的各种委员会。以美国一流大学法人治理结构为蓝本，华中大结合自身情况提出了改革的基本设想：完善大学治理结构，调整组织构架，建设符合时代要求的社会主义现代大学制度；完善"党委领导、校长负责、教授治学、民主管理"的领导体制和运行机制；坚持分权与问责相结合的原则，以权力制衡权力，与分权相配合，学校要建立党委、行政、院系负责人、教师明确的四级责任制；着手制定《华中科技大学章程》，依法治校、依法办事。围绕这一指导思想，战略规划小组提出了华中大法人治理结构改革的三点意见。

一是要充分发挥校务委员会、学术委员会在学校行政决策与学术决策中的作用。建议在校务委员会和学术委员会中，本校教学科研第一线的教授应占三分之一，他们由教授会选举产生；有学生代表，他们由学生会选举产生；校外人员（含校友代表）应占一定的比例，由校友会选举产生。

二是在党委常委会的领导下，切实履行校长的职责。校长必须有管理大学机构的能力和学术资历。有效的外界评审是一种至关重要的文化，可以确保学校走向真正的一流。为了有效履行校长职能，可以考虑成立由5—7人组成的校长顾问委员会，聘请不同领域的国内外专家，但非本校教师。院系负责人的选任应进行改革：任命前要广泛听取教师意见，有任期制（最多连任2届），有提出预算的权力（最终决定权在校长），有绩效考核制（不成功的院长可缩短任期）。

三是建立教师评议会，把参与和责任联系起来。各院系要成立各种教师评议会，分担不同的管理责任。有负责教学事务的评议会；有负责科学研究的评议会；有负责人事、预算、奖励、晋升的评议会；有负责学生职务的评议会。

这三点改革意见是基于同型比较、参照国际惯例提出来的，充分体现了多元共治的理念。但由于这些改革意见与《高等教育法》的精神不完全一致而最终遭到反对。

2.《华中科技大学中长期战略发展规划（2010—2020 年）》：法人治理结构的再设计

2010 年，在《华中科技大学建设世界一流大学研究报告》的基础上，编制了《华中科技大学中长期战略发展规划（2010—2020 年）》。该战略发展规划明确提出：改革大学内部治理结构是建立现代大学制度的关键，华中大要破除内部治理的瓶颈，实现体制机制的创新，必须遵循世界文明的共同轨迹，"世界水平、中国特色"是改革的"指南针"。实际上，《华中科技大学建设世界一流大学研究报告》发布后,在学校决策层引发了巨大争议,基本形成了两派不同意见。一派观点认为,要建设世界一流大学,就要遵循国际通行的大学治理模式;另一派则认为,建设世界一流大学要立足中国国情,要建立有中国特色的大学治理结构。经过学术委员会、校长办公会、党委常委会、全校干部暑期工作会议、党委全委会的审议修改,《华中科技大学中长期战略发展规划(2010—2020年)》数易其稿,最终形成了递交教代会和党代会审议通过的草案。该草案对大学法人治理结构改革做出如下规定。

第一,坚持"党委领导、校长负责、教授治学、民主管理"的领导体制。进一步明晰行政权力与学术权力的职能范围,健全行政权力与学术权力有机分工、彼此合作、相互制约的协作机制。实现从"行政管理主导、高度集中"的管理模式向"行政管理与学术管理相结合、管理重心适度下移"的管理模式转变。

第二,健全大学法人治理结构和运行机制。在坚持依法治校的前提下,推进学校民主管理和科学决策。制定《华中科技大学章程》,明确党委常委会是学校的最高决策机构,建立健全学校董事会、学术委员会作为决策咨询机构的制度。加强工会、教代会建设,完善党政工联席会议制度。落实教职工在学校管理决策中的知情权、参与权和监督权。在教学、科研工作中充分发挥学术委员会、学位委员会和教学委员会的作用。建立层次清晰、科学规范、运转高效、沟通顺畅的管理体系。完善校级行政管理构架,实行行政副校长与学术副校长分工负责制,行政副校长分管行政管理事务,学术副校长分管基层学术组织的建设与发展。

第三,推进管理重心下移,积极探索大学院制。扩大基层学术组织自治范围,充分调动院系和广大教职工的积极性,推动院系自我完善与自我发展。推进学科交叉,鼓励跨院系、跨单位的交叉渗透,实现优势互补和资源共享,把学科相近的院系合并为实体性的大学院。健全以学术和学科为中心、以大学院为管理重心的体制机制。在实体性的大学院下,保留精干高效的系部建制,实体性的大学院由各学术副校长全面负责。学术副校长通过自己的办公室全权管理"大学院"事务,不再通过学校的机关部处来管理学院事务。因此,学校 70%以上的权力可以通过学术副校长下放到"大学院"。

第四,优化行政职能部门的机构设置,推行大部门制。进一步明晰管理职能,实行责权利的统一,整合校一级的行政事务,把职能相近的机关部处合并为一个大部门,降低管理的幅度。成立本科生院,统筹本科生培养的各项管理事务;调整研究生院的机构,优化管理职能;理顺科学技术发展院的职能,成立人文社会科学发展院;进一步加强行政管理部门的统筹协调,设立教务长、秘书长、总务长、总会计师的岗位。

第五,稳步推进分配制度改革。按照有利于提高质量、有利于教学科研统筹兼顾、有利于多学科协调发展、有利于调动广大教职工积极性的指导思想,进一步调整收入分配结构,完善收入分配机制。进一步提高学校可支配财政收入,建立健全学校筹款机制。通过建立"华中学者"制度,建立一支核心教师队伍。[①]

第六,加强领导班子,推进大学管理专业化。坚持和完善党委领导下的校长负责制,进一步完善常委会议事规则,校长办公会议事规则,健全决策程序;完善干部选拔任用的民主决策机制,坚持民主、公开、竞争、择优,探索校党委全委会票决重要干部制度;健全竞争性干部选拔机制,加大竞争性选拔干部力度,探索院长(系主任)公开遴选机制,探索面向海内外招聘高层次管理人才的办法;改革干部考核评价机制,坚持将考核重心向建设学科、发展院系、服务人才、关心基层转移,探索领导班子和领导干部的综合考核评价办法;健全激励约束机制,严格落实领导班子和领导干部职务任期制、目标考核制、责任追究制。

---

① 华中学者计划主要包括三个层次,第一个层次是"华中学者领军岗";第二个层次是"华中学者特聘岗";第三个层次是"华中学者新星岗"。

第七,创新基层学术组织,激活学术心脏地带。一是建立扁平化的学术组织体系,二是探索矩阵式学科组织,三是建立研究团队,实行PI制,四是成立学科交叉研究中心。

该规划草案的主要特点:一是改革集中在大学管理层面,没有触动现有的领导体制;二是重视组织结构的再造,忽视运行机制的建构;三是改革方案过于理性,可行性不高。正因为如此,这个规划草案设定的治理结构改革在教代会与党代会上遭到质疑。质疑主要集中在如下几点:第一,大学权力运行缺乏清晰的规则;第二,决策机构与行政机构不分的局面没有得到改观;第三,学术权力缺乏制度保障;第四,实行大学院制可能增加管理的层级,大学院可能成为"独立王国";第五,学科整合与院系调整缺乏操作标准;第六,实行总务长、教务长、秘书长制和总会计师会可能强化大学的行政化;第七,教师参与学校管理缺乏实现机制。

在征求各方面意见的基础上,《华中科技大学中长期战略发展规划》对法人治理结构改革部分进行了修改,重点是加强运行机制设计。在规划通过后,为了实施规划,学校制定了《完善治理体制,激发院系活力,加快建设世界一流大学》的综合改革方案,这个综合改革方案实质上是《学校中长期规划》的实施方案。根据这个方案,华中大将实施如下改革:第一,修订"两个会议"议事规则,旨在建立党政融合而又分工的体系。第二,修订学术委员会章程,彰显学术权力的作用。第三,出台教代会专委会工作规程,加强民主管理与监督。第四,学校出台了《华中科技大学学术机构设置细则》,对实体和虚体的学术机构以及院系的构成条件都作了详细规定,规范了院(系)等学术机构的设置,着手学科整合和院系调整工作。第五,落实管理重心下移,赋予院系办学自主权。参照国务院"试点学院"改革的有关精神,华中大启动院系综合改革方案:一是明确院系发展目标,二是完善教师分类管理,三是调整资源配置模式。

在《华中科技大学中长期战略发展规划》实施方案推行的同时,华中大启动《华中科技大学章程》制定工作。这个工作的动因一方面是应教育部建立现代大学制度的有关要求,另一方面是学校试图将已有的探索用章程的形式固化下来。虽然,学校早在2001年就酝酿制定大学章程,但因担心"章程会束缚学校发展"而遭到部分教师和管理人员的抵制。对于一所善于把"政策用足"而迅速崛起的大学来说,有这种想法是可以理解的。但是10年之后,人们对由大学法人治理结构缺失带来的权力滥用有了深刻的认识。华中大成立了大学章程制定工作专班,对大学章程制定进行了前期调研。为了统一思想,华中大围绕"大学章程到底是什么?""我校没有章程不是发展得也很好吗?""制定了章程会不会制约我们的发展?""制定章程会有什么好处?"等问题在全校展开了大讨论。《华中科技大学章程》对法人治理结构的设计遵循"决策权与行政权适度分离""分权与问责相结合"的原则。大学章程涉及的法人治理结构包括如下内容:第一,明确党委是学校的最高决策机构;第二,明确校长是学校最高执行机构;第三,明确学术委员会和教职工代表大会参与治理的地位;第四,明确基层学术组织的权力与职责。

四、中国公立大学法人治理结构改革的几个共性问题

完善大学法人治理结构、建立现代大学制度在华中大还有很长的路要走。应该说,中国大学法人治理结构的改革已经触及了中国高等教育体制改革的核心,不解决体制机制中的一些根本性问题,大学法人治理结构改革很难取得突破。

1. 落实和扩大大学办学自主权问题

所有权和管理权分离,是建立大学法人治理结构的前提条件。在计划经济时代,大学是政府的附属机构,大学不是独立法人。尽管法律早已明确了大学的法人地位,但是在实践中"行政"和"事业"两大部门却久"分"不"离","行政事业一体化"的格局没有根本改变。实际上,直到现在中国公办大学依

然具有一定的行政级别,而且党委书记、大学校长等大学主要领导仍然直接由政府任命。在全面推进事业单位改制的条件下,政府与大学的关系需要重新定位。《国家中长期教育改革与发展规划纲要(2010—2020年)》提出,"推进政校分开、管办分离,落实和扩大学校办学自主权,使大学成为真正独立的法人。"政校不分的一个重要原因是人们不知道:在所有权和管理权分离后,政府用何种方式管理大学?主管机构如何实现对大学的领导?作为公立大学的所有者,政府把办学自主权还给学校后,应通过什么样的制度安排参与大学治理?近年来,政府把一部分办学自主权下放给学校,但大学内部治理依然沿袭旧的"领导体制",形成了大学办学自主权被大学书记和校长垄断的"集权化"治理模式,出现了一定范围内的权力滥用,引发社会的不满。也就是说,政府作为公立大学的出资人,是初始委托人,既是公立大学所有权力的初始源泉,又是公立大学终极责任的承担者。然而,在当前的大学治理中普遍出现委托人缺席现象,引发委托—代理问题,内部人控制和寡头控制现象十分严重。这是政府不敢放权的一个重要原因。

2. 党委在大学治理中的角色和地位问题

根据1998年的《高等教育法》,大学现行领导体制是党委领导下的校长负责制。就领导体制的政治框架而言,在现行的组织制度下,组织部门在确定大学领导人选时,要明确宣布"领导班子"的排名。通常的排名顺序是:书记、校长、副书记、副校长,而且校长被明确任命为党委副书记。在这个统一的"领导班子"中,书记是"一把手",校长是"二把手"。就此意义而言,大学的最高领导是党委书记而不是校长。而根据高等教育法的规定,"高等学校自批准设立之日起取得法人资格。高等学校的校长是高等学校的法定代表人"。根据法律规定,法人的法定代表人是依照法律或者法人组织章程的规定,代表法人行使法定职权的负责人。作为大学的法人代表,校长对外代表学校,对内主持学校工作。大学的一切法律文件,只有经校长或者受校长委托并有权代表校长的人员签署才能生效;与学校有关的诉讼案件,通常由校长代表学校在法院起诉和应诉。可见,校长是法律框架内的学校的"一把手"。这样就出现了高校政治框架与组织框架内的"一把手"与高校法律框架下的"一把手"的双峰对峙的现象。两个"一把手"的出现造成了学校的"多头领导"。当校长与书记的意见不一致时,这种政治框架与法律框架的不协调,就会成为学校内耗的根源,妨碍学校的发展。因此,如何实现法人治理与加强党的领导的协调是大学法人治理结构改革能否取得成功的关键。在大学法人治理结构中,党委书记作为学校党委领导,应具有什么样的角色和地位,如何解决"党政分工负责"问题,是大学法人治理结构改革的难点。

3. 大学法人治理结构变革的路径选择问题

有效的治理有赖于健全的法人治理结构。中国大学在很长的时间内是作为政府附属机构存在的,其内部组织机构的构架是一种行政主导的官僚层级体系。大学办学自主权落实之后,作为独立的法人实体,大学需要变革治理结构。中国公办的大学治理变革有两种可能路径,一种是公法的路径,即模仿大陆法系国家建立公法人制度,进行类似日本国立大学法人化改革;另一种是民商法的路径,即模仿企业治理建立法人治理制度。不管是哪种改革路径,作为公益机构,大学内部治理应该设置权力互相分立制衡的组织构架。分权制衡的制度构架是大学治理合法性的基础,也是大学实施有效治理的前提。根据国际通例,大学治理至少要设置三种机构:决策机构、执行机构和监督机构。但在中国公办大学,决策机构和执行机构不分,大学治理不是建立在团队性、平等性和民主性的基础上,这严重损害了大学治理的合法性。如何建立良好的治理结构,实现多元共治是完善中国现代大学制度的重要课题。

4. 大学"行政化"问题

大学"行政化"和"官本位"是中国大学治理改革中的一个重要问题。大学"行政化"是指大学组织按照行政机关的结构和管理模式进行设置和运转,或者说大学照搬行政组织的管理方式和工作方法。大学"行政化"的实质是否定大学以学术性和人文性为基础的独特性,把大学当作政府机构来管理,把学术事务当作行政事务来管理。大学"行政化"包括两个层面:一是政府与大学之间的行政隶属关系,即政府对大学的行政干预日益强化,大学越来越像行政机构而非独立的学术机构;二是大学内部行政管理取代学术管理,即大学内部管理依托单一的行政管理方式,行政权力无限膨胀挤压学术自治空间。建立大学的法人治理结构,就是要"去行政化"。要实现这一目标,首先必须解决如下问题:政府主管部门如何看待大学,是把大学看成政府机构还是依法自主办学的法人? 如何看待大学领导,是把大学领导作为某个级别的行政官员来任命,还是作为专业人士来聘任? 如何看待大学内部管理,是行政主导还是"教授治学""民主管理"?

5. 大学章程的制定问题

大学章程是现代大学制度的主要载体,是大学治理的重要依据。大学章程是指大学最高权力机构,依据国家法律法规、尊重大学组织特性、遵守行政法规制定程序,制定出来的上承国家法律法规,下启内部各项规章制度的大学最高纲领。作为大学的"宪章",大学章程的外延包括:特许状、决策机构的议事规则、大学管理规则,它们奠定了一个大学的基本秩序构架。在计划经济时代,中国公立大学是政府附属机构,不需要大学章程。在办学自主权逐步落实之后,中国公立大学依然对制定章程反应冷淡。究其原因,人们不知道大学章程是什么,以及大学章程有什么功用。为此,教育部发布《高等学校章程制定暂行办法》,规范各个公立大学章程的制定。其结果是大学章程千校一面,相互复制;大学章程被束之高阁;大学章程只是应付上面检查的工具;在大学治理中,违反大学章程的现象比比皆是。实际上,世界各国大学章程尽管千差万别,但却有两点共识:一是公立大学一般在国家的法律框架内制定章程。世界各国的公立大学章程几乎都是基于国家的法律框架,英、美一些公立大学章程甚至是由立法机关制定的,是国家法律的重要组成部分,称为大学法。二是大学章程的主要功用是规制大学权力运行。大学章程的主要内容是关于大学权力的分配和制约。中国大学法人治理结构改革的当务之急是以章程为基础建构大学治理的运作规则,如建立信息公开制度、质询制度、人事罢免制度、问责制度、激励制度等。

第九章　回归复杂性:未来大学展望

　　在全球化与信息化的激荡下,高等教育进入了一个急剧变革的新时代。在这种社会背景激发下,世界各国普遍对大学的变革与转型抱有极大的兴趣。变革时代的大学面临什么挑战? 大学应该怎样变革? 大学的未来在哪里? 未来大学可能的模样是什么? 随着讨论的持续深入,一场"未来大学运动"正在悄然兴起。当前最具代表性的观点有:① 全球多元化是未来大学的一个重要参考系。未来的大学将是同质性和差异性的结合,这也是全球化和地方化互动的必然要求。② 远程信息处理技术将极大改变大学的运行模式。未来大学将以 MOOC 和翻转课堂等颠覆传统的教学模式,立足网络空间。③ 吸收过去大学的元素是未来大学发展的一种可能路径。理想并不外在于现实,其基础乃是现实生活中所潜在的可能性。未来大学的可能性就孕育在开拓与改造早期大学思想中的普遍希望。④ 大学目标的界定将同等重视"存在论"与"认识论"两个维度。现代大学的目标主要涵盖知识和能力等"认识论"维度,未来大学的目标将拓展到"关心能力"这一"存在论"维度,推动学生所知、所能和做人的密切结合。① 这些观点与其说是对未来大学的全面展望,不如说是对现代大学危机的本能反思。笔者认为,要真正理解未来大学发展

---

　　① 王天晓.国外学者论未来大学的发展[J].比较教育研究,2014(3).

的各种可能模式,亟待引入一套新的概念框架,笔者将从复杂性理论的角度展望未来大学。

一、复杂系统及其简单化:现代大学的组织模式

复杂性是当代社会最基本的特征。美国人工智能专家西蒙认为:"人们越来越同意复杂性是我们生活的世界的一个关键特征,也是共同栖居在这个世界上的系统的关键特征。"①对复杂性和复杂系统的探索形成了 21 世纪的新科学——复杂性理论。这是一门横断各个学科的新的学科门类,主要研究复杂系统的行为和性质,其中心议题是宏观领域的复杂性及其演化问题。尽管到目前为止,学界对复杂系统的范围并没有取得共识,但人们普遍认为复杂性理论源于一般系统科学。从系统科学的"老三论"到"新三论",再到复杂性理论,有一条主线一直贯穿其中,那就是批判科学主义的简单性思维。简单性思维将世界视为一个受因果法则支配的封闭系统,这是一种决定论逻辑。根据这种思维方式,我们只要对事件的初始状态有精确的认识即可把握事物发展的轨迹,任何社会系统将沿着确定性的轨迹发展。复杂性思维则认为,事物是由诸多非线性联系要素所构成的开放系统,不存在简单的因果关系。任何社会系统都具有非线性、自组织、整体性、开放性、适应性等基本特点。正如埃德加·莫兰所言,"复杂的东西不能用一个关键词(概念)来概括,不能归结为一条规律,也不能简化为一个简单的思想"②。

复杂性理论的基本观点有:其一,具有适应能力的主体。这是复杂系统理论最基本的概念,它不同于一般系统理论的部分、元素等概念,部分或元素完全是被动的,其存在旨在实现系统功能,没有自身的目标,即使与环境有所交流,也只能按照某种固定方式做出固定的反应。而主体具有"活"性,它能

---

① 司马贺.人工科学——复杂性面面观[M].武夷山,译.上海:上海科技教育出版社,2004:168.
② 埃德加·莫兰.复杂思想:自觉的科学[M].北京:北京大学出版社,2001.271.

在与环境的互动中不断"成长"或"进化"。① 其二,主体与环境的相互作用。主体的能动性主要体现为与环境的互动关系。复杂性理论以"刺激—反应"模型来描述这种互动关系:生活在特定环境中的主体不断从环境中接受刺激,并根据经验做出反应。反应的结果有两种:达到预期目标和未达到预期目标。主体的"活"性就体现在它可以接受反馈结果,并据之修正自己的"反应规则"。其三,个体的演化与系统的演化是有机相连的。个体的演化过程是受环境约束的生成过程。个体层次的演化将推动系统层级的演化。这是因为复杂系统由大量适应性主体构成,主体之间以及主体和环境之间存在着复杂的非线性相互作用。这种相互作用导致了系统的"涌现"现象(蝴蝶效应),即微观个体的进化使宏观系统呈现出新的状态和新的结构。其四,复杂系统的演化不遵从简单的线性关系。在复杂的开放系统中,事物之间的因果联系是难以追溯的,变化的呈现是非线性的,矛盾、冲突大量存在,创造性的解决方法来自各种不确定性、多样性和不稳定性等因素的相互作用中。②

复杂性理论认为,所有的生命系统都是复杂系统。作为人参与其中的组织系统,大学是一个典型的复杂系统。大学组织的演化充满不确定性,需要从复杂性的角度阐述其变革与转型。复杂性是一种认识大学组织的新的思维方式。这种思维方式具有三个显著特点:① 复杂性是一种通过联系背景和综观全体来把握大学组织的认识方法,要求认识的"背景化",以开放系统描述大学组织。② 复杂性是一种反思性和批判性的思维,要求变革者自觉地追问自己思想和行动的前提和根据,承认对大学组织可以达到更好的认识,但永远无法终极这种认识。③ 复杂性是一种跨学科方法论,以此来解释大学组织中微观元素的非线性相互作用造成的某些宏观现象(蝴蝶效应),它是讨论大学组织变革的最佳视角。斯泰西从复杂性的角度发展了一个理解大学组

---

① 郭韬.基于复杂性理论的企业组织创新研究[D].哈尔滨:哈尔滨工程大学,2008:36.
② 郭韬.基于复杂性理论的企业组织创新研究[D].哈尔滨:哈尔滨工程大学,2008:36.

织变革的概念框架:第一,所有的大学组织都处于相互联系的网络之中,联系以非线性反馈进行。第二,所有大学组织都有相互排斥的两种力量:一方面,它们有能力利用融合、控制和人们追求秩序而维护组织的稳定性;另一方面,它们也有能力利用分化、放权和人们追求变革而使组织处于不稳定之中。第三,如果一个大学组织屈服于趋向稳定的力量,那么它注定要失败,因为它会变得僵化而不善于变革。相反,如果它一味追求不稳定,那么它将变得支离破碎。成功的大学组织始终使自己处于稳定和不稳定两种状态之间,这是一种混沌状态,是一种不断变化的结构。第四,一个成功的大学组织,其变革过程是曲折循环的,具有不连续的发展趋向,这是一种质变模式。第五,由于它的内在复杂性,一个成功的大学组织也会面临未来某些完全不可知的东西。长远的发展是一种自发的自我组织的过程。第六,处在这种系统中的管理者不能控制长远的未来,也不能加入某些框框而人为使其成功。在长远的发展之中,管理者同样不能使用一步步的分析推理、规划或者思想控制方法。在这种系统中,管理者唯一能做的就是使这些事物与近期发展规划联系起来。①
这个框架的精髓就是指出了大学既是自组织又是他组织。所谓自组织,是指事物通过自发、自行、自我组织起来,走向有序化的一个过程。自组织强调系统的演化无需外部指令。所谓他组织,是指事物不是自行组织起来,而是受外部力量驱动的,即系统的演化依靠外部指令,不能自主从无序走向有序。大学是自组织和他组织的对立统一。从短的时间尺度来看,行动者的任何自觉行为都是有计划的,因而所有的大学都是他组织;但从相对较长的时段来看,大学的演化都是自组织的,充满各种自发性,无法预料的新现象、新模式、新动向在无法预料的时间出现。②

现代大学的组织模式是复杂性之简单化的产物。格特·比斯塔认为,复杂性之简单化与简化行动选项的数量有关。快餐店就是一个把复杂性简单

---

① 迈克尔·富兰.变革的力量(续集)[M].北京:教育科学出版社,2004:9-10.
② 苗东升.分形与复杂性[J].系统辩证学学报,2003(2).

化的系统，因为能获得的行动选项的数量——不仅对顾客，而且对员工来说——都明显地减少了，从而使快速而顺利的运行成为可能。他认为，复杂性之简单化不只发生在商业机构中，大学也是一个运行在复杂性之简单化下的系统。如其所言，"学校教育作为一个社会制度，其本身可以理解为一种通过给人类学习提供一个特别的社会场所而把学习的复杂性简单化的方式。学校建筑通过把人类的学习与日常生活隔离开，并通过提供给人类学习以有形的场所，把人类学习的复杂性简单化。学年、时间表和课程把学习置于时间边界内。更深层次的复杂性之简单化通过如下测量而发生：把相似年龄、能力和成绩的学生集中到一起，通过使用分阶段的课程，也许更重要的是，通过介绍评鉴和考试的管理制度，把他们置于相同的学习内容之下。在通过评鉴和考试获得的大量学校教育的结果中，只有那些被认为是优秀的学生才被拣选"①。通过复杂性的简单化，大学组织渐渐类似于较少开放的封闭系统。在封闭系统中，输入和输出之间、行动与结果之间的可能性联系越来越少了，最后导致常规性和结构性开始出现。换句话说，在这种封闭系统中，行动和结果之间具有直接的因果联系，系统以决定论的方式运行。复杂性之简单化是真正意义上的社会性建构（他组织），不应该把它们理解为自然发生的现象（自组织）。

复杂性之简单化的合法性来自：在像大学这样复杂开放的系统中，厘清行动和结果之间的因果关系是可能的。正是基于这种自信，人们建构出现代大学的经典模式——象牙塔模式。在这种组织模式下，知识的整理和传播是大学的主要职能。由于知识的载体是图书，因此传统大学的工作模式是围绕图书这种知识载体组织起来的。一个关于大学起源的古老传说似乎也印证了这种说法。在11世纪中的某一天，在意大利博洛尼亚的一个工地上出土了一部古罗马法典。消息一经传出，世界各地的罗马法学者蜂拥而至，围绕这

---

① 格特·比斯塔.教育研究和教育实践中的证据和价值[J].北京大学教育评论，2011(1).

部出土的古文献展开了研究和教学,这样就产生了世界上的第一所大学。直到现在,大学的组织模式依然是:以学科为中心、以教师为中心、以课堂为中心。赵炬明曾用三个同心圆来形象地描述这种象牙塔模式:学者围绕图书开展工作,学生围绕学者进行学习(图 9 - 1)。在人文主义学者垄断学术知识的情况下,这种模式成为大学的标准模式:大学趋向于成为与世隔绝的"象牙塔",教堂的钟声就是它的生活节律。

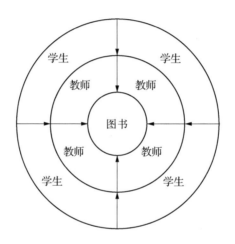

图 9 - 1 传统大学模式:简单封闭系统

然而,近代自然科学兴起之后,大学的这种封闭状态被打破,实用知识进入了大学课程。"在十九世纪,英国和美国都不得不通过国家立法来打开自治的高等学府的铁门,让新的学科进入课程,其中许多学科与人类利益休戚相关。"①高等教育大众化之后,大学"场域"的统一模式瓦解,多样性的中学后教育机构兴起。随着学生来源的多元化,作为价值共同体的大学社区已不复存在,大学内部冲突加剧。如果说,到目前为止,大学依靠改变自己的形式和职能以适应外部环境的变化,仍然能够保持自身的连贯性及维持传统的组织模式,那么,这种状况在当代社会很难持续下去。随着数字化时代的到来,信

---

① 约翰·S.布鲁贝克.高等教育哲学[M].郑继伟,等译.杭州:浙江教育出版社,1987:29.

息无时不在、无处不在,以知识为中心、以教师为中心的传统大学模式面临前所未有的困难,复杂开放系统将是未来大学的模式(图9-2)。安永公司最新的一项研究表明,在未来,高等教育机构需要从根本上转变运营模式才能生存!

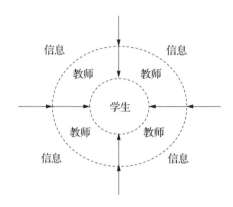

图9-2 未来大学模式:复杂开放系统

二、组织与环境的互动:大学变革的外部动力

从20世纪70年代开始,随着权变理论的兴起,人们开始摒弃封闭体系,转向采用一种开放系统研究法研究大学组织。这种新视角关注环境在影响以及形塑大学组织中扮演的关键角色:变化中的环境条件是大学变革的外在动力,大学受到的影响、大学机构的回应,都直接来自环境。① 下面笔者主要对当前大学运作的主要环境条件加以识别,分析这些条件是如何影响大学组织模式的。

1. 大众化

二战前后,美国率先开启了高等教育的大众化,这种知识的大众化诉求

---

① 帕翠西亚·冈伯特.高等教育社会学[M].朱志勇,等译.北京:北京大学出版社,2013:145.

运动在时、空两个维度得到极大延伸。从时间维度看,随着高等教育毛入学率的持续增长,以美国为代表的发达国家依次实现了由精英高等教育(小于15％)到大众高等教育(超过15％),再到普及高等教育(超过50％)的转变。从空间维度上看,高等教育大众化从北美扩散到欧洲大陆、大洋洲,再扩散到亚洲、非洲、拉丁美洲,以中国为代表的发展中国家也在世纪之交进入了高等教育大众化阶段。从全球范围来看,2012年,世界高等教育平均毛入学率达32％,发达国家和发展中国家分别为76％和25.5％。其中,美国毛入学率达94.3％,中国毛入学率为26.7％。[①] 2019年,中国毛入学率达51.6％,正式迈入高等教育普及化阶段。

高等教育大众化对大学组织的挑战是全方位的。从宏观层面来看,大众化重新塑造了高等教育产业。顾客需求(学生入学人数)的不断增长、新组织成员的加入(更多的高等教育机构)推动着传统的高等教育事业发展为大众的高等教育产业。大众的高等教育产业规模更大、机构更复杂多样,组织之间的资源竞争更加激烈。从微观层面看,大众化给大学组织带来了一系列的管理难题。其中一个重要问题是:如何在扩张过程中清晰阐明大学目标使命和组织哲学? 传统大学的理念是清晰的,高等教育的本质属性是高深学问,大学的服务对象在很大程度上只限于少数学术精英。"如果一种高等教育哲学的独特性,体现在高等教育的学科内容较之初等和中等教育更复杂的话,那么当然只能允许有能力学习这种较复杂课程的人进入高等学校之门。"[②]此时的大学是一个价值共同体,成员之间没有根本的对立与冲突,大学无须投入过多的管理资源来协调成员之间的关系。知识的大众化诉求意味着人人都接受高等教育,这就要对迄今为止的那种为精英而设的课程进行修改,这就涉及大学核心领域的再造。围绕课程改革,大学成员分化为不同的利益群

---

① 凌云俞,佳君.中国离高等教育现代化还有多远——几个关键指标的国际比较[J].教育研究与实验,2015(2).

② 约翰·S.布鲁贝克.高等教育哲学[M].郑继伟,等译.杭州:浙江教育出版社,1987:60.

体,价值共同体分崩离析:大学课程是为了培养出更好的公民,还是为了培训更具生产力的人力资源,或者是更具审美的闲暇利用者,人们各执一词。大学人员的多元化和价值观的分化为清晰界定大学目标使命和组织哲学带来了困难,大学内部冲突进一步加剧。为了整合大学的离散化,大学必须成立更多的协调机构,必须投入更多的管理资源。

2. 市场化

高等教育市场化是随着大众化进程逐步发展起来的。随着大众化向普及化演进,政府财力很难维持一个庞大的高等教育体系,大学的经费来源从以政府为主逐步向以社会为主转变。由于大学掌握的资源众多,社会要求大学公开更多运行信息的呼声日渐高涨,对大学实施更严格的问责成为普遍趋势。在这种背景下,大学经费的配置模式逐步由"官僚控制模式"向"市场模式"转变。一个标志性的事件是1972年美国国会颁布《高等教育修正案》,此法案有两个关键性的变化:其一,联邦助学金的分配发生了变化。政府财政资助由直接拨给学校转变为直接拨付给它们认为合格的学生,从而增加了学生的选择权,加剧了学校之间的生源争夺。其二,修正案提出"中学后教育"的新概念,把许多私立教育机构纳入了大众高等教育产业中,导致潜在的符合国家助学金发放标准的学生数量翻了一倍多。[1] 这一事件开启了高等教育资源配置的市场模式。此后,美国政府不断削减财政预算,政府财政资助在大学经费中的占比不断下降。2014年,美国公立四年制本科院校来自政府财政拨款的占比仅为26%,大部分经费需要通过市场获得。

市场化对大学组织构成了严峻挑战。从宏观层面看,市场化催生了一个竞争激烈的中学后产业。这个产业的资源配置模式是一种典型的市场模式,即大学通过出卖服务(教学、研究和咨询)来获得收入。"在市场逻辑下,大学组织的生存直接依靠出卖学术服务。它们出卖教学服务,学生购买;它们出

---

① 帕翠西亚·冈伯特.高等教育社会学[M].朱志勇,等译.北京:北京大学出版社,2013:153.

卖研究服务,政府和企业购买。这样,控制资源分配决策的权力就掌握在大批学生手中和研究成果的购买者手中。"①在这种环境下,大学开始关注来自市场的压力,开始思考如何更加有效地市场化学校以便吸引顾客。从微观层面看,为了应对政府的财政紧缩,大学必须开辟新的经费来源渠道以及有效控制办学成本。其中,为非传统学生提供学习机会就是一个规模巨大的市场。这些人有着特殊的课程兴趣,新的学习需求,这常常需要新的传授模式来实现。② 开源还须节流,大学组织面临增强自身效能的压力。引入企业家精神、实施精细化管理成为大学组织变革的重要趋势。教育市场化在这种压力下大行其道,正如一位澳大利亚大学校长所言,"我们的大学不是一个生意,但是我们得像生意那样来运营"。以市场为导向办学需要大学对内在结构和优先发展的领域做何种调整? 市场逻辑会不会摧毁传统的大学精神? 这些问题折磨着大学的变革者。

3. 数字化

随着现代信息技术的突飞猛进,人类进入了一个以互联网为代表的数字化时代。1981 年,世界第一台 IBM 私人电脑投入市场。1985 年,第一代 Windows 操作系统问世。这标志着每个人可以处理、写作、掌握和传播比以往多得多的信息。"装载了 Windows 操作系统的电脑使得上百万的人们能够把他们的观点数字化,并广为传播。"③1991 年,以极低成本进行全球沟通的互联网正式出现。1995 年,第一个提供商业网站浏览器的网景上市。2000 年左右,在个人电脑、光缆、工作流程软件、巨型数据库的综合作用下,人类进入了数字化时代。计算机、电信、信息数据库迅速更新,为高等教育提供了巨大的发展可能性,远程信息处理技术与教学方法的紧密结合成为当代高等教育

① 伯顿·克拉克.高等教育新论——多学科的研究[M].王承绪,等译.杭州:浙江教育出版社,2001:101.
② 帕翠西亚·冈伯特.高等教育社会学[M].朱志勇,等译.北京:北京大学出版社,2013:161.
③ 托马斯·弗里德曼.世界是平的[M].何帆,等译.长沙:湖南科学技术出版社,2006:45.

的一大特色。一是开放式教学资源蓬勃发展。2012 年,哈佛大学、麻省理工学院率先启动大规模的线上开放课程(MOOC),使全球分享优质高等教育资源成为可能。二是网络化的教学管理系统。许多大学设置了聊天室和论坛以激发学生讨论的热情,翻转课堂等新的教学模式也相继被开发出来。三是移动学习技术获得了长足的发展,微课、微信等得到普遍使用,使学生通过手机等移动终端获得学习资源成为可能。

数字化给高等教育的发展提供了巨大机会,也带来了严峻挑战。数字化不仅影响了我们核心的教学、学习和科研的过程,而且正在重新形塑我们的传授系统,从而产生新的虚拟机构,教学和科研可以全球性地连接起来。[①] 数字化带来的最大挑战是它颠覆了以课堂为主、以教师为主的教学模式,大学组织的核心领域面临根本性的改变。这种挑战不是来自教师,而是来自学生。作为数字化时代的一员,现在的学生很早就生活在充满活力的、可视的、交互式的网络世界中。他们习惯于通过体验与参与,而不是通过被动的听和读来学习。他们很难长期容忍传统的直线式的、连续的课堂教授形式。[②] 在数字化时代,学术交流的媒介正在从杂志文章走向更全面的多媒体,甚至是交互性文件。在采用先进技术的教育用品和以超级学习的过程占主导的未来社会里,教师的角色将会彻底改变。教师不再是知识的传授者,而应该成为学习内容、学习过程和学习环境的设计者。学生也不再是知识的被动接受者,他们是主动的建构者,他们有权参与和控制教学过程。这一切对现代大学而言都是颠覆性的变革。

4. 全球化

20 世纪 90 年代以后,随着全球联系的不断加强,国与国之间在政治、经济、贸易上的相互依存度空前增强,人类的全球意识已然觉醒,全球化运动蓬

---

① 帕翠西亚·冈伯特.高等教育社会学[M].朱志勇,等译.北京:北京大学出版社,2013:160.
② 周光礼.高校人才培养模式创新的深层次思考[J].中国高等教育,2012(8).

勃发展。作为全球化运动的重要组成部分,高等教育全球化不仅意味着高等教育资源在国际进行配置,高等教育要素在国际加速流动;而且意味着各国在人才培养目标的确定、课程内容的选择以及教学手段和方法的采用等方面,既要满足来自本国、本土化的要求,又要适应国际产业分工、贸易互补等经济文化交流与合作的新形势。在市场化和数字化的推动下,高等教育全球化成为推动大学组织变革的一股重要力量。为了在全球范围内争夺办学资源,各国都采用了以市场为导向的全球化战略,在全球范围内竞争生源和师资。互联网等远程信息处理技术的发展为高等教育全球化注入了新的活力。当前,欧美发达国家留学生占在校学生的比例为10%—20%,其中澳大利亚的占比为19.8%,英国的占比为16.9%。美国是世界上最大的留学目的地国家,2014年接受中国留学生就高达29万人。①

全球化现象当然不仅仅指交换留学生、交换教师、关注全球问题的教学和研究,也指日趋增多的一系列跨国和国际合作。如一些教育机构已经跨过国境,在国外设置分支机构,另一些与国外高等教育机构建立友好合作关系,建立学术交流与合作框架,甚至成立大学联盟。全球化对大学组织的影响也异常深刻。全球化一方面带来了大学的同质化,另一方面也愈发彰显了大学的差异性。全球化提出了高等教育全球治理的问题,建立跨国高等教育质量标准成为一种重要发展趋势。华盛顿协议、博洛尼亚进程、悉尼协议、都柏林协议等对协议国大学的影响是巨大的,其结果是导致大学的标准模式在全球扩散,使全球的大学产生趋同性。全球化也异常珍视地方性的大学制度创新。由于办学资源的全球配置,发挥比较优势的大学更容易成功,这就是所谓错位竞争战略。为了打造比较优势、吸引国际学生,所有大学在培养全球公民意识的同时,必须立足地方、立足自身、办出特色。如何协调高等教育的全球化和区域化的相辅相成趋势,是大学组织变革必须认真思考的又一难题。

---

① 教育部:2014年全国来华留学生数据统计.

5.知识经济

知识经济是在全球化的背景下发展起来的一种新型经济模式。它与农业经济和工业经济的不同之处在于其以知识为基础。1996 年,世界经合组织发表了题为《以知识为基础的经济》的报告。该报告将知识经济定义为建立在知识的生产、分配和使用(消费)之上的经济。从产业结构上来看,知识经济是一种以研究和创新为特征的产业形态。从经济要素的相对重要性来看,知识创新成为核心竞争力,在全球范围内参与竞争与合作。高等教育集合了知识的生产、分配和使用,自然成为知识经济最重要的部门。在知识经济的推动下,高等教育与工业界的融合日趋紧密。从大学服务社会到政府、大学、产业的区域创新三螺旋模式,从合作教育模式到 CDIO 模式,从政产学研结合到高等教育与区域深度合作,从产教融合到教学工厂,强调大学的经济功能成为一种重要的改革趋势。

知识经济对大学组织的影响同样广泛而深刻。经济生产力成为大学改革的重要指导思想。所谓经济生产力,是指人们要求学校培训学生,以便他们能够获取收入颇丰的职业,向其他院校提供研究结果以供使用,同时又要借助科研和服务更加直接地促进地区、国家的经济富裕。[①] 这种需求已经迫使学校与教师将教学和科研更紧密地与产业的生产需求结合起来,产生诸如大学产业园、大学科技园、工业技术研究院、大学驻外研究院、技术转移中心、大学控股的高科技上市公司等新的组织形式。知识经济挑战了传统的高等教育,促使知识生产模式Ⅰ向知识生产模式Ⅱ转变。知识生产模式Ⅰ以学科为导向,重视生产学科性知识;知识生产模式Ⅱ以问题为导向,强调学科交叉和生产应用型知识。知识生产模式的转型不仅刺激了各种中学后教育机构之间合作关系的出现,而且促成了学校与政府、私营机构之间新的合作关系。这种投机性的活动为大学提供了新的经费来源。据统计,2014 年,美国四年

---

① 帕翠西亚·冈伯特.高等教育社会学[M].朱志勇,等译.北京:北京大学出版社,2013:161.

制公立本科院校收入中,21%来自专利转让收入。2014年,中国高校控制的上市公司增加到25家,其中清华大学6家,北京大学4家,华中科技大学3家。北京大学和清华大学的校办产业产值高达2000多亿人民币。在这种趋势下,大学传统学术的价值观面临更严峻的挑战。一个突出现象是学术文化与企业文化的冲突。在学术文化看来,学术乃天下之公器,任何学术成果必须对学术界公开,接受学术界的批评和质疑,知识归学术界共有;在企业文化看来,知识和技术是私人财产,出于保护知识产权的考虑,新的研究成果需要保密和申请专利。大学应如何平衡这两种对立的价值观呢?

正是在大众化、市场化、数字化、全球化和知识经济等多重因素的挤压下,大学面临颠覆性的变革。不但高等教育产业需要重新界定,大学自身的组织结构和管理结构面临重新设计,甚至大学最核心的领域(人才培养模式、学术发展模式)也亟待改变。大学需要从整体上来有效探索如何重新设计自己的制度,这是一个全方位的、意义重大的挑战。

三、走向复杂性:未来大学模式的建构

高等教育面对广泛的环境压力,亟须建构新的大学模式进行回应。未来大学模式建构的基本思路是回归复杂性,从整体上将大学视为一个组织及环境构成的开放系统。在这种思想的指导下,我们需要重新界定高等教育产业以及大学自身承担的角色,重新建构大学学术和行政领导结构、功能以及过程,重新审视大学的最小封闭单位(核心领域)。

1. 寻找最小的封闭单位

建构未来大学模式也需要借助复杂性之简单化。复杂性之简单化的关键是寻找大学最小的封闭单位,因为只有在封闭单位中才能建立因果联系。现代权变理论认为:所有组织在本质上都是开放系统;所有的组织必须通过精心设计合适的结构来适应环境;组织本身又是一个分化的系统,即对于环

境的影响，一些组织子单位被设计得更为开放，而一些更为封闭。[①] 作为一个组织及环境的整体模型，大学组织可以分为三个层面，即生产层面、管理层面和制度层面。为了有效运作，生产单位应该尽可能免受环境波动的影响。大学组织通过建构学术自治的机制以及学科、专业、课程等最小学术组织来"缓冲"过度的外部干扰对教学和科研等"核心技术"的影响，从而人为地将系统封闭。大学必须留意和适应更广阔的环境中的变化，尤其要留意高等教育产业的变化，为此大学必须设计一些更为开放的单位，以跟踪环境变化。在跟踪环境变化的更为开放的组织成分和保持核心生产活动稳定的更为封闭的组织成分之间，管理层的成分发挥媒介和沟通的作用。环境变化既可以直接影响大学的管理，也可以通过影响高等教育产业间接影响大学的管理，通过大学管理这个中介最终影响大学的核心生产层面（人才培养模式、学术发展模式）。从复杂性之简单化的角度来看，所有的大学组织都同时是理性的和自然的系统，同时是开放的和封闭的系统。

　　建构未来大学，西方学界进行了大量的探索，先后提出了一系列的新的组织模式。最具代表性的模式有：适应性模式、情景模式、创业型模式、虚拟大学模式。适应性模式强调大学是一个具有"活性"的主体，能够对环境的刺激做出反应，能够判断自己行动的成效并据此调整自身行为。情景模式与适应性模式大体相似，不同之处是情景模式强调高等教育产业是宏观社会环境与大学组织之间的中介。创业型模式是适应性模式和情景模式的一种变形，其不同之处在于它是从实践中归纳出来的。伯顿·克拉克对经历了"根本性变革"的五所欧洲大学进行个案研究，归纳出这些大学的五大共同特征：一个强有力的驾驭核心、拓展的组织外围、多元化的经费渠道、激活的学术心脏地带和创业的组织文化。伯顿·克拉克宣称，凡是具有这五大特质的大学就是创业型大学。虚拟大学模式是一种正在兴起的未来大学模式，特指那些有着

---

① 詹姆斯·汤普森.行动中的组织——行政理论的社会科学基础[M].上海：上海人民出版社，2007：10.

虚拟传授系统的组织，或者有着虚拟组织和行政管理模式的组织，以及那些两者兼备的组织。[1] 这四种未来大学模式都从宏观上把大学视为开放系统，并基于组织与环境的互动理念为大学设计了一些开放单位，但忽视了封闭单位的建构。因此，从某种意义上说，这四种未来大学模式只是批判性模式，它们只是否定了以大学为最小封闭单位的传统大学模式，并没有真正建构出未来的大学模式。

真正建构未来大学模式需要寻找大学的最小封闭单位。我们知道任何组织都同时是开放的和封闭的系统。为了"缓冲"环境的过度干扰，大学的核心活动区域必须封闭。实际上，也只有在一个封闭的系统中，才会存在因果关系链条。这也是重建大学学术工作场所及大学文化的必然要求。寻找最小封闭系统并将其置于开放的、复杂的环境之中，这是建构未来大学的根本途径。大学最小的封闭系统应该是什么？是大学？不是！传统大学就是以大学组织为封闭单位建构的，上述四种未来大学模式也都否定了这一点。是大学下设的学院吗？也不是！大学的开放性主要通过学院的开放性来保证，欧美大学的下设学院都是开放系统。是学科吗？还不是！学术发展模式正在发生深刻变化，正在由学科导向走向应用导向和问题导向。大学最小的封闭单位应该是专业和课程！专业和课程是大学生产的真正产品，也是大学中可以标价的商品。为了使生产层面免受环境冲击，应该将专业和课程系统人为地封闭起来。在欧洲传统的大学中，专业是刚性的，它是大学资源配置的最小单位，即专门学业；在北美大学中，专业是柔性的，它是支撑培养目标的一组课程的集合体，即课程群，课程是大学的最小细胞。根据最小封闭单位的不同，未来大学大体上有两种建构思路：一是以专业为最小封闭系统的大学，二是以课程为最小封闭系统的大学。前者强调培养知识扎实、应用能力强、就业竞争力好的专业技术人才；后者强调丰富学生教育经历，实现知识、

---

[1]　帕翠西亚·冈伯特.高等教育社会学[M].朱志勇，等译.北京：北京大学出版社，2013：165.

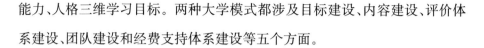

能力、人格三维学习目标。两种大学模式都涉及目标建设、内容建设、评价体系建设、团队建设和经费支持体系建设等五个方面。

2. 以专业为细胞的未来大学：斯科尔科沃科技大学

为了提振俄罗斯暮气沉沉的创业体系，在改造传统大学未果的情况下，2014 年俄罗斯政府计划在莫斯科附近斯科尔科沃创建一所世界级的新型科技大学：斯科尔科沃科技大学。该大学由斯科尔科沃基金会与美国麻省理工学院合作创立。斯科尔科沃基金会由俄罗斯前总统梅杰耶夫发起并领导，旨在通过科学技术的商业化发展俄罗斯的高科技创新经济。在该基金会的主导下，俄罗斯在莫斯科郊外的斯科尔科沃建立了创新中心——一个新型的科技开发区。这个开发区包含了斯科尔科沃科技大学、企业研发中心、科技产业孵化器、私募资金和风投公司。开发区内实行特殊的经济政策，给予入住公司特殊运营条件。目前，已经有 300 多家公司取得特区入住权。由于斯科尔科沃科技大学是作为特区的知识创新和转化的核心机构而成立的，其完全不同于传统的大学。基金会先后接触了英国剑桥大学、美国斯坦福大学等名校，寻求合作，最终与美国麻省理工学院达成合作协议，基金会拨出 3 亿美元巨款给麻省理工学院参与和支持斯科尔科沃科技大学的建设，并根据双方所确定的校长资质条件，聘请了四个国家（美、英、中、瑞典）工程院院士、麻省理工学院教授克劳利博士担任该校校长。[①]

斯科尔科沃科技大学从诞生起就确定了它与一般大学不同的目标。新大学的使命是为俄罗斯建设一所具有国际竞争力的大学。该大学致力于培育转化科学和技术的能力，成为一座连接科学和创新的桥梁：将基础研究的成果引向企业创新，同时培养年轻一代成为这一过程中变革的领袖人物和主力。[②] 为了实现这一战略定位，新型大学在如下几个方面进行了有针对性的

①　查建中.面向职场的工程教育改革战略[J].高等工程教育研究,2013(6).
②　查建中.面向职场的工程教育改革战略[J].高等工程教育研究,2013(6).

变革。第一,营造创新的大学氛围。斯科尔科沃科技大学在一个广阔的科学、工程和创新领域把教育、科研、创业融合在一起,在跨学科的平台上把教师、学生和研究人员联系在一起。第二,实施科教融合模式。学生的专业教育除了课程,还必须参加科研活动。为了追求学术卓越与创业创新,学校的每个教师都必须同时从事教学和科研工作。第三,融入区域创新体系。把大学组织嵌入更广阔的区域创新系统中,不但强调大学为区域商业创新做贡献,而且强调大学为区域人力资本形成做贡献。新大学积极开展正式的和非正式的创业创新教育,促进大学的创新成果流向产业。

作为一个现代化、国际化的实体大学,斯科尔科沃科技大学瞄准俄罗斯最优先发展的领域,开设了五个专业方向:信息科学与技术、能源科学与技术、生物科学与技术、航天科学与技术、民用核科学与技术。当前斯科尔科沃科技大学的核心组织构架是15个面向科研、教育和创新的研究中心和1个提供支持性服务的行政中心(图9-3)。15个研究中心都是基于关键问题而组建的,它们由斯科尔科沃科技大学领导,但要广泛吸纳俄国和国际相关机构的合作。每一个研究中心既是一个科研中心,也是一个教育中心,同时还是一个创新创业中心。每一个研究中心负责一个或多个专业。研究中心的工作机制是:① 与产业合作以了解他们的需求,通过系统的方法与俄国和跨国的广大产业界合作以共同找出最具影响力的应用领域;② 联合组成团队提炼出关键问题,并开展应用导向的研究;③ 将产生的新知识转化为生产力,通过设计和实施一个全面管理知识转换的系统将中心的研究成果和产业界应用连接起来并进行孵化工作。15个中心具有相关性,通过师资队伍的流动性和跨领域兼职合作来实施。其中有2个中心起关联支撑作用:一个是聚焦于跨学科领域的前沿科学,一个是面向创新创业工作的战略技术。在斯科尔科沃科技大学,师资队伍是一个完整的整体,没有划分成"系",所以教师间的沟通合作没有任何组织阻隔和障碍,这与传统大学的建制完全不同。斯科尔科沃科技大学有一个中心行政管理系统为这15个研究中心提供支持性服务。斯科尔科沃科技大学没有本科教育，只有研究性教育。学校将大学教育定义为以创新为中心的实践性教育。其中，科学技术专业知识和创新性研究论文占50％，产品创新和创业（开拓市场、团队合作）占25％，而另外25％是关于科技如何转化为生产力，诸如产品的设计制造、围绕产品的经营管理服务等。①

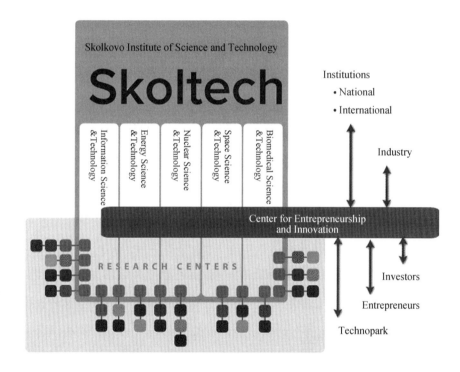

图 9 - 3　斯科尔科沃科技大学的组织结构

　　斯科尔科沃科技大学以专业作为最小的封闭单位，其他一切单位都保持开放。通过这种制度设计，斯科尔科沃科技大学成功地回应了全球化、市场化、数字化、国家战略和知识经济的挑战。斯科尔科沃科技大学认为，专业是大学组织的"核心区域"，专业上接学科，下联产业，是科研、教育和产业一体化的平台。在专业范围内存在培养创新人才的规律，在最小的封闭系统中，

① 查建中.面向职场的工程教育改革战略[J].高等工程教育研究,2013(6).

存在自变量与因变量之间的因果关系。斯科尔科沃科技大学模式最突出的特点是：以专业为基础，以创新为主体，以教育和科研为两翼。通过科教融合、产教融合，让学生掌握深入的学科知识和推理能力，形成出色的沟通和合作能力，以及领导创新过程的能力。

3. 以课程为细胞的未来大学：密涅瓦（Minerva）大学

为了彻底改造美国现代大学模式，2013 年 Ben Nelson 在美国旧金山启动了一个颠覆性的四年制本科大学计划：密涅瓦计划。密涅瓦是古罗马神话中的智慧女神，即希腊人所谓的雅典娜，以此命名大学充分体现了办学者追寻教育真谛的理想与抱负。这个计划一经提出，立即吸引了许多大牌教育专家和多个投融资机构。哈佛原校长、美国财政部长劳拉·萨默斯和沃顿商学院原院长、特拉华大学校长帕特里克·哈克主动请缨加入密涅瓦的创始团队。其他主要参与者还包括美国教育研究协会前任会长、斯坦福教育学院终身教授李·舒尔曼，以及著名教育心理学家、哈佛社会学院前院长斯蒂芬·科斯林。这些顶尖的教育专家聚集在一起，重新思考大学教育在当下社会中所扮演的角色，并把自己多年来对美国高等教育的反思纳入新学校的各项建设中，包括课程设计、新的全球化体验以及线上与线下教育方式相结合。他们的目标是，要为"全球未来的领袖和创新者们提供非同一般的文理科教育"①。经过充分沟通，密涅瓦大学最终由 KGI（一个只提供研究生教育的机构）和密涅瓦联合创办。

作为一所新概念大学，密涅瓦大学提出了四项有针对性的大学变革。

第一，沉浸式的全球化体验。全球化时代空前地需要全球化人才，培养全球化人才是大学的使命。针对传统大学在封闭的校园中告诉学生世界上在发生什么，密涅瓦大学认为沉浸式的全球化体验才是真正培养全球化人才的最好方式。基于这种理念，密涅瓦大学设计了四年七城、校园遍布世界各

---

① 马晖.Minerva 起航：重新定义大学[N].21 世纪经济报道，2014 - 10 - 24（第七版）。

地的大学经历:每个学生在四年里的每个学期将会去世界上一个不同的城市生活和学习,包括美国旧金山(第一年)、印度孟买、巴西里约热内卢、中国香港、澳大利亚悉尼、英国伦敦和南非开普敦等。他们会以班级为单位住在那个城市,整个城市就是他们的校区。这种设计旨在让学生融入当地的文化,掌握当地的语言,并充分利用这个国家和城市的社会特点进行实践性的活动。四年后,他们将建立一个真正的全球关系网络和对于这个世界的理解。[①]

　　第二,现代化的课程。密涅瓦大学不提供新生入门课程。这是因为在数字化时代,信息无时不有、无处不在,学生完全可以通过网络自学传统大学前两年的知识(通识课程),所有密涅瓦大学的课程要求都会直接从传统大学的三年级开始。在密涅瓦大学,所有新生在第一年都将接受四门严格的进阶课程:"理论分析"(严密的逻辑分析、理性思维、数据分析和正规体系)、"实证分析"(训练学生用科学方法将问题进行框架分析,对猜想进行试验和论证)、"综合系统分析"(帮助学生了解次级效应、多元素相互作用、动态趋势和复杂性理论),以及"多元模式交流能力"(高水平阅读、协作、公开演讲、集体协作、沟通以及辩论能力)。这四门根据教育心理学精心设计的综合课程,旨在培养学生的理性思维能力。从第二年开始,学生们将开始选择并修习专业课程。课堂中没有传统的教条式授课。在保证四年里的每一堂课都控制在 20个学生以内的前提下,通过最先进的技术平台,学生们和老师将展开互动式的交流。

　　第三,混合式学习。作为一所在线大学,密涅瓦大学的教学特点是线上、线下相结合。学校依据教育心理学开发了一套高度智能化的教学互动系统,可以实时跟踪、检测学生的学习效果,并且反馈给其任课教授及下堂课程教授作为参照,以便教授能针对其做出对应的教学调整。密涅瓦大学的主要课程,都是以小班模式(15—20 人)在线授课,校方会根据全球不同时区的学生

---

① 马晖.Minerva 起航:重新定义大学[N].21 世纪经济报道,2014 - 10 - 24(第七版).

的时差合理安排课程。这种线上线下结合的混合型教学模式,旨在充分利用二者各自的优势,实现最好的教育效果。正是在这一点,它不同于流行的MOOC课程。"45分钟的课程,线上教授对课堂掌控严密,小班课堂里学生必须应对随时出现的测试和提问,效率非常高;课堂内容全部是密集的研究、讨论,所有基础知识的学习全部丢给学生自学完成。"[①]正是由于高科技设备在密涅瓦课堂上的高效运用,大大改善了密涅瓦的教学效率与课堂体验。正如密涅瓦创始人所言,学生"在密涅瓦至少有75%的课堂时间是完全积极投入的,学习强度可想而知。密涅瓦没有任何一堂课是纯粹的讲座式教学,辩论是学生间的主要学习方式"[②]。

第四,删繁就简的大学体验。尽管密涅瓦大学的教学很"奢侈",但其学费可谓低廉。这得益于密涅瓦删繁就简的办学理念。作为一所营利性大学,密涅瓦对传统的大学教育活动进行大幅度删减,只保留真正对学生起作用的那部分教育,这大大降低办学成本。正如李树英博士所言,"大规模讲座课、终身教职、哥特式建筑、橄榄球、爬满围墙的常青藤校园……删掉、删掉、删掉",删到最后只剩下课程。事实上,对任何教育机构来说,课程永远是核心。在学校的收费上,目前密涅瓦大学的学费仅为每年1万美元,远低于美国私立大学4—5万美元一年的学费。学校创始人本·纳尔森这样解释学校的收支平衡:"密涅瓦的钱都直接花在学生身上,不像美国很多常春藤名校,将大量资金投入与本科生关系甚少的硬件科研设备上。"[③]由于密涅瓦大学删除所有与学生教育无关的设施和费用降低成本,从而确保每一个经济条件一般的学生能够接受顶尖的高等教育。

密涅瓦大学以课程作为最小的封闭单位,其他一切单位都保持开放。通

---

① 马晖.Minerva起航:重新定义大学[N].21世纪经济报道.2014-10-24(第七版).
② 赵冰燃.全球最"任性"的大学究竟在打什么牌——专访美国密涅瓦大学创始人Ben Nelson[J].留学,2015(5).
③ 赵冰燃.全球最"任性"的大学究竟在打什么牌——专访美国密涅瓦大学创始人Ben Nelson[J].留学,2015(5).

过这种制度设计,密涅瓦大学也成功地回应了全球化、市场化、数字化、大众化和知识经济的挑战。密涅瓦大学认为,课程是大学组织的"核心区域",对学生培养真正起作用的是课程。课程的质量决定了教育质量,课程教学方式的多样性与学生的创新能力具有正相关关系。教学不是学习,真正的学习产生于学生的自我建构中! 密涅瓦大学模式的核心是:课程是大学的最小细胞,是真正对学生起作用的教育元素。通过现代信息技术与课程的结合、教育与产业的结合,建构出一种以学生为中心的教育新模式,让学生拥有真正的全球化经历和强大的就业能力。

第十章　区域知识创新中心与大学模式创新：武汉未来科技城的案例研究

一、大学与区域协同发展

21世纪以来,中国高等教育进入了一个新的外延扩张期。北京大学、清华大学、中国人民大学、浙江大学等名校纷纷在深圳、东莞、海宁等沿海经济发达地区开设异地校区,高等教育内涵式发展政策被悬置。地方政府引进优质高等教育资源的积极性空前高涨,传统的经济开发区已被新型的高等教育开发区所取代。人们对此莫衷一是,批评者有之,颂扬者有之。这些争议为我们思考中国未来大学的发展方向提供了一个契机。中国大学变革的主要驱动力来自两个方面,一个是全球性的高等教育变革,另一个是区域性的经济社会发展。前者聚焦于高等教育的大众化、国际化、市场化和数字化,后者强调知识经济与产业转型升级,两者的交汇点是全球知识经济。所谓全球知识经济,即建立在知识的生产、传播和消费之上的经济,这种新的经济形态以研究和创新为特征。高等教育的国际化和数字化使知识生产和研究的全球化成为可能;高等教育大众化为知识产业提供了大批熟悉研究方法的人才,他们能运用自己的专业知识与技能解决各种问题;高等教育的市场化强调知识本身就是交换的商品。可见,全球知识经济的核心是知识产业的兴起。知识产业的一个重要特点是知识生产是全球性的,但创新过程(新产品和方法的开发)仍然是区域性的。① 这意味着区域的创新活力来源于系统的开放性。全球知识产业的兴起是中国大学面临的重要挑战。为了回应这种挑战,中国传统大学模式应做战略性调整。这种调整必须能够容纳并支撑两种变革趋势:一是大学知识生产模式的转型,即由生产"学科知识和理论知识"向生产"跨学科知识和应用知识"转型;二是大学人才培养模式的变革,即由"面向学科的专业教育"向"面向职场的专业教育"转型。然而,中国传统大学无法包容和支撑这两种变革趋势,因为传统大学是建立在学科和院系矩阵结构的基础之上的,封闭性是其突出特点。知识产业要求加强高等教育与区域发展之间的有效联合,将教学活动、研究活动和创新活动在一个统一的模式下聚合起来。唯有打破传统的学科边界和院系结构,建构大学科教系统与区域创新系统的开放界面,才能真正建立一个连接大学与区域发展的有效机制。如何建立一种满足知识产业发展需要的大学模式,关涉中国高等教育变革与转型的成败。笔者提出了区域知识创新中心的概念框架,以期为重新定义大学提供新的思路和方法。

二、区域知识创新中心:理论基础与概念模型

区域知识创新中心是区域中的行动者围绕知识生产、知识整合、知识传播、知识运用而形成的协同运作的复杂系统。区域知识创新中心的核心包括两个方面:区域知识创新主体以及彼此之间的相互联系。美国"硅谷"是区域知识创新中心的典型案例。企业、大学、独立科研机构是"硅谷"的知识创新主体。"硅谷"不仅聚集着大量的创新企业,而且有包括斯坦福大学在内的13

---

① 皮特·斯科特.高等教育全球化理论与政策[M].周倩,高耀丽,译.北京:北京大学出版社,2009:111.

所知名大学以及众多公司资助的世界一流实验室。这些创新主体之间形成了复杂的互动网络：一方面，大学和独立科研机构为企业提供技术成果，培育高科技人才；另一方面，企业为大学和独立科研机构的研究提供资金支持，以及市场方面的反馈信息。这种互动关系的形成有赖于"硅谷"完善的创新支持系统。硅谷地区拥有活跃的技术转移中介组织以及大量的风险投资家。它们一方面能把大学和科研机构的成果转移给企业，另一方面也能把社会的需求信息反馈给研究机构引导科研内容更能贴近实际生活。[①]

"硅谷"的快速崛起引发了人们对区域知识创新的思考。关于区域知识创新的研究始于 20 世纪 80 年代。区域知识创新理论研究最早可追溯到 1987 年，弗里曼基于二战后日本经济腾飞的经验提出了国家创新系统的概念。在此基础上，其他学者和经济合作与发展组织（OECD）对国家创新系统的行为主体、运行机制、动力系统等进行了全面研究。区域创新系统的概念最早由英国卡迪夫大学的库克（Cooke）于 1992 年提出，用以描述和解释科研创新呈现区域集聚状态。库克认为，企业为了促进对基础性创新的学习而聚集于大学、研究机构周围，从而呈现出创新活动的区域集聚，进而形成了区域创新系统，这是创新集聚效应的内在机理。在此基础上，库克从地域性和网络性的角度界定了区域知识创新中心的概念，如其所言，区域知识创新中心是"由地理上靠近且分工合作的企业、高校以及研究机构等构成的区域性网络。企业和其他相关组织在具有根植性特征的环境下相互学习并传播创新。"[②]1997 年，Asheim 和 Isakson 根据社会凝聚力将区域知识创新中心分为两种模式：一类是区域性的国家创新系统，即区域知识创新中心被视为国家创新体系的子系统，从属于国家创新体系；另一类是植根于区域的创新系统，即系统的产业结构以及制度建设都是在区域内进行的。[③] 这一分类影响很

---

① 许鹏，罗玥，蒋一红.区域创新中心建设模式和管理运行的研究[J].商，2016(25).

② 许鹏，罗玥，蒋一红.区域创新中心建设模式和管理运行的研究[J].商，2016(25).

③ Asheim B. T. and Isaksen A. Location, agglomeration and innovation：Towards regional innovation systems in Norway? [J]. European planning studies, 1997, 5(3)：299 - 330.

大。1999年，Howell从创新驱动力的角度将这两种模式表述为"自上而下"和"自下而上"。① 2006年，杨开忠、任胜刚等人进一步把"自上而下"模式称为政府主导型，"自下而上"模式称为市场主导型。② 其实，区域创新的三螺旋理论也是这一分类的具体展开。三螺旋模型（Triple Helix Model）的概念最早是埃茨科瓦茨提出的，用以解释大学、企业和政府三者间在知识经济时代的新关系。三螺旋模式是一种区域知识创新模式，强调大学—产业—政府三方在创新过程密切合作、相互作用。

上述研究成果主要是从区域发展的角度取得的，笔者试图从大学变革的角度来建构新的概念框架。我们所理解的区域知识创新中心是指在一个地理区域内，由参加技术创新和扩散的企业、大学及独立研究机构、中介服务机构和政府组成，通过政府行为和制度规范，创造、储备、使用和转让知识、技能和新产品的社会网络系统。大学和科研院所、企业构成了区域知识创新网络的内核，其创新能力决定了区域创新中心核心竞争力的强弱，通过与政府、中介服务机构等组成的创新支持网络的互动来影响区域知识创新绩效。区域知识创新中心建立在知识产业充分发育的基础上。知识产业的充分发育体现在以下两个方面：一是知识生产的分散化。随着高等教育的大众化、市场化、信息化、国际化，一方面，潜在知识生产者数量快速增长，知识生产从大学和科研院所发展到许多不同机构；另一方面，社会对专业知识的需求也快速增加，专业知识成为企业提升竞争优势的关键。整个社会中的个人和组织既是专业知识的生产者，同时又是这些知识的消费者。"知识生产依赖于更广阔的社会背景，而不是集中在少数几个机构中。知识生产囊括了处于各种不同社会关系中的个人和组织。"③可见，知识生产已经成为一个分散的过程。这一过程以知识生产场所的扩展为基础，场所的扩展使知识资源不断地组合

---

① 周凯.我国区域创新中心发展模式探析[J].学术论坛,2012(7).

② 杨开忠.构建特色区域创新体系的三种途径[J].人民论坛,2006(4).

③ 皮特·斯科特.高等教育全球化理论与政策[M].周倩,高耀丽,译.北京:北京大学出版社, 2009:115.

成为可能。二是创新过程的集聚化。分散性知识生产的同时也创造了一个合作的世界。知识生产的分散化促使专业知识市场的产生。由于知识生产者也是知识消费者，因此知识生产机构之间必须加强沟通。事实上，知识生产的分散化更加促使创新资源在特定的区域集聚，合并创新的趋势越发明显。在这种背景下，一些大学越来越多地参与合作和联盟，并与分散在世界各地的"解决问题团队"共享人力和其他资源，因此，这些大学的机构需要重新组织。① 从这个意义上说，分散性知识生产的存在必然引起目前大学组织结构的变化。对大学来说，必须要更加开放，要与更多的机构保持接触，要更加深入地融于社会。为此，大学至少要建立两种结构：一是问题导向的科研结构，二是能力导向的教学结构。其中，在知识产业中，不仅需要创造知识的研究者，而且需要问题的解决者、问题的识别者、问题经纪人。这需要培养大批具有新技能的人才。这种人才的新技能主要不在于生产新的知识，而在于如何将他人创造的知识进行整合。

根据知识生产的分散化和创新过程的集聚化，我们可以建构出一个区域知识创新中心模型(图 10 - 1)。区域发展需要创新与新技能的汇聚，因此区域知识创新中心的核心是两个相互耦合的子系统：一个是创新研发系统，另一个是人才培养系统。创新研发系统是由创新主体所构成的系统，它是区域知识创新中心的核心要素，对于创新中心正常运作起到至关重要的作用。创新主体包括大学科研机构、社会独立科研机构与企业创新部门。其中，大学科研机构和社会独立科研机构擅长基础性创新，这种创新并不完全以市场为导向；企业创新部门以市场为导向，以技术创新见长。任何一个能接入互联网的地方都可以参与到区域知识创新体系当中，因此境内大学乃至境外大学都可以参与区域创新研发系统。人才培养体系也是区域创新中心的核心要素，它通过培养具有新技能的人才支撑知识产业。人才培养体系包括大学的

① 皮特·斯科特.高等教育全球化理论与政策[M].周倩,高耀丽,译.北京:北京大学出版社,2009:115.

学历教育与非学历教育、企业的职业培训以及问题解决小组的团队学习。人才培养系统与创新研发系统是一种紧密耦合关系,区域知识创新中心既应成为创新研发的平台,也应成为教育教学的平台,是科教融合和产教融合的统一体。其他行动者以这一平台为载体进行频繁的交流互动。政府通过运用政策、资金、行政力量、法律等手段引导区域知识创新活动,为区域知识创新中心提供制度支撑。企业家和企业通过知识转移实现创新的价值,并将需求反馈给创新研发系统和人才培养系统。投资者通过资金投入支持创新项目、扶持创新企业。

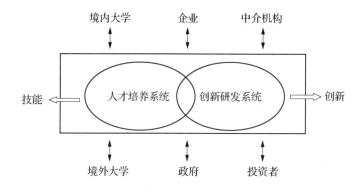

图 10 - 1　区域知识创新中心模型图

在区域知识创新活动中,有三个关键行动者:政府、大学、企业。根据这三个主体发挥作用的不同,我们可以将传统的区域创新系统分为三种模式。第一种是科研主导型。这种模式强调发挥大学在基础创新中的优势,创新的资源配置集中在创新活动的上游,旨在提高区域知识创新能力,利用知识创新的"溢出效应"发挥大学的辐射功能,以知识创新带动技术创新。第二种是企业主导型。这种模式强调以企业为主体的技术创新,创新资源配置集中在创新活动的下游,旨在提升企业的自主研发能力。然而,中国企业普遍研发能力不足,拥有自主知识产权的企业凤毛麟角,这种模式在短期内难堪大用。第三种是政府主导型。这种模式强调以制度创新带动技术创新,创新资源配置集中在创新活动的中游,旨在提高政府的制度能力,通过"自上而下"的制度创新建立国家创新体系和区域创新体系,这种模式在短期内可发挥重要作用。实际上,知识产业的核心是整合创新活动的上游、中游和下游,形成从基础研究到关键技术再到集成应用的循环运转的创新链。因此,区域知识创新中心强调在同一载体内部实现创新链的一体化设计,将许多相互关联的要素以最合理的结构形成一个优势互补、整体功能倍增的有机体。以区域知识创新中心为载体,通过合理的组织架构与制度设计,将大学、科研院所、企业、政府、金融机构、中介服务机构等组织整合为一个有机整体,树立直接面向国家或区域重大战略需求的科研方向,形成开放协同的知识创新网络。这种集成了多种创新要素的新网络本身就是一种未来大学的模式,以高等教育深深嵌入社会为特征。作为未来大学的一种模式,区域知识创新中心实质上是人才中心和创新高地。

三、武汉未来科技城:区域人才中心与创新高地

武汉未来科技城位于武汉"中国光谷"的核心地带,它以一种三重螺旋式的合作方式建设,旨在使大学、独立研究机构和产业之间的关系更为紧密,最终破除创新过程中所遇到的物理上和制度上的障碍。武汉"中国光谷"筹建于1984年;1988年武汉正式成立东湖高新区。1991年,东湖高新区被国务院批准为首批国家级高新技术产业开发区(面积24平方公里)。2001年,东湖高新区被国家计委、科技部批准为国家光电子产业基地,即"中国光谷"。2009年,"中国光谷"被国务院批准为全国第二个国家自主创新示范区,成为全国114家高新技术开发区中特批的三个国家自主创新示范区之一(北京中关村、武汉东湖、上海张江),面积增加到518平方公里。2011年4月,中共中央组织部和国务院国资委批准建立武汉未来科技城,成为全国四个"中央企业集中建设人才基地"之一。

1. 中国未来科技城的兴起

随着全球知识经济时代的来临，各国经济发展的驱动力和竞争力逐渐转向依赖自身的知识生产和技术创新能力。自 20 世纪 80 年代以来，中国走的是一条"用市场换技术"的路线，然而，市场上的开放并未换来预期中的技术回报，产品核心技术的缺乏使中国在国际竞争中越来越处于不利地位，"卡脖子"问题日益凸显。2006 年，《国家中长期科学和技术发展规划纲要（2006—2020）》颁布，中国开启了建设创新型国家之路，明确将人才资源视为科技创新最重要的战略资源。

2008 年，时任中共中央组织部部长的李源潮带队在美国考察，发现两个现象，一是 IBM 公司当年的研发经费相当于中国 2006 年全国研发投入的总量，二是金融危机触动了海外华人科技人才回国创新创业之心。受美国之行的影响，2008 年 8 月 1 日，李源潮部长对神华集团的请示做出批示："赞成依托神华、中石油等大型国企建设一个国家级高新科技研发基地，采用生命所那样的新机制吸引世界优秀科技人才。"同年 12 月，中央政治局决定以海外高层次人才创新创业基地为依托，加大研发投入，创新体制机制，集聚海外高层次创新创业人才和团队。2009 年 2 月，湖北省、武汉市决定在东湖高新区建设"人才特区"。截止到 2016 年，通过"人才特区"，东湖高新区共引进海内外 1 000 多个团队、3 500 多名高层次人才。应该说，"人才特区"建设的成功为武汉未来科技城的创建奠定了基础。

2009 年 7 月 8 日，中共中央组织部和国资委会同发改委、教育部、科技部、工业和信息化部、财政部、国土资源部、国家税务总局等部门联合成立了中央企业集中建设人才基地筹建工作小组，正式通过了《未来科技城建设工作方案》，决定在北京市昌平区建设未来科技城，作为神华等央企的人才创新创业基地和研发机构集群。北京未来科技城坐落于国内首个获批成立的"中关村国家自主创新示范区"核心区内。2009 年 12 月，武汉东湖高新区获批建设第二个国家自主创新示范区，这也成为武汉未来科技城建设的契机。正如东湖高新区管委会经发局领导所言:"获批国家自主创新示范区后,在光谷建一个类似于北京未来科技城项目的提案就被摆到省市领导桌上。"

东湖高新区管委会当即决定赴北京实地考察学习,在调查研究的基础上,形成了武汉建设未来科技城的基本思路。此时距东湖高新区获批自主创新示范区仅6个月时间。2010年8月中旬,时任湖北省委副书记、武汉市委书记的杨松率团赴京向中组部、科技部、国资委、海关总署、中国工程院等汇报武汉未来科技城规划建设方案。2010年10月28日,武汉未来科技城在"光谷"东部奠基开建,其首个地标性建筑——武汉新能源研究院也于同日开工,中国电子、航天科工、北车集团、中国节能、华为、中兴、台湾联发科技,以及美国新思科技等共18家大型企业签约入驻,签约金额达306亿元,规划在10年内"再造"一个新光谷。2011年4月,中央企业集中建设人才基地筹建工作小组第三次会议批准建设武汉未来科技城,武汉与北京、天津、杭州一起建设了全国四大未来科技城。

2. 武汉未来科技城的战略定位

武汉未来科技城以基标法和SWOT分析确定自身的战略定位。建设初期主要以北京未来科技城为基标。然而,由于区位条件及产业基础的限制,加之中西部地区央企已基本布局完毕,武汉未来科技城很难重现北京未来科技城在集聚央企方面的卓越表现。为此,武汉未来科技城邀请国际知名咨询机构,制定了《武汉未来科技城战略发展规划(2011—2020年)》以及产业发展、土地利用、市政设施等专项规划。未来科技城规划强调,要立足"光谷"既有科技资源和产业优势,以光电子信息、新能源环保、高端装备制造和高新技术服务等产业为重点,广泛面向央企及其他世界500强企业、知名民营科技企业、科研院所和高等学校,引进和培育世界一流研发机构和企业研发总部或区域总部,重点推进前沿技术研发和中试,以高端研发为主业,靠世界领先的关键技术突破立足产业链的源头。根据这一战略构想,武汉未来科技城的战略定位被明确表述为：以"国际领先，世界一流"为标准，按照"土地利用集约化、产业发展高端化、城市功能智能化、工作生活人性化"的理念，建设国家创新发展新引擎，打造世界级科技创新中心、高端人才聚集区和新兴产业高地。根据这一战略定位，武汉未来科技城确定了近期发展目标与中长期发展目标。

近期发展目标：到2020年，科技城将引进规模以上企业500家，创业型企业2000家，实现企业收入3000亿元，引进和培养2000个高水平科技创新创业团队，科技工作人员总数超过10万人。园区内国内外知名企业达到200家，科研院所达到200家，培养50家世界级水平的研发机构，研发50项具有世界水平的原创性成果，开发和转化50项重大应用性研究成果。培育出1—2个对经济社会发展和人民生活方式产生重大影响的新兴高科技产业。

中长期发展目标：到2049年，全面建成有全球影响力的创新创业中心。《武汉东湖新技术开发区建设"有全球影响力创新创业中心"总体行动计划》（2015年）明确提出，武汉未来科技城致力于打造"自由创新区"。为此，武汉未来科技城将通过体制机制创新为实现自由创新创造最理想的条件，即围绕促进人才自由流动、推动技术自由转化、促进资本自由融通、培育战略性新兴产业、营造自由创新环境等战略任务，建构符合自由创新规律的制度体系和政策环境。①

应该说，这一战略定位切合国家创新驱动发展战略和区域经济社会发展的现实需要。实际上，至2015年底，武汉未来科技城已累计引入研发机构和企业700余家，协议投资额超过700亿元，其中包括央企18家、世界500强和全球行业领军企业12家。以华为、中国电信、中国联通、中国移动为代表的光通信产业，以中国电子信息武汉新能源研发中心、阳光凯迪为代表的新能源

---

① 内部资料：武汉未来科技城全面建设"自由创新区"核心区的行动计划（征求意见稿）。

研发企业,以中国冶金地质总局黑旋风集团、格林美为代表的环保产业和以中核建、华中数控、高新现代为代表的高端装备制造业正在聚集,光电子、集成电路、通信、新能源环保、空间信息和高端装备制造等六大高端研发集群初步形成。成功组建工业技术研究院 8 家,累计孵化公司 87 家,搭建公共服务平台 13 家。

3. 以"工研院"为载体的知识创新系统

2009 年东湖高新区被列为国家自主创新示范区后,开始区域知识创新中心建设。2010 年 3 月 3 日,武汉市人民政府与武汉大学、华中科技大学就原始创新、成果转化和人才培养等内容签署了全面战略合作框架协议。该协议的核心内容是借鉴在台湾取得广泛成功的工业技术研究院模式(以下简称"工研院"),按照东湖国家自主创新示范区重点发展的五大新兴产业,分别建立武汉新能源研究院、武汉工业技术研究院、武汉生态城市研究院、武汉生物技术研究院(生物医药)等四大创新平台,建成支撑相关产业跨越式发展的研发中心、人才中心、孵化中心和创新服务中心。其中,新能源研究院、生物技术研究院落户武汉未来科技城。随后,武汉智能装备工业技术研究院(简称"智能装备工研院")、武汉光电工业技术研究院(简称"光电工研院")、武汉导航与位置服务工业技术研究院(简称"导航工研院")、武汉地质资源环境工业技术研究院(简称"资环工研院")、国家(湖北)海洋工程装备研究院(简称"海工院")、武汉遥感与空间信息工业技术研究院(简称"遥感工研院")、激光产业技术研究院(简称"激光工研院")相继成立。截至 2016 年,未来科技城范围内的"工研院"达到 8 家(表 10-1),覆盖了光电子信息、新能源环保、高端装备制造和高新技术服务等四大重点发展产业方向,并为培育新兴高科技产业奠定了基础。

表 10-1 武汉未来科技城的八大"工研院"

序号	工研院名称	合作单位	成立时间
1	武汉新能源研究院	武汉市人民政府、华中科技大学	2010年9月19日
2	武汉智能装备工业技术研究院	武汉市人民政府、华中科技大学	2012年10月12日
3	武汉光电工业技术研究院	武汉市人民政府、华中科技大学	2012年10月12日
4	武汉导航与位置服务工业技术研究院	武汉市人民政府、武汉大学	2012年12月30日
5	武汉地质资源环境工业技术研究院	武汉市人民政府、中国地质大学(武汉)	2013年6月21日
6	国家(湖北)海洋工程装备研究院	武汉市人民政府、武昌船舶重工有限责任公司、武汉船用机械有限责任公司、中船重工第719研究所、中石化石油工程机械公司、谢克斯特(天津)船舶工程有限公司、华中科技大学	2013年11月18日
7	武汉遥感与空间信息工业技术研究院	武汉市人民政府、武汉大学	2013年11月27日
8	激光产业技术研究院	湖北省政府、中国航天科工集团、武汉光谷航天三江激光产业技术研究院有限公司	2014年5月

　　"工研院"实施"市校共建、开放(市场化)运作、国际合作、企业化管理"的运行机制。以"智能装备工研院"和"光电工研院"为例,武汉市人民政府给每个"工研院"提供建设资金、运营经费、设备投入等高达2亿元,土地500亩及相关配套政策支持。华中科技大学投入专业人才以及技术成果、专利和相关仪器设备的使用权,组建"工研院"经营管理团队,负责"工研院"的日常经营管理,并在考评、职称评定、待遇等方面给予团队激励政策支持。"工研院"的

产权双方各占 50%。值得指出的是,全球化和信息通信技术的突破导致了"距离的消亡",为引入全球创新要素提供了可能。"工研院"通过建立国际合作基金,按照国际管理和规则,构建全面开放、资源共享、政策优惠、体系完备的国内外优势科技资源聚集地。"工研院"内部实施企业型的自主管理:实行理事会领导下的院长负责制;以咨询委员会为主体的项目建议和筛选机制;以鼓励成果转化为导向,实行资金与技术对接、知识产权分配以及人才与科研团队的绩效考核与流动机制。理事会成员由武汉市人民政府和合作高校提名。武汉市主要领导担任名誉理事长,合作高校校长担任理事长。院长由理事会面向海内外公开遴选聘任。专家咨询委员会由相关领域院士及国内外知名专家组成。

"工研院"下设技术研究以及咨询与服务两类机构,技术研究机构由该产业领域若干研究中心(部)组成,咨询与服务机构按职能划分为综合处、财务部、投资与资产管理部、融资与基金管理处、项目咨询部、建设与工程部、知识产权与法务部、企业服务与合作部、技术支持部等。各"工研院"所设服务机构职能类似,但数量不同,名称略有差异。其中,"光电工研院"成立同名全资子公司,囊括咨询与服务类机构。2013 年 6 月成立的"资环工研院"3 个月后注册为武汉地质资源环境工业技术研究院有限公司,整体成为企业法人单位。市企共建的"海工院"下设新产品研发所、大型海工装备设计所、海洋工程船舶设计所、系统配套设计所等研发设计部门,设有工程管理部、商务技术部、综合管理部等职能部门,实施以项目管理为中心的矩阵化的管理模式。

作为主要的知识创新系统,"工研院"构成了武汉未来科技城的核心环节,对于区域知识创新中心的正常运作起到至关重要的作用。按照"市场化运作、企业化经营、专业化服务"的理念以及每家"工研院"成立一个科技成果转化办公室、一个工研院技术服务平台、一个成果转化基金的"三个一"的思路,8 家"工研院"已成为武汉未来科技城创新体系的核心和政产学研用协同创新平台。这样一个"上接高校(科研院所)的优势学科,下接市场"的创新平台,极大地促进了武汉的科教优势向经济优势的转化。目前,已累计实现固定资产投资 9.3 亿元,完成科技成果转化 156 项,孵化公司 79 家,获国家级科技项目经费逾 3.2 亿元,转化科技成果评估价值近 1 亿元,吸引社会资本意向投资逾 2 亿元。当然,"工研院"的发展也面临一些观念和制度上的障碍。武汉市原市长唐良智指出,"少数'工研院'仍存在市场化理念不坚定以及市场化体制尚未完全形成,发展战略和路径不够清晰,科技成果转化还不够理想,市场资本化运作力度不够等问题"。在未来科技城全面建设"自由创新区"核心区的具体方案中,"工研院"将作为科研人员跨体制流动、科技成果转化备案制、高校院所科研仪器设备共享机制等多项改革的试点单位。改革者期待"工研院"承担起持续提升人才和企业创新能力的主要责任,进一步凸显其在集聚人才、研发机构、仪器设备、资金以及政策等软硬件创新资源方面的最佳平台效应。

4. 以政府为主导的创新驱动系统

政府是武汉未来科技城的主导者和重要推动者。武汉未来科技城建设管理办公室是未来科技城的管理机构,负责在城内落实国家、省、市人才发展规划,探索实施人才战略新机制,为入驻企业和人才团队提供基本建设和综合服务工作。该机构内设综合处、规划建设处、产业招商处、人才企业发展服务中心(武汉未来科技城人才企业发展服务有限公司)等四个处室和武汉未来科技城投资建设有限公司、武汉未来科技城园区资产管理有限公司两个平台公司。武汉未来科技城虽为局级单位,但仍然与东湖高新区一起统筹规划区域内产业发展与人才战略,武汉未来科技城建设管理办公室主任也由东湖高新区管委会副主任兼任。湖北省、武汉市分别成立协调小组,整合了近 30个成员单位的力量,为未来科技城的建设发展提供了强有力的组织保障和务实高效的工作推进机制,并通过银行信贷、BT 建设、吸纳社会资金等多种方式,为加快推进各项基础设施建设提供充足的资金保障。

在招商方面，只要符合技术先进性，武汉未来科技城对入驻企业和创业团队给予不限所有制、不限区域，而且可以享受很多包括一次性奖励、固定资产投资奖励、购（租）房补贴、国家重大科技计划立项资助、重大科技成果中试资助等优惠政策。在2015年9月最新提出的"自由创新区"核心区的建设规划中，未来科技城将不断对现有孵化器提档升级，创新孵化模式，拓宽服务范围，提高服务质量，降低服务获取成本，同时，未来还将对入驻城内的创业团队发放"创业卡"，在办公用房、银行贷款和科技中介服务等方面给予全方位支持。

为了充分发挥人才在创新中的核心作用，武汉未来科技城持续开展人才机制创新。早在2009年2月，湖北省、武汉市就决定在东湖高新区建设"人才特区"，开始实施"3551光谷人才计划"。2012年，东湖高新区决定在此基础上延伸和拓展实施"3551光谷人才计划"，提出了20项引才举措，其中包括给予高额项目启动资金和人才基金投资支持；搭建高层次人才项目相关的金融、产业配套、人力资源、技术融合等对接平台，为高层次人才创办企业提供孵化、培训和天使投资等一站式服务；试行企业股权、分红激励和无抵押贷款，提高高层次人才通过人力资本、知识产权作价参与创业的积极性；建立高层次人才职称评定绿色通道，鼓励并协助高层次人才参与国内外重大创新创业和评奖评优活动；为高层次人才及其家属的生活创造良好的人文环境，解决人才的后顾之忧等。2012年1月1日，武汉未来科技城人才暨企业服务中心正式对外服务，作为特区中的特区，未来科技城在东湖高新区人才政策的基础上进一步加大优惠力度，通过拓宽招引渠道、改革评价机制、完善培养机制、改进激励机制、构建发展机制、优化服务机制等六方面的机制创新，使人才引得进、留得住、发展好。2015年，武汉未来科技城提出了"自由创新区"的概念框架和政策框架，以支撑知识创新中心的人才建设。未来科技城的主要负责人明铭博士对此进行了解释，如其所言，创新在本质上需要自由，不能受任何束缚，需要破除一切制约创新的体制机制障碍，其中人才这一核心创新要素的自由流动和高效配置是实现自由创新的关键。为此,武汉未来科技城实施"光谷合伙人"计划、人才"中产阶级"流动工程和"光谷众创"计划等三大工程,放宽限制、简化程序,探索在顶尖跨国企业试点外籍高层次人才跨国界流动、在龙头企业研发机构试点国内高端人才跨地区流动、在"工研院"试点科研人员跨体制流动,并推行人才零门槛创业政策。政策支持、环境吸引、文化营造三管齐下,打造人才高地。

为加快科技成果向现实生产力的自由转化,武汉未来科技城不断完善体制机制,加强政策引导,集聚多元化创新机构,实施企业创新能力提升工程,逐步引入市场机制,充分发挥市场对技术研发方向、路径选择和创新资源配置的导向作用。同时,未来科技城依托"工研院"等创新平台,探索建立大学、科研院所科技成果转化备案制,提高成果完成人或团队收益,完善纳税政策,通过降低成本和提高服务等方式,加快科技成果转化步伐;逐步推进大学科研仪器设备使用权与监管权分离的运行机制,推动区域内大学和科研院所的科技资源向社会开放,并搭建为科技型中小企业提供概念认证、产品研发、工艺开发、小试生产、监测分析与认证等研发一体化服务的公共技术平台。此外,在国家技术转移中部中心和长江经济带技术转移中心的基础上,武汉未来科技城持续推进科技成果交易大市场建设,与中国技术交易所、光谷联交所等机构合作,加快建立流程化、规范化、市场化的技术公开交易机制,逐步形成以市场为导向的技术成果确权、定价与免责机制,打造知识产权转移转化、科技与金融对接的一站式服务平台。①

除了人才和技术,资本是创新的另一个核心要素。不仅在招商和人才计划中给予奖励和补贴,政府在促进未来科技城的资本自由融通方面也起着主导作用:一方面,政府持续扩大自身引导资金规模;另一方面,积极探索科技金融政策创新和平台建设,吸引更多社会资本设立相关产业的天使基金,破

---

① 陈妮希,张珊妮.武汉未来科技城设 200 亿发展基金打造自由创新区核心区[N].长江商报,2015 - 10 - 30.

除不利于投融资的制度障碍,构建开放便捷的科技金融环境。武汉东湖高新区一直积极落实国家对天使投资、创业投资等创新活动投资的税收优惠和其他扶持政策,并争取在区内开展天使投资税收综合改革试点。大力吸引境内外创业投资机构、银行、政策性融资担保机构和保险机构,充分发挥政府资金在缓解小微企业融资难、引导天使投资、降低中小企业融资成本以及为初创科技企业提供创业风险保障或补偿中的作用。同时,畅通天使投资退出机制,改革外资创业投资机构管理模式等制度设计也为资本的自由融通创造了条件。2015 年 7 月,长江大数据交易所、众创空间交易所、长江股权众筹金融交易所等股权众筹平台相继挂牌成立,为武汉未来科技城全面开展创新创业股权众筹融资奠定了基础。东湖高新区大力支持科技金融创新,发展互联网金融、设立科技投资银行、鼓励企业利用多层次资本市场融资、对企业募集资金给予贴息以及加快发展知识产权金融等行动,为自由创新核心区提供了良好的资本环境。武汉未来科技城还设立了 200 亿的自由创新区核心区发展基金,用于创业引导、科技育成、创新平台建设、人才发展和战略产业发展。

5. 以创新要素自由汇聚为特色的服务支持系统

创新支持系统是对创新主体的研发活动起支撑作用的辅助系统。广义的创新支持系统包括政府为创新所提供的便利,狭义的创新支持系统特指创新的基础设施和社会环境。武汉未来科技城自规划建立之初,就致力于打造"生机涌动、独具魅力""高效、低碳、节能、环保""山水互动、城景合一""内外联动、通达全球"的宜居宜业、激发创新的硬件环境,为科技人才提供全方位、高品质的工作和生活服务。按照规划,未来科技城内将建有 5A 写字楼、国际交流中心、创智步行街、国际学校、国际医院、滨湖国际社区、五星亲水酒店以及多元化的休闲活动场所等完备的工作生活设施,并充分利用低碳能源、智能技术,实行精细化管理,打造智慧支撑;建成严东湖、龙山湖、豹澥湖三大生态旅游景区及丰富多彩的生态游园,形成城依山、水穿城、湖傍城的独特风貌;同时,完善科技城内外交通网络的互通互联,为国际国内、政产学研等各种创新要素集聚与自由流动提供便捷条件。

在软环境建设方面,湖北省、武汉市、东湖新技术开发区积极为新技术研发、推广及应用创造良好环境。最初,从帮助高校和科研院所的科研人员创办科技企业开始,1987年成立武汉东湖新技术创业中心,为创业者和企业发展提供服务及技术出口、对外贸易等方面的帮助。1991年,东湖国家高新区正式建立后,省市政府出台了《关于加快东湖开发区内大专院校和大科研院所高新技术产业发展的通知》等一系列文件,构建了一套完整的支持创办高新技术企业的优惠政策体系和支持计划。进入21世纪,"中国光谷"正式形成后,地方政府大力整合科技资源,加快科技体制改革步伐,积极推进投融资机制创新,主动培育高技术产业市场,为"光谷"的迅速崛起打下了坚实的基础。2009年,东湖高新区成为国家自主创新示范区后,创新体制机制改革取得重大突破。颁布了全国首个高新区知识产权战略实施纲要,出台了一系列支持产学研深度合作、孵化平台建设、企业自主创新、整合全球创新资源等方面的政策措施,为"光谷"营造了优良的自主创新环境。2014年,湖北省、武汉市又相继出台"科技十条""汉十条""黄金十条"等政策,进一步提升了高校科研院所开展技术转移和成果转化的积极性。

按照《武汉东湖新技术开发区全面建设"自由创新区"的行动方案(2015—2020)》的部署,武汉未来科技城将加快政府职能转变,建立公平透明的市场环境,培育社会化服务机构,引导社会组织参与科技创新管理,营造自由创新的服务机制、文化氛围和品牌形象。具体实施路径包括完善创新保护机制、优化"互联网+"发展环境、推动科技管理模式创新、开展土地管理创新试点、培育自由创新文化氛围等。未来科技城在此基础上将重点推进"互联网+"智慧政务、实施配套环境优化工程、开展综合用地规划和土地管理改革试点,弘扬"敢为人先,追求卓越"的城市精神,倡导"鼓励创新、宽容失败"的"光谷文化",形成企业与政府共担创新风险,改革创新责任豁免的容错机制,将自由、开放、创新、包容内化为"光谷文化",打造"自由创新,引领未来"的品牌形象。①

四、主要结论

区域知识创新中心的核心是两个相互耦合的子系统:创新研发系统和人才培养系统。区域知识创新中心的运作机制是以这两个子系统作为知识交换平台,汇聚国内国际创新资源以及整合产学研创新要素,通过体制机制创新形成知识分享网络,以教育与研发活动为区域发展提供创新和技能。在知识产业的勃兴的区域,大学越来越像企业,企业越来越像大学,区域知识创新中心代表了一种未来大学的图景,是区域人才中心和创新高地。尽管人们对未来大学的概念模型缺乏共识,但是大学深度融于社会是未来大学的重要特征。

武汉未来科技城依托武汉丰富的科教资源,以"工研院"为平台建构创新研发系统和人才培养系统。"工研院"不仅与国际国内优质高等教育资源软对接,而且与区域支柱产业、风投资金直接对接。"工研院"既是创新研发中心,也是教学育人中心。"工研院"是一个创新资源汇聚的平台,其主要职能是集聚高层次技术人才队伍,从事该领域发展战略研究、科研开发和技术服务、人才教育与培训、成果转化与产业培育等工作。"工研院"的战略定位直接对应大学人才培养、科学研究、社会服务三大职能。"工研院"的运作模式是企业化自治、矩阵式管理、自由创新,这种模式对大学的变革与转型极具启发意义。"工研院"模式为大学深度融于社会提供了一种可行的路径,不仅有利于打破大学的学科定势,推动大学科研由"知识生产Ⅰ模式"向"知识生产Ⅱ模式"转变,而且有利于破除大学的精英情结,推动大学教学由"面向学科

---

① 陈妮希,张珊妮.武汉未来科技城设200亿发展基金打造自由创新区核心区[N].长江商报,2015 - 10 - 30.

的专业教育"向"面向职场的专业教育"转变。事实上，拥有 8 个"工研院"的武汉未来科技城与俄罗斯的斯科尔科沃技术学院十分类似，本身就是一种未来大学的模式。相较于区域和大学之间的封闭模型，斯科尔科沃技术学院这种新型大学真正实现了大学深度融于社会、政产学研用等创新要素区域集聚。

武汉未来科技城唯一不足的是尚未建构起面向职场、能力导向的创新人才培养体系。在人才培养上，科技城主要依靠传统大学的教学体系。由于传统大学的教学体系是基于学科逻辑的，这种精英性的密闭式的人才培养不适应区域人才中心和创新高地的需要。据统计，通过传统大学培养的人才需要经过 18—21 个月的过渡期才能适应企业生活。区域知识创新中心强调人才培养的非精英化和非封闭性，强调竞争选材、实践育才，精英人才是在职场的竞争中脱颖而出的。要把武汉未来科技城转化为一所未来大学，当务之急是依托"工研院"建立创新人才培养体系。具体做法是：以"工研院"为平台，引入境内和境外优质的高等教育资源，整合相关科研院所和企业的知识资源，坚持科教融合、产教融合原则，开展研究生教育和继续教育，为区域知识产业培养大批熟悉科学研究方法的问题识别者、问题解决者和问题经纪人。如是，武汉未来科技城将为中国大学变革与转型描绘出一幅新图景。

后 记

教育改进是一种全球性的趋势，世界各国教育部门对实现其流程的持续改进感兴趣。人们坚信，当学校采用问题导向策略时，可实现持续的绩效改进。大学改进就是在这种背景下提出来的，它关注大学组织的整体性、系统性、渐进性的改变。本书尝试通过典型案例揭示大学改进的底层逻辑。正如伯顿·克拉克所言，一个杰出的典型案例，抵得上一千种遥远的理论！

本书的完成，首先要感谢中国高等教育学会原会长瞿振元教授、中国高等教育学会院校研究分会创会会长刘献君教授，他们为本著作提供了诸多富有启发性的思想和建设性的意见。

十分感谢中国高等教育学会副秘书长、《中国高教研究》主编王小梅女士和《高等工程教育研究》原主编姜嘉乐先生，他们的鼓励和支持使本著作得以顺利进行。

十分感谢我的学生张芳芳、宋小舟、赵亚丽，她们为本著作提供了大量资料和素材。

十分感谢中国高等教育学会高等教育学分会会长阎光才教授，他为本著作的出版提供了难得的机会。